David Cohen

Quello che ogni uomo dovrebbe sapere sulla paternità

Traduzione di
Sabrina Placidi

TEA

Per informazioni sulle novità
del Gruppo editoriale Mauri Spagnol visita:
www.illibraio.it

TEA - Tascabili degli Editori Associati S.r.l., Milano
Gruppo editoriale Mauri Spagnol
www.tealibri.it

Prima edizione presso Ponte alle Grazie, agosto 2010

Titolo originale
What Every Man Should Know About Being a Dad

Prima edizione TEA Pratica aprile 2015

1

Gioia

Quando diventerete padri, senza volerlo vi troverete a:
Piangere
Piangere dalle risate
Piangere di gioia
Piangere per la paura.

Esiste un proverbio yiddish che dice: «Come, non hai figli? E allora le seccature come te le procuri?»

Queste parole avrebbero fatto sorridere Philip Larkin, che nella sua splendida poesia *Dockery e figlio* medita sul fatto di non essere padre:

Non aver figli, moglie,
casa o terra sembrò completamente naturale.
Solo un torpore registrò il colpo
*di scoprire quanto se n'era andato della vita.**

Larkin amava fare lo spettatore, restare ai margini della vita. Se anche voi siete come lui, non dovreste avere figli. Un padre è destinato a vivere tutte le gioie e tutti i dolori, gli

* Da *Le nozze di Pentecoste e altre poesie*, trad. di Renato Oliva e Camillo Pennati, Einaudi, Torino, 1969.

alti e i bassi, i momenti felici e i momenti tristi della vita. Non sarete mai al sicuro al cento per cento perché non sarete mai in grado di proteggere i vostri figli da ogni pericolo.

Ormai i miei figli hanno compiuto trent'anni, eppure io mi preoccupo ancora per loro. Sono felici? La loro vita lavorativa procede bene? Hanno messo da parte qualche soldo?

Viviamo in un'epoca confusa e che genera confusione. Da un lato, 27 milioni di bambini americani sono costretti a far fronte all'«assenza del padre», fenomeno legato alla povertà, alla bassa scolarizzazione, alle gravidanze precoci, all'abuso di droghe, ai crimini violenti e alla depressione; dall'altro, milioni di papà in tutto il mondo desiderano occuparsi di più dei propri figli.

Probabilmente non leggerete questo libro se non vi interessa essere un buon padre. Se vivete in Gran Bretagna, è anche probabile che non siate più giovanissimi: l'età media in cui si ha il primo figlio è 32 anni. Una tendenza analoga si registra nella maggior parte dei paesi dell'Europa occidentale. Molti uomini preferiscono concentrarsi sulla carriera.

Esistono due fenomeni, uno curioso e l'altro decisamente positivo. Consideriamo per primo quello curioso: in un ristretto gruppo di trentuno papà «in attesa» dell'isola di Terranova, il novanta per cento dei soggetti ha sofferto di nausea e voglie di cibi insoliti, e ha messo su peso. In quegli uomini si sono registrati livelli di prolattina più alti della norma; la prolattina è l'ormone che regola la produzione di latte nelle puerpere, ma è anche la sostanza che induce gli uccelli a costruire il nido.

Lo sviluppo positivo è che, rispetto al passato, sono molti di più gli uomini che assistono alla nascita dei propri figli. Nel 1970, in Gran Bretagna a farlo era soltanto un papà su cinque. Entro il 1980 la percentuale era raddoppiata. Oggi a farlo è il 93 per cento degli uomini che convivono con la propria compagna; ancora più indicativo è il fatto che alla nascita dei propri figli assiste anche il 45 per cento dei padri che non vivono insieme alla madre del nascituro (Kiernan e Smith, 2003). Quasi la metà (48 per cento) dei futuri padri frequenta un corso di preparazione al parto o alla genitorialità, mentre prima del lieto evento l'85 per cento di loro partecipa ad almeno un incontro pre-parto con l'ostetrica o a un controllo ecografico (dati del National Health Service, 2005). La stessa cosa accade in America, in Francia, in Germania, in Olanda, in Giappone e in molti altri paesi. In tutto il mondo sono ormai sempre meno i padri che vogliono essere lasciati ai margini, come invece fece Larkin.

Essere presenti alla nascita del proprio figlio è, per molti uomini, un'esperienza cruciale, un evento che non dimenticheranno mai. Riesco ancora a ricordare i momenti intensi, magici della nascita dei miei figli, Nicholas e Reuben. Per i padri che sono presenti al parto sarà più facile sviluppare un legame con i propri bambini.

Tenetelo a mente, quando sarete di fronte a uno sportello del bancomat con la speranza che vi dia una banconota da 50 per comprare pannolini e giocattoli. Tenetelo a mente, quando leggerete le statistiche deprimenti: in media, quando un figlio compie diciotto anni, per il sangue del proprio sangue un genitore britannico ha già speso 80.000 sterline. Altri fanno salire la stima a 150.000 sterline. Ma i genitori britannici o statunitensi non hanno nulla di cui lamentarsi, in paragone al povero padre italiano spennato. Dal racconto che segue si potrebbe trarre un'opera lirica intitolata *I capelli di Umberto*.

Nel 2008, all'età di 22 anni, Umberto ha deciso che si era stufato di lavorare in un mattatoio a squartare maiali. Invece che di suini, voleva occuparsi di permanenti. Come molti ragazzi italiani, Umberto viveva ancora a casa con la mamma. Papà se ne era andato, e adesso si rifiutava di sborsare grosse somme: non aveva la minima intenzione di pagare a Umberto un corso per parrucchiere.

Umberto, dal canto suo, invece di restarsene con il muso lungo, si è rivolto a un avvocato per fare causa a suo padre, dato che è diritto inalienabile di ogni ragazzo italiano farsi sganciare soldi dal proprio babbo. I giudici gli hanno dato ragione, e così il suo papà dovrà sborsare 300 euro al mese finché il figliolo non avrà acquisito padronanza nell'arte parrucchiera o la licenza di fare permanenti. Mi immagino una commovente scena sul letto di morte: il papà chiede perdono, e padre e figlio si abbracciano; Umberto dà un'ultima spuntatina ai capelli del padre prima che il vecchio tiri le cuoia. Il tutto con colonna sonora di sottofondo!

Il papà di Umberto non è l'unico padre portato in tribunale da un figlio. Quando avevo una ventina d'anni, lavoravo per il produttore cinematografico Alexander Salkind, che aveva base a Parigi e aveva prodotto *Superman*. Al momento della sua morte, l'uomo era in causa con il figlio che pretendeva 6 milioni di dollari. In confronto, il caso di Umberto e di suo padre è una vera bazzecola.

Ma basta con gli aspetti negativi! La paternità è fatta di tante altre gioie oltre a quella di veder nascere i propri figli. Finché vivrò, non dimenticherò mai i momenti di felicità trascorsi con il mio bimbo di sei mesi a ridere insieme per ore. Non dimenticherò mai l'orgoglio che provai quando l'altro mio figlio, allora di tre anni, ricevette dei puzzle dalle mani della direttrice di un raffinato asilo nido. La guardò tutto serio e disse: «Ah, questo è il mio esame». Lei si mise a ridere, io pure. «Credo che l'abbia già passato con il massimo dei voti», commentò la donna con un sorriso. Parecchie delle esperienze più belle che ho avuto sono legate alla paternità.

Eppure, avevo parecchi motivi per temere che sarei stato

un fallimento come padre. Anche se questo libro non fa parte del nuovo filone autobiografico strappalacrime, il cosiddetto «misery memoir» o «Vite di dolore», una parte della mia storia personale mi ha lasciato degli «strascichi».

A casa tutto solo

Quando avevo dieci anni, una cosa che odiavo era tornare da scuola e non trovare mia madre in casa. Non ho mai saputo dove andasse, visto che non lavorava. Ci eravamo appena trasferiti a Londra da Ginevra e la scuola privata che frequentavo mi faceva una strana impressione. Non avevo mai frequentato una scuola inglese prima di allora, e alcuni dei modi di fare dei ragazzi e degli insegnanti mi lasciavano interdetto. Uno dei maestri non faceva che lanciarci addosso fiammiferi, un altro ci picchiava se sbagliavamo i verbi in latino, ma anche se li azzeccavamo, per evitare che ci montassimo troppo la testa.

Per tenere sotto controllo l'ansia, elaborai un rituale magico-ossessivo: se mia madre non era in casa, facevo due volte il giro del nostro isolato e della piazza vicina. Era tutta una questione di forza di volontà. Vivevamo al pianoterra e se non avessi sbirciato dalla finestra del soggiorno per controllare se era tornata, allora la mamma sarebbe rientrata a casa alla fine del mio secondo giro dell'isolato. La passeggiata durava circa otto minuti.

Il mio rituale non funzionava quasi mai. Della mamma nemmeno l'ombra. Allora andavo a piedi fino a Marble Arch e poi tornavo indietro. Se non funzionava neanche così, arrivavo fino a Baker Street e ritorno.

Due anni dopo non avevo ancora sconfitto la mia ansia. Poi, all'improvviso, tutto cambiò. Subito dopo il mio tredicesimo compleanno, mio padre mi scongiurò di convincere mia madre a recarsi in Israele per vendere un appartamento che i miei possedevano ancora in quel paese. Mio padre era stato un avvocato, ma si era messo in affari e l'attività non stava andando bene. Se mia madre non avesse fatto quello che lui le chiedeva, sarebbe fallito. Il loro non era un matrimonio felice; mia madre non aveva fiducia in lui, e sospettava che papà la volesse mandare all'estero per poter fare il proprio comodo con le segretarie (che lei chiamava sessogretarie). Mio padre mi disse che ormai ero abbastanza grande per capire che lui aveva bisogno del mio aiuto per far ragionare mia madre. Era stata la sua famiglia a rovinarla.

Alla fine mia madre cedette alle pressioni e volò in Israele. Trascorsi i primi giorni, mio padre fu costretto a passare diverse notti via da casa. Mi spiegò che un uomo d'affari non poteva ignorare le «opportunità» che gli si presentavano, e di opportunità ce ne erano molte a Manchester, Birmingham e altre città lontane. Non ero un bambino. Sarebbe ritornato il giorno dopo. E, al principio, lo faceva sempre.

Dopo qualche settimana, però, nell'appartamento andò via la corrente. Sebbene fosse in grado di discettare su Benjamin Franklin e sui fulmini dell'Antico Testamento, mio padre non sapeva sistemare neanche un fusibile. Inginocchiatevi, Jehovah è elettricità! La crisi dei fusibili divenne la sua scusa per andarsene di casa, dopodiché mi ritrovai a vivere tutto solo in una casa di lusso del West End. No, non temete, non rimasi al buio: il custode chiamò un elettricista. Mio padre non mi chiese mai di non far sapere a mia madre che se ne era andato. La mamma mi mancava da morire e le scrivevo delle lettere disperate.

Ero convinto che, una volta letto il mio telegramma concitato seguito da una lettera altrettanto concitata in cui le raccontavo della partenza di papà, la mamma avrebbe preso l'aereo all'istante. Non riuscivo a capire perché non mi dicesse quando sarebbe tornata. Ma passarono i giorni, passarono le settimane e lei non aveva ancora concluso la vendita.

Mio padre non mi abbandonò del tutto. A volte tornava a casa e restava per una notte, e io ero sempre il benvenuto nel suo ufficio di Jermyn Street. Ogni venerdì mangiavamo insieme in ristoranti raffinati come l'Ecu de France, vicino Piccadilly. A mio padre piaceva quel locale perché il generale De Gaulle amava andarci a pranzo durante la guerra. Benjamin Cohen, Ufficiale dell'Ordine dell'Impero britannico, mi chiedeva cosa era successo a scuola e mi allungava dieci sterline per le spese settimanali di gestione della casa. All'inizio degli anni Sessanta, era una cifra favolosa. Poi, alle dieci in punto ero di nuovo a casa, solo soletto.

Mi sentivo abbandonato e confuso. Col passare delle settimane mi venne il terrore che a scuola scoprissero cosa era successo. Sapevo che un tredicenne non dovrebbe vivere da solo. Non potevo raccontarlo a nessuno.

Una cosa di cui mi stupisco è il buonsenso che dimostravo facendomi stirare accuratamente la divisa della scuola da Jeff Bell alla Seymour Dry Cleaners. Jeff continuava a chiedermi come stesse mia madre, ma poi ebbe la sensibilità di smettere. Ho continuato a detestare le lavanderie a secco per anni e anni. Fui anche costretto a imparare a cucinare, altrimenti sarei stato condannato a una vita di cibo pronto e da riscaldare. Mio padre mi trovò una donna delle pulizie e, in seguito, anche una ragazza alla pari che abitasse insieme a me. Per lei, che si chiamava Monica ed era finlandese, persi la testa, ma aveva un fidanzato e, dopo tre mesi, si trasferì da lui.

Dai tredici ai sedici anni vissi da solo nel magnifico appartamento a pochi passi da Marble Arch. Spesso mi addormentavo piangendo. Continuavo a scrivere a mia madre lanciando quelle che adesso riconosco come delle grida di aiuto. Una volta mi presentai in sinagoga con i calzoncini da rugby; il rabbino non mi chiese il perché di un comportamento tanto bizzarro. Si limitò a dirmi di riferire a mia madre di non provarsi più a permettermi di entrare nel tempio di Dio con un abbigliamento inappropriato. La notte spesso vagavo per le strade del West End. Com'era inevitabile, gli uomini tentavano di rimorchiarmi, ma io ero così innocente che inizialmente non capivo cosa volessero da me.

Una delle mie crisi più comiche fu di ordine tricologico. Ogni volta che mi lavavo la testa, la vasca si riempiva di capelli. Non solo avevo spinto i miei genitori ad andarsene, ma presto la mia testa sarebbe stata calva come il sederino di un neonato. Nessuna ragazza mi avrebbe più degnato di uno sguardo. Poi sull'*Evening Standard* lessi un'inserzione pubblicitaria in cui si prometteva una cura. Non appena mi vide, il tricologo, ovvero il mago rigeneratore di capelli, che aveva una segretaria arcigna, come quelle dei dentisti, sospirò. Oh poverino, di casi così problematici ne aveva già visti. Se non avessi iniziato subito il trattamento completo, nel giro di qualche mese sarei diventato calvo. Gli feci presente che con me avevo solo venti sterline, che allora corrispondevano a due settimane di uno stipendio medio. Tuttavia, dato che ero solo un ragazzino, il mago dei capelli accettò gentilmente di iniziare il trattamento per quei pochi soldi. Mi spiegò che normalmente chiedeva 50 sterline, ma che io ero un caso tragico. Il guru delle chiome mi passò sulla testa un pettine elettrico che mi faceva formicolare il cuoio capelluto, mi insaponò con una strana sostanza e mi vendette una poltiglia rossa e appiccicosa che costava un botto. In vita mia non mi sono mai fatto lo shampoo animato da tanta fiducia.

Funzionò. Ancora oggi possiedo una chioma fluente. E

chi può provarmi che il merito non sia stato di quella cura? A volte gli adolescenti nevrotici ci azzeccano!

A scuola studiavo come un matto. Lo facevo un po' per orgoglio, un po' per paura, un po' perché non avevo molto altro da fare. Secondo Erik Erikson, psichiatra della cui teoria degli stadi dello sviluppo parlerò più oltre, durante l'adolescenza scegliamo tra operosità e senso di inferiorità. Io optai per l'operosità. È vero, i miei genitori mi avevano abbandonato, ma io ero in grado di scrivere temi su Lutero, Calvino, sulla transustanziazione, su Re Lear, Elisabetta I, Molière e sul perché Carlo I fu tanto zuccone da rimetterci la testa.

L'esperienza più traumatica che ebbi a scuola non fu accademica, bensì militare. Ogni lunedì dovevamo sfilare nel corpo dei cadetti. Il mio era un istituto con una lunga tradizione, frequentato a suo tempo nientemeno che dal feldmaresciallo Montgomery, ed era obbligatorio entrare nel corpo dei cadetti. Io non sapevo marciare, non sapevo fare il presentat'arm e quando provavo a sparare ero una schiappa. Però mi stavo facendo furbo, e così un lunedì sì e uno no falsificavo le giustificazioni. Nessuno a scuola mi chiese mai come fosse che mi ammalavo sempre di lunedì. A me sembrava di avere tutti i diritti di marinare la scuola.

I bambini che vivono da soli sono soggetti a molti pericoli. Io non caddi vittima di uomini sconosciuti, bensì di una pentola. Avevo deciso che dovevo imparare a cucinare, e guarda caso in cucina c'era una pentola a pressione. Sbagliai qualcosa, il coperchio saltò e mi ustionai. Presi un taxi per il St. George's Hospital, una delle celebri cliniche universitarie di Londra. Nessuno domandò come mai un tredicenne si presentasse tutto solo al pronto soccorso la sera tardi. A quei tempi nessuno aveva mai sentito parlare della sindrome del bambino scosso, di abusi sessuali sui minori, di patrigni che violentano i figliastri o di violenze psicologiche.

Mi medicarono alla bell'e meglio, dopodiché presi un altro taxi per tornare a casa. Non mi scomodai nemmeno a telefonare a mio padre. Di sicuro non lo fecero quelli dell'ospedale. E dai servizi sociali non si fece vivo nessuno.

Nel corso di quei tre anni vidi mia madre diverse volte. Vendere la casa era più complicato del previsto e il contratto non era mai stato concluso. È per questo, mi diceva, che non poteva tornare a casa. Ma era una bugia: mia madre aveva conosciuto un milionario.

Scoprii l'esistenza delle ragazze. Alla fine, quando avevo quindici anni, conobbi Judith, che ne aveva venti. Sua madre era morta, e dopo nemmeno due settimane si trasferì a casa mia. Ora non ero più solo. Adesso a scuola dovevo anche stare attento a non far trapelare il fatto incredibile che convivevo con una donna.

E non pensate che i miei si sentissero in colpa. Credo siano stati gli unici ebrei nella storia dell'umanità a non essere stati tormentati dal senso di colpa! In quanto a tormentarmi con le loro pretese, invece, erano dei veri esperti. Quando divorziarono chiesero a me di fare da negoziatore dei loro accordi economici. Mio padre protestava che mia madre aveva delle idee illusorie riguardo all'ammontare dei suoi beni, mentre la mamma si lamentava che lui le aveva mentito per anni. Io cercai di definire un accordo equo per entrambi, ma loro facevano storie su tutto. Alla fine minacciai di buttarmi dal balcone di casa se mia madre non si fosse decisa a firmare l'accordo. Avevo vent'anni e la mia sopportazione era giunta al limite. Il balcone dell'appartamento di mia madre non era molto alto, più o meno tre metri e mezzo da terra, perciò era più probabile che mi rompessi una caviglia piuttosto che morissi, ma la mia sofferenza era assolutamente reale.

Mi sono dilungato molto su questa vicenda perché l'abbandono dei miei genitori per me fu un punto di svolta, che rovinò il mio rapporto con entrambi, specie con mia madre, alla quale ero stato molto attaccato. Per me era difficile riuscire a perdonarla, e di certo non mi aiutava il fatto che lei non ne volesse mai parlare perché stava già male per il fallimento del suo matrimonio. Fu delusa anche dal milionario: l'uomo morì poco dopo che lei aveva accettato di sposarlo, prima di riuscire a modificare il testamento in suo favore.

Del resto i miei genitori erano figli dei loro genitori. Il padre di mio padre aveva trascorso quasi tutta l'età adulta lontano da casa. Mia madre adorava il suo, che era un discreto dongiovanni.

Quando i miei cominciarono a invecchiare, e poi ad andare molto in là con l'età, avvertii il desiderio di perdonarli. In cambio, però, pretendevo qualcosa. Pretendevo che mi spiegassero perché lo avevano fatto; in realtà, non affrontammo mai la cruda verità, ovvero che mi avevano abbandonato quando ero ancora un bambino.

Mi piacerebbe poter scrivere che, alla fine, tutto si risolse all'insegna dell'amore perfetto e dell'assoluto perdono. In effetti, alla soglia dei trent'anni, in un certo senso li perdonai. Non fu, però, un perdono totale. Non avrei augurato a nessun adolescente di dover affrontare un'esperienza del genere, e questo anche se avevo imparato molte cose su di me, nonché alcune strategie molto utili per non soccombere allo stress. Ogni mattina mi alzavo e affrontavo un nuovo giorno.

Ma avevo imparato anche a sopportare il tradimento, forse più di quanto avrei dovuto. Avevo dimostrato equilibrio nella gestione della separazione dei miei. Non avevo dato di matto, né mi ero imbottito di pastiglie. La paura della separazione, però, non mi ha più abbandonato. In me ne vedo ancora i segni.

Alla fine andai a Oxford, per scoprire però che non ce la

facevo a occuparmi di nuovo dei Tudor e degli Stuart, di Calvino e di Lutero. Cambiai facoltà, iscrivendomi a psicologia e filosofia, e sviluppai un interesse per la psicologia infantile. La mia tesi di dottorato trattò del riso nel bambino, e dei suoi effetti sullo sviluppo socio-emotivo. Ho scritto libri su Piaget, il più autorevole psicologo dell'infanzia del ventesimo secolo, e sui test di valutazione psicometrica. Ho anche iniziato a girare documentari per la televisione, parecchi dei quali sugli abusi sull'infanzia.

A un certo punto ho provato a scrivere un libro sulla mia esperienza di bimbo abbandonato, ma gli editori mi hanno spiegato che, purtroppo, non avevo subito abbastanza abusi perché potesse funzionare come misery memoir. In fondo ero stato solamente abbandonato: mica ero stato stuprato, violato, ridotto in polpette da un patrigno ubriacone o sottoposto a qualche strana pratica spiritistica occulta! A nessuno sarebbe interessato un libro intitolato, come mi suggerì un amico, *Ho preso troppo poche bastonate*.

L'esperienza dell'abbandono mi ha reso molto determinato almeno sotto un aspetto: non avrei mai permesso che la mia infanzia disgraziata si ripercuotesse sui miei figli.

Una svolta nell'atteggiamento dell'alta borghesia

Nei primi anni Ottanta proposi di scrivere un libro dedicato agli studi sulla paternità, ma anche questa volta nessuno fu disposto a commissionarmelo. Ma no, gli uomini non lo avrebbero letto mai, un libro così, specialmente in Gran Bretagna, dove i maschi si rifugiavano di corsa al pub se gli veniva chiesto di cambiare un pannolino. Nelle tradizioni dei britannici si registrava però anche un cambiamento. Negli ultimi 150 anni la media e l'alta borghesia avevano sempre mandato i propri figli in collegio.

Quando Aileen e i miei figli si rivolsero alla scuola privata elementare del Dulwich College, in occasione di un incontro serale coi genitori il preside, Hugh Woodcock, ci spiegò che doveva fissare dei limiti. Quando è troppo è troppo: alcuni genitori avevano chiesto se fosse possibile mettere i loro figli in collegio già a partire dall'asilo. Woodcock commentò che non gli sembrava proprio il caso. Fino ai cinque anni, un bambino – o una bambina – hanno bisogno di stare a casa con i genitori. Per quanto molti avessero una tata, se i genitori della media e alta borghesia mandavano i figli in collegio era per preservare la propria libertà. Dover andare a prendere a scuola il piccolo Harry poteva interferire con lo shopping, con il polo o con le relazioni adulterine.

Non che questi genitori avessero torto riguardo alla perdita della libertà. Diventare padre significa non poter più fare tutto ciò che si vorrebbe. In una cultura improntata al narcisismo come la nostra, sono molti i ventenni e i trentenni che si domandano se valga la pena di prendersi il fastidio di avere dei figli. Diventare papà implicherà avere meno tempo per giocare a calcetto o per fare un salto al pub? Se per caso sarò costretto a passare ore a cambiare pannolini e a sterilizzare biberon, magari mi sentirò troppo di cacca (perdonate il gioco di parole) per dare sfogo alle mie ultime trovate in fatto di videogame? Forse sarò costretto a rinunciare a un sacco di cose!

Anch'io ho sentito le voci delle sirene. Forse, se non fossi diventato padre a ventiquattro anni, avrei fatto dei film più memorabili, oppure avrei scritto il romanzo che mi piace pensare di aver sempre avuto in testa... ma non me ne frega un accidente. Perciò, lettore, sei avvisato: questo libro è obiettivo per quanto riguarda gli studi sulla paternità, obiettivo per quanto riguarda le tendenze sociali, ma non lo è per quanto riguarda l'essere padre. Per me essere diventato papà è stata una delle più belle esperienze della vita, anzi, forse la più bella in assoluto. E ringrazio Aileen La Tourette, la madre dei miei figli, per avermi aiutato a far sì che accadesse.

Questo libro illustra i vari modi di vivere la paternità e gli ultimi studi sulle questioni che ogni padre dovrebbe sapere: come avviene lo sviluppo mentale del bambino, cosa debbono fare i genitori per creare un legame con i figli, come i bambini imparano a fingere e a mentire, le personalità del bambino, lo sviluppo sessuale, come aiutare i figli a studiare, come affrontare la loro adolescenza. Il libro ripercorre inoltre i cambiamenti registrati nei comportamenti sociali, fenomeno che, come dovrà ammettere ogni uomo dotato di un briciolo di onestà, sono principalmente una conseguenza del femminismo. Se alcune femministe hanno dimostrato ostilità nei confronti del genere maschile, a parere di molte altre gli uomini si sono persi moltissimo rinunciando a creare un legame stretto con i figli. E io sono d'accordo con queste ultime.

A ogni modo, questo non è un libro che intenda dare consigli da seguire in maniera dogmatica: per essere padri, infatti, ci vogliono fantasia e capacità di affrontare situazioni inaspettate. Ho comunque inserito diciannove sezioni dedicate all'autoanalisi. A parte tutte le altre qualità che i padri debbono possedere, quello che serve oggi ai papà è soprattutto la consapevolezza. Qua e là nel testo troverete anche dei paragrafi intitolati *Giochini scemi*. Gli studi sulle modalità di sviluppo del bambino suggeriscono una serie di giochi che i papà possono fare con i propri bimbi: basta lasciarsi andare e non temere di fare la figura del perfetto idiota! Ci sono dei momenti in cui un bravo papà non deve far altro che comportarsi da perfetto idiota.

2

Checché ne dicano gli psicologi, il papà non è un optional

Degli ultimi tre presidenti degli Stati Uniti, due (Bill Clinton e Barack Obama) non hanno avuto pressoché alcun rapporto con i rispettivi padri. Clinton ebbe un legame molto difficile con un patrigno che beveva troppo. Nella sua biografia Obama racconta con parole commoventi di essere stato cresciuto dalla madre e dal nonno; l'ultima volta in cui vide il padre a malapena aveva imparato a camminare, mentre suo nonno era un uomo frustrato perché aveva fallito come agente assicurativo. Dal punto di vista della paternità, l'esperienza dei due presidenti appare negativa, perché sembra suggerire che il papà sia davvero niente più che un optional. La psicologia non è una scienza esatta e alcuni individui sono semplicemente eccezionali. E non tutti i presidenti degli Stati Uniti rientrano in quest'ultima categoria.

È dai tempi dell'antica Grecia che si scrivono libri su come essere dei buoni genitori, ma tutti si sono concentrati sul ruolo della madre. Come vedremo in seguito, anche gli psicologi si sono occupati più delle madri, con l'eccezione di Freud, di cui tratteremo più dettagliatamente nei prossimi capitoli. In realtà, Freud non ha mai spiegato ai padri come si fa a educare i figli, limitandosi a sostenere che i maschietti hanno spesso il timore inconscio di venire castrati dal proprio papà!

In *Reassessing Fatherhood* (Lewis e O'Brien, 1987) i due autori sostengono che negli anni Settanta si assistette a un fiorire di nuovi studi sul tema della paternità. Con l'ascesa del femminismo per parte degli psicologi era diventato indispensabile dedicarsi all'analisi dei motivi dello scarso impegno genitoriale degli uomini. Malgrado l'impatto delle teorie femministe su molti di noi, fino alla metà degli anni Ottanta la vita dei giovani genitori non aveva subìto cambiamenti radicali. I bambini erano in gran parte una faccenda lasciata alle donne, come scoprii nel 1980 durante le riprese del mio documentario *When Men Become Mothers*, basato su interviste a uomini obbligati a diventare papà a tempo pieno in conseguenza dell'abbandono delle mogli. Erano uomini confusi e arrabbiati, e la maggior parte di loro era stata costretta a rinunciare alla carriera. Anche la vita sociale aveva perso il brio di un tempo: spesso le donne evitavano di uscire con loro perché avevano il sospetto che più che di una compagna appassionata, quegli uomini fossero in cerca di una balia per i propri figli.

Esiste poi una curiosità di tipo accademico. Molti autori che scrivono sugli uomini affrontano l'argomento da un punto di vista omosessuale. Gli autori omosessuali solitamente non si interessano molto di paternità, e la conseguenza è che sulla figura paterna hanno scritto più le donne che gli uomini. Fra i libri sulla paternità scritti dal punto di vista femminista quello che preferisco è opera di due psicoterapeute olandesi: si intitola *Unravelling Fatherhood* e include un capitolo intitolato «Papà è un bancomat». Cari papà, preparatevi a questa esperienza e immaginatevi sotto forma di un salvadanaio sottoposto a continue razzie.

Le due studiose olandesi sottolineano come molti padri ammettano che, come papà, possiedono «qualità negative». Poveri fessi che non sono altro, riconoscono di avere «scarse capacità relazionali e di lasciarsi coinvolgere poco», e in questo modo non contribuiscono granché alla cura dei figli. Naturalmente, si tratta di un punto di vista estremo.

Quello che emerge dagli studi sulla paternità non è un quadro brillante. Spesso si scopre che i papà sono pigri, egoisti e incostanti. Per esempio, ecco i deprimenti risultati della ricerca di Charlie Lewis su cosa fanno i papà per i loro figli di un anno: il 62 per cento dei neopadri non dà mai una mano durante il bagnetto, il 53 per cento non bada mai al figlio da solo, infine (e confesso che è questo il risultato che mi fa più impazzire), il 40 per cento dei papà non ha mai cambiato un pannolino. Del resto, non si possono sottovalutare le conseguenze traumatiche della visione di un pannolino sporco per un uomo forte e virile. Un papà ha ammesso di non poter cambiare pannolini perché «alla vista della cacca vomiterei all'istante». Non si è più ripreso dalla sgradevolissima esperienza della pulizia della gabbietta del porcellino d'India.

Se il padre di Kafka fosse stato un pinguino

Nel libro *L'abbraccio dell'imperatore* (1999), Jeffrey Masson sostiene che i padri di razza umana hanno molto da imparare dai lupi, dai leoni, ma soprattutto dai pinguini imperatore. Il re di tutti i papà è questo uccello antartico che tiene le uova al caldo fra le zampe per mesi, proteggendo i piccoli pinguini dal clima gelido di quelle latitudini. Mamma pinguina è una fervente femminista e nuota nei mari ghiacciati in cerca di cibo. Papà pinguino coccola i piccoli, senza badare al rischio di trasformarsi davvero in un gelato... e patisce la fame. Ditemi voi se questo non è un esempio di devozione paterna! Masson invita i lettori a confrontare l'esperienza del piccolo pinguino con quello dello scrittore ebreo Franz Kafka, che accusava il padre di vessarlo con la sua prepotenza. Oltretutto senza mai serbare per lui i migliori tagli di pesce!

Se suo padre fosse stato un pinguino, Kafka avrebbe avuto una vita più felice, per quanto, probabilmente, non avrebbe mai scritto un capolavoro come *Il processo*. Il protagonista del romanzo, Joseph K, non saprà mai di cosa è stato accusato, ma ciò non gli impedisce di sentirsi comunque colpevole. Secondo i critici, il romanzo deve molto all'infelice rapporto tra Kafka e suo padre, che riusciva sempre a farlo sentire in colpa.

Se ha trascurato di studiare la figura paterna e la paternità come avrebbe dovuto, la psicologia, se non altro, ha offerto un'interpretazione al senso di colpa di Kafka. In base a una delle più celebri, per quanto controverse, idee della psicologia, ovvero il complesso di Edipo teorizzato da Freud, ogni bambino di sesso maschile desidera (a livello inconscio) uccidere il proprio padre e fare sesso con la propria madre. Ciò ci fa pensare che fosse proprio questa l'accusa per la quale Kafka temeva di essere finito sotto processo. Non c'è da sorprendersi se per un figlio è facile sentirsi in colpa.

Sentendosi in colpa per i propri desideri lussuriosi e imperdonabili, i bambini piccoli immaginano che il padre abbia intenzione di castrarli. Anche le bambine hanno un complesso tutto loro, il cosiddetto complesso di Elettra, sebbene, a quanto pare, non tentino in ogni modo di uccidere la propria madre, fintanto che possono fare sesso col padre...

La sindrome del padre assente

Talvolta la guerra ha fornito agli psicologi uno sfondo di condizioni estreme utile per dimostrare delle ipotesi. Alla fine degli anni Quaranta gli studiosi analizzarono come se la cavavano con i test di intelligenza e con la scuola i figli di padri che erano stati assenti perché chiamati al fronte. In generale, se il padre era stato assente i risultati erano più scarsi sia sul piano intellettuale che su quello dell'adattamento emotivo. Questo valeva in particolare per i bambini che al momento dell'assenza del padre erano molto piccoli.

Williams e Radin (1999) hanno concluso che esiste una correlazione fra i risultati dei test di intelligenza di bambini di quattro anni e la quantità e la qualità del tempo che i papà trascorrono insieme a loro. La correlazione più evidente era quella con la cura e il sostegno paterni: i bambini con padri amorevoli e pronti al contatto ottenevano risultati molto più brillanti sia sul piano intellettuale, sia su quello della socializzazione. I bambini e le bambine di colore della scuola elementare ottenevano risultati migliori in ogni tipo di test in proporzione alla maggiore interazione con il papà. Il comportamento del padre era particolarmente importante per i maschietti.

Un altro fattore era rappresentato dalla classe sociale. I bambini della classe operaia soffrivano di più dell'assenza del padre rispetto a quelli della classe media. I maschi delle elementari che avevano perso uno o due anni di scuola non avevano affatto un buon rapporto con il proprio padre, che si dimostrava inadeguato e, non essendo riuscito a soddisfare le proprie ambizioni, trasmetteva questo senso di frustrazione anche ai figli. A causa dell'assenza del padre, risultavano compromesse anche le capacità linguistiche e le abilità percettivo-motrici e manipolative (Lessing *et al.*, 1970).

Il problema è comune a tutti i paesi del mondo. Nel 2008 Scotland Yard ha pubblicato un rapporto secondo il quale a Londra esistevano 151 gang giovanili. Secondo i funzionari di polizia (parecchi dei quali hanno fatto studi di psicologia), i giovani uomini non hanno figure maschili di riferimento positive: il padre è assente, e così la gang, o il leader della gang, diventano un sostituto del padre.

Anche le bambine che crescono senza un padre accanto hanno dei problemi. Come accade anche ai maschi, ne risentono pure il loro sviluppo cognitivo e la loro performance scolastica (Grimm-Wassil, 1994, p. 149). Grimm-Wassil ha rilevato che a uscirne danneggiate sono soprattutto le loro abilità matematiche.

Determinante è l'età in cui una figlia perde il padre, poiché influisce sul suo modo di giudicare i maschi e il mondo esterno, nonché sulla sua carriera accademica. Più piccola è la bimba quando il padre la abbandona o muore, più forte è la sua insicurezza. Inoltre, parecchie bambine che perdono il padre vanno incontro a gravidanze negli anni dell'adolescenza. Secondo Griffin un fattore determinante è che queste bambine hanno un senso della stabilità meno forte e che l'assenza del padre ne ostacola la capacità di prendere delle decisioni assennate. Ciò aumenta anche le probabilità che, di fronte a una difficoltà, queste ragazzine si abbandonino a reazioni negative piuttosto che positive (Griffin, 1998, p. 26). Delle basi sicure, sostiene lo studioso, mettono le bambine in condizione di avere dei buoni risultati nella carriera scolastica.

Nel suo *The Children We Deserve* (1994), la scrittrice femminista Rosalind Miles sosteneva che la maggior parte degli uomini, e non solo il padre di Kafka, non è in grado di soddisfare i requisiti di base della genitorialità. Da quei mocciosi gelosi e ammalati di sesso che siamo, noi uomini non sappiamo offrire un amore totale e incondizionato. I bambini sono costantemente costretti a mettersi alla prova se vogliono essere amati dal proprio vecchio, e questi dal canto suo pone sempre degli ostacoli perché si fa prendere dalla gelosia. Una volta nato il figlio, il papà cessa di essere il Numero 1. Miles si è spinta quasi a lasciar intendere che nessun uomo è in grado di amare in maniera adeguata i propri figli.

Non sono sicuro di che cosa significhi l'amore totale e incondizionato, ma credo di sapere cosa implica amare i figli nel bene e nel male: implica stare insieme a loro, parlare con loro, richiamarli sempre quando ti telefonano, rassicurarli, dirgli che sono bellissimi quando lo sono davvero, e a volte anche quando non lo sono, non smettere mai di garantirgli sostegno economico ed emotivo. James Watson, figlio dello psicologo John B. Watson (fondatore di una scuola chiamata comportamentismo) mi ha raccontato che amava molto lavorare il legno insieme al padre, che non aveva mai passato dei momenti più belli di quelli. James mi ha fatto vedere la splendida stalla con la volta a botte che i due hanno costruito insieme a Westport, nel Connecticut.

L'amore è... lavorare il legno insieme

Non sto dicendo che darsi alla falegnameria basta per dimostrare il proprio amore, ma questo è proprio il tipo di attività che rende un padre sufficientemente buono.

Scordatevi di Freud, del complesso di Edipo, del complesso di Schmedipo, del complesso di Ottotipo (questo me lo sono appena inventato... chi scrive di psicologia avrà pure il diritto di inventarsi qualche complesso, no?). Alcuni strizzacervelli parlano di legame familiare, dei tentacoli della vita familiare che possono soffocare gli individui e la loro anima. A fornirci alcune fra le più utili idee psicoanalitiche sulle cure genitoriali è stato D.W. Winnicott (1896-1971), il quale sosteneva che i bambini crescono e prosperano a patto di essere allevati da una madre sufficientemente buona. La madre «sufficientemente buona» non è perfetta, però è sintonizzata sui bisogni del neonato; man mano che il bambino si sviluppa, la mamma si adegua. Un buon atteggiamento materno, spiegava Winnicott, fornisce al neonato prima e al bambino piccolo poi una certa sensazione di controllo, una certa consapevolezza della propria forza e della propria identità, pur continuando a godere del conforto derivante dal legame con la madre. Tuttavia, man mano che il bambino cresce, scrive Winnicott, la madre «poco a poco, si adegua sempre meno, parallelamente alla crescente capacità dell'infante di gestire le mancanze materne». Un buon genitore forma un legame con il figlio, lo ama e poi, col passare del tempo, un po' alla volta inizia a staccarsi da lui. Se questo non accade, il bambino o la bambina non potranno mai diventare degli individui autonomi.

Winnicott non scrisse molto sui padri, ma sottolineò l'importanza del sostegno emotivo che questi devono assicurare alla madre e al bambino. Adattando alcune delle sue teorie, ho elaborato il concetto di «padre sufficientemente buono».

Anche il padre sufficientemente buono non è un padre perfetto, però ci prova, è presente e si astiene dal commettere peccati capitali come maltrattare i figli, negargli il calore e l'affetto, ignorarli, o semplicemente non prendersi cura di loro. Sono tutte cose per cui non è indispensabile una laurea, però esiste la possibilità che dobbiate rappacificarvi con sentimenti e problematiche irrisolti che risalgono al rapporto che avete avuto nell'infanzia con vostro padre. Anthony Astrachan nel suo *How Men Feel* (1978) affermava che uno dei motivi per cui spesso molti uomini sono dei papà freddi e ambivalenti dipende dal fatto che i loro padri non gli hanno insegnato niente riguardo alla paternità.

Autoanalisi 1
Ponetevi le seguenti domande:

Quali sono i ricordi più belli che avete di vostro padre?

Nel caso non si tratti di bei ricordi, siete condannati a ripetere i suoi sbagli?

Cosa potrebbe aiutarvi a lasciarvi tutto alle spalle?

I dieci comandamenti per i genitori

Uno degli aspetti divertenti dello scrivere un libro è andare a spulciare tra le fonti ormai finite nel dimenticatoio. Nel 1979 Leonhard Froeze, professore tedesco di educazione comparativa all'università di Marburgo, scrisse i Dieci comandamenti per gli adulti, pensati in particolar modo per i genitori. Io li trovo assolutamente di buon senso. Eccoli qua:

Pensa al bambino come al bene più prezioso che ti è stato affidato.
Non foggiare il bambino a tua immagine e somiglianza.
I bambini hanno bisogno di uno spazio in cui esprimere le loro facoltà fisiche e spirituali.
Rispetta la personalità del bambino.
Non usare la forza contro i bambini.
Non fare niente che possa far perdere la fiducia a un bambino.
Difendi il bambino dalla morte.
Non indurre il bambino a mentire.
Tieni conto delle esigenze del bambino.
Riconosci al bambino il rispetto dei suoi diritti.

La regola fondamentale è capire l'infinito bisogno che i bambini hanno dei genitori. È una cosa semplice a dirsi, ma spesso voltiamo le spalle ai nostri figli, e lo stesso fa la società.

Bambini in difficoltà

Secondo i dati della onlus britannica Children's Society, ogni anno centomila bambini scappano di casa. E, come se questo non bastasse, la Gran Bretagna è il paese d'Europa che detiene il primato per il numero degli under sedici finiti in carcere. Sir David Ramsbotham, al tempo in cui era ispettore generale delle carceri britanniche, fino al 2005, anno in cui ha ceduto la carica ad Anne Owers, non ha mai smesso di denunciare le vergognose condizioni in cui erano costretti i minori dietro le sbarre. Dopodiché è stata Owers, ogni anno, a lanciare degli analoghi allarmi. Un altro dato preoccupante evidenziato da Children's Society è che ogni anno vengono incarcerati 11.000 ragazzi sotto i sedici anni.

Nel 2006 il Parlamento britannico ha nominato un commissario per l'infanzia, il quale, due anni dopo, ha denunciato con veemenza le sofferenze a cui sono sottoposti i figli dei richiedenti asilo nei centri di detenzione. Questi bambini, già particolarmente vulnerabili, subivano dei maltrattamenti nella palese e assoluta indifferenza dell'Home Office (il ministero degli Interni).

Sulla scia della morte di Baby P a Haringey, caso di cronaca che ha monopolizzato le prime pagine della stampa britannica nell'inverno del 2008, sono state diffuse delle statistiche secondo cui nei paesi ricchi come la Gran Bretagna un bambino su dieci è vittima di una qualche forma di abuso (*The Lancet*, dicembre 2000). Anche il numero dei bambini che soffre di disturbi mentali sta aumentando, e sono sempre di più i minori che vengono curati all'interno di reparti psichiatrici riservati agli adulti. I bambini più fragili non hanno l'aiuto professionale di cui hanno bisogno.

Ma noi diamo amore e rispetto ai nostri figli? Su questo non ci sono dubbi. Nel governo britannico c'è persino un ministro dell'infanzia. Mi sono rivolto al ministero per avere un commento sui Dieci comandamenti per i genitori, e loro che hanno risposto? Che avevo capito male, che i Dieci comandamenti sono quelli che si leggono nella Bibbia...

3

I papà hanno una storia

Oggi essere padre è – e non è – come esserlo in altri periodi storici. Visto che ho citato i Dieci comandamenti per i genitori, mi pare doveroso citare l'unico antico comandamento rivolto ai figli:

> *Onora tuo padre e tua madre, come il Signore, Iddio tuo, ti ha comandato, affinché tu abbia lunga vita e prosperità nella terra che il Signore Iddio tuo ti dona.* (Deuteronomio, 5:16).

Ai giorni nostri onorare mamma e papà non è cosa tanto semplice, soprattutto in Occidente, dove la famiglia tradizionale è in crisi, i divorzi all'ordine del giorno e milioni di persone, come il sottoscritto, vivono all'interno di famiglie ricostituite o, come si dice nel gergo sociologico contemporaneo nei paesi anglosassoni, *blended families*, letteralmente «famiglie rimiscelate». Se è vero che un whisky miscelato è solitamente meno forte dei whisky di puro malto, la stessa cosa non si applica alle famiglie ricostituite, che possono essere delle ottime famiglie, ma avere anche degli effetti tossici.

Secondo un rapporto dell'associazione per la tutela dell'infanzia Young Minds pubblicato nell'agosto 2008, in

Gran Bretagna un terzo dei teenager non ha praticamente alcun tipo di contatto con i propri genitori. Non si sta parlando di adolescenti affidati ai servizi sociali, ma di ragazzi che nel quotidiano non hanno praticamente nulla a che vedere con mamma e papà, ragazzi e adulti che vivono sotto lo stesso tetto, attingono allo stesso frigo, ma che non si scambiano mai una parola.

Sembra un dramma di Harold Pinter. I silenzi della famiglia. Silenzio in famiglia.

Ma non è il silenzio, disgraziatamente, la tragedia che provoca più distruzioni. Nel 2002 a Soham, piccolo centro del Cambridgeshire, si persero le tracce di Holly Wells e Jessica Chapman. La vicenda monopolizzò gli organi di informazione. Io ho girato un documentario insieme ai genitori di Holly Wells dal titolo *Our Daughter Holly*. Kevin e Nicola Wells mi hanno raccontato del loro stupore, e della loro rabbia, quando si resero conto che per la polizia i sospettati erano proprio loro. Sopportarono la perquisizione della propria casa, che andò avanti per tre ore («sollevarono ogni mobile con precisione militare»). Fu solo dopo essersi accertati che i Wells non avevano nulla a che fare con la scomparsa delle bambine che gli inquirenti iniziarono a farli partecipi delle indagini. Il dolore dei Wells è comprensibile, ma esistono dei buoni motivi se il primo istinto della polizia è quello di indagare sulla famiglia. Da ogni parte del mondo giungono notizie di tragedie.

Nel 2009 in Austria Joseph Fritzl (legato a partiti neonazisti) fu giudicato colpevole per gli abusi commessi sulla figlia e per l'uccisione di un altro figlio. Qualche tempo prima Fritzl aveva mostrato agli investigatori la cantina nella quale aveva tenuto prigioniera la primogenita, Elisabeth, per 24 anni, rendendola madre di sette figli. I suoi avvocati, tuttavia, continuavano a sostenere che il loro assistito non era poi così malvagio: aveva installato un timer elettronico in grado di aprire la porta in caso di emergenza. La polizia austriaca ritiene che anche questa fosse una bugia, visto che la porta era sprangata con delle sbarre di metallo.

Nell'autunno del 2008 in Gran Bretagna si verificò una serie di tragedie. La prima fu quella di un uomo d'affari fallito, Christopher Forster, che sparò alla figlia quindicenne e alla moglie. Secondo l'ipotesi degli inquirenti, l'uomo non avrebbe avuto il coraggio di confessare a entrambe che aveva perso tutti i suoi soldi. Qualche settimana più tardi fu diffusa la notizia della morte di Baby P. Dall'inchiesta emerse che i servizi sociali di Haringey si erano recati per ben sessanta volte nella casa dove, in pessime condizioni igieniche, viveva il piccolo, e che i medici lo avevano visitato spesso, senza però che nessuno di loro si accorgesse delle orribili violenze. Adesso sappiamo anche che Baby P aveva una sorellina di quattro anni che subiva violenze sessuali da parte del patrigno. Una settimana dopo la denuncia del caso di Baby P arrivò la notizia di un processo a Sheffield in cui un padre era stato ritenuto colpevole di aver stuprato le sue bambine per più di otto anni. E nel frattempo un vigile del fuoco aveva ammazzato i suoi due figli.

In Gran Bretagna sono circa 15.000 alla volta i bambini segnalati a rischio. Corby (2000) rilevò in vari paesi che una percentuale di donne compresa tra il 7 e il 29 per cento sono state abusate da bambine. Negli Stati Uniti i casi registrati di abusi sull'infanzia sono saliti dai 400.000 degli anni Settanta a quasi tre milioni di casi all'anno. Il 52 per cento delle vittime viene trascurato dal punto di vista affettivo, il 25 per cento subisce violenze fisiche, il 13 per cento sessuali. Nella maggioranza dei casi gli abusi sono commessi dai patrigni.

Le statistiche più recenti riguardanti le violenze domestiche su donne incinte non sono meno scioccanti. In Irlanda, il 12,9 per cento delle donne che ricevono assistenza medica prenatale ha subìto «violenze domestiche da parte del partner»; in India, su un campione di 2.199 donne, il 18 per cento ha affermato di essere stata vittima di violenze domestiche durante l'ultima gravidanza; in Inghilterra, uno studio condotto su 475 donne incinte ha indicato che il 17 per cento di esse è stato oggetto di violenze personali (Cook e Bewley, 2008). Spesso a influire sulle violenze è stato l'abuso d'alcol.

Le tragedie estreme sono gli omicidi. Margo Wilson e Martin Daly della McMaster University hanno esaminato 239 casi di «stragi familiari», in cui degli uomini hanno ucciso moglie e figli. In base alle conclusioni di Wilson e Daly, gli uomini uccidono perché le donne sono troppo indipendenti. «Se non può essere mia, allora non sarà di nessuno» è il loro ragionamento. Una simile gelosia spesso condanna a morte anche i figli. Nelle altre specie, difficilmente i padri uccidono la prole. L'unica specie a dimostrare la nostra stessa crudeltà verso i piccoli è la iena. Entusiasmante!

Perché i padri commettono abusi sui propri figli?

Per giustificare i propri abusi su donne e bambini solitamente gli uomini adducono come scusa lo stress e il modo in cui sono stati trattati dai propri genitori. Nel 1991, la National Children's Home rilevava che un terzo degli uomini che commettevano violenze su bambini erano stati a loro volta vittime di abusi nell'infanzia. Su questa ricerca ho girato un documentario per Channel 4 dal titolo *The Last Taboo*. Un uomo colpevole di abusi mi raccontò che suo padre aveva iniziato a «giocare con il [suo] pisellino mentre [facevano] il bagno insieme». Suo padre lo aveva anche «dato in prestito» a degli amici perché ne potessero abusare a loro volta. Ray confessò che all'età di dodici anni già commetteva abusi su bambini più piccoli di lui. Non c'è bisogno di essere dei grandi matematici per accorgersi che la scusa non regge: se è vero che un terzo delle persone che commettono abusi sono state abusate a loro volta, i due terzi dei bambini vittime di abusi non diventano a loro volta dei molestatori una volta cresciuti. La storia non si deve ripetere.

Possiamo scegliere, in quanto uomini, e la scelta che dobbiamo fare è proteggere i bambini. Non ritengo di alcun aiuto il punto di vista femminista secondo cui la violenza è una peculiarità degli uomini. Per la maggior parte degli uomini non è così. Voglio portare all'attenzione una causa di abusi che ancora non è stata ben studiata.

Alcuni uomini violenti considerano le proprie vittime alla stregua di oggetti; in altri casi, gli uomini sono agli antipodi di questa minaccia fredda e distaccata. Da alcuni drammatici casi di «sindrome di annientamento della famiglia» sembra emergere che spesso gli uomini violenti hanno un senso dei limiti molto ridotto (Palermo e Ross, 1999). Ciò renderebbe alcuni atti di violenza contro i bambini non atti di odio e indifferenza, bensì, paradossalmente, una parziale conseguenza del fatto che gli uomini hanno un maggiore coinvolgimento affettivo con i propri figli. Gli uomini non sono emotivamente in grado di gestire le proprie emozioni se perdono il lavoro, se la loro compagna ha un'altra relazione o se i figli si ribellano. Si convincono di essere le vittime e si «consolano» commettendo abusi, talvolta arrivando anche a uccidere i propri figli. A volte sostengono di farlo per proteggerli, perché la vita è dura.

Va detto che anche le madri che hanno subìto abusi hanno alte probabilità di commetterne sui propri figli. Rispetto alla media, una ragazza abusata ha molte più probabilità di convivere o sposarsi con un uomo violento.

A Kathmandu: nemmeno nel finale dell'Amleto si è versato tanto sangue

Considerato come i padri trattano i figli, è inevitabile che si verifichino casi di vendetta, uno dei quali è accaduto in Nepal. Come vedremo, è curioso che in quel piccolo e remoto paese si siano verificati due eventi rilevanti e molto drammatici che si ricollegano all'argomento di questo libro.

Il primo giugno 2001, nel Palazzo reale di Kathmandu, il principe Dipendra portò da bere alla sua famiglia. Qualche minuto più tardi il ragazzo tornò con un mitra e sparò al re, suo padre, e ad altri nove parenti. Le ultime parole che il sovrano aveva rivolto al figlio erano che avrebbe dovuto ripresentarsi con addosso un abbigliamento più appropriato: non si servono cocktail in tenuta da combattimento. Il papà tirannico e il figlio che finalmente vomita la sua vendetta: Freud avrebbe riconosciuto le dinamiche, dato che sul rapporto padre-figli aveva scritto un libro davvero bizzarro.

Nel suo audace saggio *Totem e tabù* (1913), Freud sosteneva che uno degli episodi fondamentali della storia, risalente all'età della Pietra, sarebbe stata la ribellione dei figli. A questo punto, cari lettori, immaginate di trovarvi nella giungla primordiale, nel territorio dell'antica tribù che chiamerò frivolamente degli Ormoni.

I figli di Ormone desiderano le donne della tribù, ma il potere e le clave appartengono tutte al vecchio Ormone. Resi folli dal desiderio, i giovani massacrano i propri padri e assaltano le donne della tribù. Secondo Freud, erano simili passioni da cavernicoli che emergevano dai sogni dei suoi pazienti della borghesia viennese. La Vienna di inizio Novecento era la giungla più selvaggia che fosse mai esistita.

Dopo aver accoppato i loro papà, i fratelli Ormoni furono assaliti dal senso di colpa. E per questo innalzarono il padre morto al rango di totem. Adesso il padre Ormone poteva essere adorato. Siccome a Freud piacevano le cose complesse (perdonatemi il gioco di parole), anche i figli colpevoli dovevano autoinfliggersi una punizione.

Ve li potete immaginare mentre si grattano le loro teste da Neanderthal, pensando a un modo per punirsi. Poi, il figlio cavernicolo dotato di coscienza ha un'idea. La lampadina gli si accende sopra la testa. Arci-eureka!, pensa, qualche secolo in anticipo sui greci. Magari, rinunciando a qualcosa, si sentirebbero meglio, e così suggerisce il supremo sacrificio: rinunciare a fare sesso con la propria madre. Secondo Freud, è così che nacque il tabù dell'incesto.

Ho sottolineato come *Totem e tabù* sia un testo bizzarro. È una favola meravigliosa. Ma c'è anche la Bibbia, la quale offre molti esempi interessanti (alcuni davvero particolari) di amor paterno. Ebrei, musulmani e cristiani venerano il patriarca Abramo, ma se Abramo vivesse al giorno d'oggi, verrebbe segnalato ai servizi sociali.

Nella Genesi il Signore ordina ad Abramo di portare il suo figliolo, Isacco, sulla cima del monte Moriah; Isacco deve essere offerto in sacrificio, ma il fanciullo non lo sa. Forse Abramo chiede a Dio di non contravvenire al comandamento di sua invenzione e che di lì a poco renderà pubblico, «Non uccidere»? O, semplicemente, lo implora «Ti prego, Jahvè, la famiglia viene prima di tutto. E cosa racconterò a mia moglie? È tanto affezionata al ragazzo, visto che è riuscita, grazie a Te, ad averlo all'età di cento anni»?

Niente di tutto questo! Quando Isacco chiede perché non stiano portando con sé sul monte un agnello per il sacrificio, Abramo non gli dice la verità. Ci penserà il Signore a provvedere al sacrificio, prende tempo il patriarca, senza menzionare al figlio il ruolo da protagonista che lo aspetta nello scenario del cruento rituale. Poi Abramo lega il povero Isacco all'altare. La tensione sale; Isacco comincia a tremare. Il ragazzo non è mica scemo; papà sta affilando il suo coltello. Ma poi... All'improvviso, ecco che accade il miracolo!

Entra l'ariete, che si è appena impigliato con le corna in un boschetto. L'ariete esce di scena subito dopo, arrostito con «erbe odorose, come piace al Signore». E così l'Onnipotente ha fatto arrosto l'ariete e Isacco non finisce né morto né aromatizzato. La Genesi non indaga su quali effetti ebbe il dramma sui futuri rapporti tra Abramo e suo figlio, il che a me non pare realistico: in casa mia, perché scoppi il finimondo basta che dica al mio figliolo più piccolo che dovrebbe fumare o bere di meno...

Uno scrittore che comprese l'ambivalenza dei padri fu un francese del sedicesimo secolo, Michel de Montaigne. Montaigne osservò che «generalmente ci sentiamo più commossi dal batter dei piedi, dai giochi e dalle moine puerili dei nostri bambini, di quanto lo siamo in seguito di fronte alle loro azioni del tutto consapevoli, come se li avessimo amati per nostro passatempo, come scimmiette, non come uomini».*

Troppo spesso i padri si sono comportati in maniera malvagia e distaccata con i figli per ottenerne «timore e soggezione. Di fatto è questa una farsa oltremodo inutile», scriveva Montaigne. Che potrebbe sfociare in una tragedia, come nel caso del maresciallo de Monluc, un amico dello scrittore. Al figlio di Monluc non mancava il coraggio, ma il ragazzo non aveva mai saputo quali fossero i veri sentimenti di suo padre per lui. Monluc aveva confessato a Montaigne che era oppresso dal dolore perché al figlio, che era morto in giovane età, non aveva mai confessato tutto l'amore che nutriva per lui. Il ragazzo vedeva suo padre solo come un uomo severo dall'espressione arcigna e, si doleva Monluc, era morto portando con sé «la convinzione che

* *Saggi*, Adelphi, Milano, 1966, Libro II, cap. VIII.

non ho saputo amarlo né stimarlo secondo il suo merito». Montaigne ammoniva gli altri padri a non essere altrettanto miopi.

Nel Settecento alcuni padri iniziarono a tenere un diario in cui annotavano gli sviluppi dei loro figli e quali conclusioni filosofiche da questi si potevano trarre. Non è necessario spingersi a tanto sul terreno intellettuale, ma quella del diario è una buona idea, che vi permetterà di ricordare meglio le tappe fondamentali (e i problemi). È anche un ottimo metodo per liberarsi delle frustrazioni. Scrivere può essere una forma di terapia.

Autoanalisi 2
Prendete in considerazione di annotare in un diario i progressi di vostro figlio

Quali sarebbero i momenti più esaltanti?

Quali sarebbero i momenti di preoccupazione?

Quando lo mostrereste ai vostri figli?

Persino i grandi generali potevano essere dei padri sdolcinati. Nel 1852 sul *Punch* apparve un annuncio mortuario in onore del duca di Wellington, colui che aveva sconfitto Napoleone nella battaglia di Waterloo. Il duca era stato un ottimo papà, quasi come un pinguino imperatore. Nel necrologio si leggeva:

> Che sotto la corazza del suo petto
> stavano sorgenti di tenerezza, sempre pronte a sgorgare.
> Che fosse per assecondar le gioie o lenir i dolori dell'infanzia,
> i figli gli salivan sulle ginocchia, e trovavan nido tra le sue braccia.
>
> («Wellington», *Punch*, 1852, p. 135)

Più acida è stata l'opinione dell'esperto. Claudia Nelson ha condotto uno studio sulla figura paterna così come emergeva dai ritratti che se ne facevano nelle riviste tra il 1850 e il 1910. Molti di quelli che scrivevano giudicavano i padri inadeguati o disinteressati ai figli; parecchi suggerivano che sarebbe stato saggio tenerli lontani dalla stanza dei bambini, perché gli uomini erano «dei meri dilettanti all'interno della casa» (Nelson, 2007).

Negli anni Venti del Novecento la nuova scienza della psicologia forniva ormai consigli alle madri e ai padri insicuri.

La paternità secondo la scienza

Uno dei primi «scienziati» della genitorialità fu John B. Watson (1878-1958), il fondatore della scuola psicologica nota come comportamentismo. Watson nacque a Greenville, nel North Carolina, nel 1878 ed ebbe anche lui un padre inadempiente, Pickens, che scappò di casa per legarsi a una nativa americana quando John aveva dieci anni. Il bambino ne fu sconvolto, ma si riprese piuttosto alla svelta, grazie al calore della madre e all'affetto della tata; era un ragazzo pieno di risorse e andò all'università. Ciononostante, rimase una persona insicura. Faticava ad addormentarsi al buio e per gran parte della vita fu costretto a dormire con la luce accesa. Con un'infanzia del genere, era quasi inevitabile che Watson diventasse un esperto di cure genitoriali.

Watson scrisse un libro insieme alla sua seconda moglie, Rosalie Rayner, (*Psychological Care of the Infant and Child, Watson e Watson*, 1928), in cui sosteneva che il padre deve mettere un freno al deprecabile comportamento della madre. Le madri tendono a essere troppo tenere, soffocando in continuazione i figli di baci e abbracci. Secondo Watson, la maggior parte delle madri era colpevole di «assassinio psicologico [...] Ne conosco a centinaia che vorrebbero diventare padrone delle anime dei propri figli». Lo scienziato sollevò le ire dei gruppi femministi con la sua denuncia secondo cui «soffocare i propri figli di baci non è mai stato uno sport tanto popolare quanto lo è oggi». Una volta, in occasione di un giro in macchina insieme alla moglie e a degli amici, notò che la madre aveva baciato il suo bimbo ben trentadue volte. Watson sconcertò ancor di più le donne dell'associazione anglicana Mothers Union quando insinuò che tutti quei baci «sotto sotto sono un modo per ottenere una risposta di tipo sessuale».

I padri avrebbero dovuto difendere i figli da un amore così soffocante, ma, sfortunatamente, molti di loro erano più ossessionati dall'ottenere da essi obbedienza. «La maggioranza dei padri dovrebbero essere puniti per via dello stupido dogma della deferenza che cercano di inculcare nei figli.» Secondo il dogma della deferenza, i figli sono obbligati nei confronti dei genitori. «I figli non devono un bel nulla ai loro genitori» ribatteva Watson, che aveva buoni motivi per provare del risentimento. Suo padre, che aveva abbandonato lui e sua madre, si ripresentò nel suo studio quando il figlio cominciò a guadagnar bene. Forse a muovere il padre, pieno di rimorso, era il desiderio di rivedere il figlio? Non proprio. Pickens aveva capito che ogni volta poteva scroccare al figlio dieci o venti dollari, che poi utilizzava per mettersi in qualche pasticcio.

Ho scritto una biografia di Watson e ho conosciuto sua figlia e uno dei suoi figli maschi. James (che è diventato psicologo delle organizzazioni) mi ha raccontato che a suo parere il padre era stato influenzato da Freud. Un bambino che ha troppi contatti fisici con la madre rischia di innamorarsi di lei, e Freud suggeriva che troppa vicinanza alla madre potrebbe indurre un uomo all'omosessualità. Per questo motivo Watson aveva mantenuto le distanze, fisicamente parlando. «Rispettavo mio padre come uomo» mi ha confessato James, «ma, come padre, non proprio». Con la morte della madre, James soffrì moltissimo per la mancanza di affetto in famiglia. Ma Watson aveva fiducia nei bambini e riteneva che potessero parlare dei loro problemi con i genitori. Una famiglia ben impostata si siede a discutere di ciò che adesso chiamiamo «problemi». I bambini sono in grado di parlare sensatamente di argomenti difficili; per Watson essere un padre sufficientemente buono significava essere un padre razionale ma freddo, e passò molto più tempo con i suoi figli di quanto facesse la maggioranza degli uomini.

Curiosamente, di recente Watson è stato attaccato da Desmond Morris, autore di *The Naked Man* (2008). Morris accusa a torto Watson di aver voluto trasformare i figli nelle copie dei propri padri. In realtà, lo psicologo americano voleva che i figli fossero persone indipendenti fin dalla più tenera età.

Gli uomini veri non fanno i padri, i reali nemmeno

Prima degli anni Ottanta, se un padre occupava molto del suo tempo nella cura dei figli, ciò era quasi sempre dovuto a ragioni economiche: gli uomini erano senza lavoro e toccava alle donne portare il pane a casa. Nel Lancashire gli uomini che avevano perso il lavoro e che erano costretti a badare ai figli erano fatti oggetti di scherno e venivano chiamati «Mary Poppins». E comunque, gli uomini non erano molto portati per il mestiere di tata.

Nel 1952 il *Times* pubblicò uno dei suoi brevi e divertenti editoriali, in cui ci si prendeva gioco di un padre che accompagna le sue bimbe a una festicciola. Il primo problema del papà è affrontare «il continuo baccano dei flauti irlandesi, delle armoniche e delle trombette inframmezzato dallo scoppio dei palloncini, ognuno dei quali seguito da un urlo di dolore o di rabbia.» Troppo per il pover'uomo. Quando gli tocca parlare delle sue bambine, non sa cosa dire; non ne sa molto di loro. Quando arriva il momento di andarsene, la padrona di casa gli deve «indicare quali sono le sue figlie, casomai non le dovesse riconoscere». Il *Times* non si chiedeva quali effetti avrebbe avuto sulla prole il comportamento patetico del padre: le bimbe avrebbero pensato che fosse un idiota?

Cinquanta anni dopo, a Manhattan i problemi erano ancora più o meno gli stessi. Al momento di separarsi da Mia Farrow, Allen avrebbe voluto la custodia del figlio adottivo Moses, ma le abilità dell'attore in quanto a cure genitoriali non fecero una grande impressione al giudice. Il giudice commentò che Woody si occupava raramente di vestire i suoi figli o di fargli il bagnetto. Il regista di *Io e Annie* non sapeva come si chiamassero gli insegnanti di Moses o chi fosse il suo dentista, né era molto aggiornato sulla pagella del figlio.

Adesso da una famiglia reale di comici passiamo a una famiglia reale della storia.

Una delle giustificazioni a difesa della monarchia britannica è che offre un buon esempio alla «gente comune». Nella famiglia reale britannica, tuttavia, non sembra esserci stato nessun rapporto padre-figlio particolarmente riuscito negli ultimi centocinquanta anni.

Il principe Alberto era un padre severo. Uno dei suoi figli finì coinvolto in un caso di truffa al gioco delle carte.

Edoardo VIII era considerato un poco di buono dal padre, Giorgio V. Re Giorgio considerava patetico il figlio minore, che era affetto da balbuzie.

Giorgio VI stravedeva per entrambe le figlie, soprattutto per Elisabetta, poi diventata regina. Bisogna dire, tuttavia, che la defunta principessa Margaret ha sempre dato l'impressione di essere alla disperata ricerca di affetto. La recente biografia del primo marito, Lord Snowdon (De Courcy, 2008), dipinge Margaret come una donna in perenne cerca dell'amore degli uomini. Forse Giorgio VI dedicò più attenzioni a Elisabetta sapendo che gli sarebbe succeduta sul trono, e Margaret ne pagò le conseguenze?

In occasione del diciottesimo compleanno di suo figlio, il principe Filippo disse che non credeva che il principe Carlo sarebbe stato un granché come re. Grazie, papà. Dopo il massacro in Nepal, sull'*Evening Standard* apparve una vignetta in cui la regina e il principe Filippo si aggiravano per Buckingham Palace indossando giubbotti antiproiettile... non si mai, nel caso a Carlo fosse venuta l'idea di imitare le gesta del principe Dipendra, lo psicotico sterminatore della propria famiglia...

Papà che si tengono alla larga dai figli

Talvolta la letteratura dà l'impressione che i papà saranno sempre fuori dai giochi. Rosalind Miles inizia il suo capitolo sul Padre onnipotente con un'acuta citazione dello scrittore e drammaturgo Joe Orton: «Tutto ciò che ogni bambino può ragionevolmente aspettarsi dal proprio padre è che sia presente al momento del concepimento». Ma la geniale citazione di una «checca» geniale, come si autodefiniva Orton, è davvero la parola definitiva su ciò che tutti gli uomini provano riguardo alla paternità? Io direi di no, ma se sostenete che gli uomini dovrebbero essere più coinvolti, potrete ricevere delle critiche inaspettate.

Scrivendo sull'*Observer* in occasione della Festa del papà del 1985, feci appello ai padri perché si assumessero più compiti in casa e nella cura dei bambini e perché si godessero le gioie della paternità. Non stavo insinuando di essere un santo, ma nemmeno mi aspettavo di essere attaccato. Un'autrice del calibro di Katherine Whitehorn scrisse una controreplica con cui sosteneva che io volevo privare le donne dell'unico settore della vita di cui esse detengono il controllo.

Tuttavia, sarebbe sbagliato terminare con una nota dolente. Nel 1798 William Wordsworth compose una tenera poesia dedicata al figlio:

Ho un figlioletto di cinque anni,
Dal viso grazioso e fresco d'aspetto
E le membra plasmate dalla bellezza
E che m'ama teneramente.

Un mattino passeggiavamo per nudi sentieri,
Ben in vista della nostra quieta dimora,
Ed ora parlavamo, ora tacevamo,
*Com'è nostra abitudine.**

Wordsworth lo aveva capito. Camminiamo, parliamo, giochiamo con i nostri bimbi, coccoliamoli. Non ci vuole un grande sforzo.

Una caratteristica molto positiva della prima decade del ventunesimo secolo è stata l'ascesa del papà vip, tra i migliori esempi del quale troviamo Brad Pitt e David Beckham. Entrambi hanno dato pubblicamente molto risalto al fatto di amare il proprio ruolo di padre.

Nel suo *The Night of the Gun*, David Carr, reporter del

* *Aneddoto per i genitori*, da *Ballate liriche*, trad. di Franco Marucci, Mondadori, Milano, 1984, p. 149.

New York Times, arriva a dichiarare che sono state le figlie che lo hanno aiutato a uscire dall'alcolismo nel periodo in cui si era dovuto occupare di loro. «Non avevo idea di cosa stessi facendo, ma i bambini ti insegnano come prenderti cura di loro. Prova a uscire di casa senza portarti un pannolino di ricambio, e vedrai che al McDonald's si esibiranno in una cruda e odorosa performance.» Carr racconta che, imparando a conoscere meglio le sue gemelline, ha finito per adorarle e ha inventato una canzone che parla «delle bambine più carine della città». Il testo non vincerà alcun premio, ma il sentimento è incantevole.

Sono dolci, son talmente ben fatte,
che io le adoro, e nessuno le batte.

Ma molti uomini hanno bisogno di tempo per rendersene conto.

4

Per un uomo, l'unica vera forma di immortalità

La mia defunta suocera, Aileen Blong La Tourette, una volta mi disse che l'unica vera immortalità sono i figli. Una donna che ti sta per fare un dono incomparabile come un figlio dovrebbe essere trattata con amore e rispetto. Ma quando mai!, potrebbero commentare alcune donne.

Scoprire che si sta per diventare padre dovrebbe essere una gioia assoluta, ma spesso non è così. Parecchi uomini sono al settimo cielo quando scoprono che stanno per diventare papà, ma altri provano angoscia e paura, paura per ciò che stanno per perdere e paura della responsabilità. Anche questo è un settore su cui sono stati condotti pochi studi. Tuttavia, c'è un recente esempio di autoanalisi che risulta illuminante.

Nel suo blog sul sito *Irony Central*, l'americano Jeff Vogel coglie molto bene lo stato d'animo di futuri padri attanagliati dall'angoscia. Vogel è molto onesto quando scrive: «Non è per niente facile essere contenti per quello che sta per succedere. Più si avvicina il giorno del parto, più difficile diventa per me guardare un neonato senza fare una smorfia... Sono convinto che chiunque abbia il diritto di avere un figlio abbia anche il diritto di non essere contento per lo schifo che sarà». I sentimenti di Vogel «sono un sottile mix di orrore e terrore». Ma quando lo dice in giro, «di solito mi guardano scioccati e offesi».

Vogel sostiene che i suoi sono sentimenti che hanno una logica.

Fra un po' dovrò avere cura della vita di un essere fragile e inerme. Provate a leggere un qualsiasi libro di puericultura. Leggetevi gli elenchi di avvertimenti e passi falsi, ognuno dei quali destinerà il vostro bambino a una morte repentina e orribile. Mai coprire il bambino con le lenzuola quando dorme, perché le lenzuola potrebbero STRANGOLARLO!

Magari non vi siete letti nessun libro, ma se la prospettiva di diventare genitore e di dovervi occupare di una creatura indifesa non vi lascia nemmeno una minima traccia di terrore, allora mi dispiace per voi, ma avete qualcosa che non va. E per quanto riguarda il discorso sulla gratificazione, mi spiace. Sì, immagino di accettarlo a livello teorico, come il fenomeno quantistico dell'effetto tunnel e i buchi neri. Ma gli aspetti positivi dell'essere genitori sono alquanto teorici e intangibili, mentre gli aspetti negativi sono molto reali e imminenti. Non ho idea di che cosa proverò alla vista di mia figlia che mi guarda e sorride, o a sentirla parlare per la prima volta, o ad assistere alla sua laurea. Non ho idea di cosa si provi di fronte a ciò.

Però so benissimo cosa significa non dormire. Conosco molto bene la preoccupazione. E, anche se non ne ho esperienza diretta, posso figurarmi come sia ritrovarsi sommerso nella cacca e nel vomito fino ai gomiti. E so anche cosa significhi avere l'angoscia che una persona amata possa morire.

Non sono insensibile. Amerò mia figlia. Ed è questo che rende tutto così terrificante. Se non mi importasse così tanto della bimba che ancora deve nascere, non sarei così terrorizzato. Non sono irrazionale. I rischi sono reali. I costi sono reali. Non sono mica una mia invenzione.

Le parole di Vogel suonano molto sincere ma, guarda caso, anche lui non ci racconta niente di suo padre. Nella maggior parte dei casi, è improbabile che un futuro papà riceva insegnamenti dal proprio padre sul comportamento da tenere, perché nella relazione padre-figlio si ha la tendenza a evitare simili intimità. Blendis (1988) intervistò alcuni uomini sui propri sentimenti verso il padre. Che ricordo ne avevano? Era stato un rapporto affettuoso o distante? La psicologa lavorò con un campione ristretto: trentuno uomini nella prima ricerca e centodiciannove nella seconda. Dei primi trentuno, solo tre avevano ricordi decisamente positivi. Del secondo campione, solamente ventotto uomini riferivano di aver avuto una buona relazione con il proprio papà. E nessuno disse di essere stato aiutato dal padre a prepararsi alla paternità.

Quando diventai papà, mio padre mi diede solo due consigli. Primo, «Rispetta la madre dei tuoi figli». Secondo, «Assicurati che frequentino una scuola decente». Non so se la sua laconicità sia attribuibile al senso di colpa per avermi abbandonato.

Persino uomini solitamente progressisti come gli scandinavi hanno problemi quando diventano padri. In Norvegia sono molti quelli che si lamentano di, per così dire, trovarsi fuori in mezzo alla neve dal momento esatto della nascita del loro primo figlio. Il meglio che possa fare il babbo norvegese è dare una mano quando la mamma ha bisogno di riposarsi tra una poppata e l'altra. Ma certi uomini devono affrontare anche un problema di cui non amano parlare.

Sono Peter Pan: uomini che hanno paura di crescere

Jane aveva 27 anni ed era sposata con un ragioniere la cui vera passione era giocare a calcio. Lei voleva un figlio, ma lui continuava a ripetere che non era pronto; lo «slalomista dei numeri», come io chiamo i ragionieri, non capiva come avrebbe potuto dedicarsi anima e corpo allo sport se avesse dovuto fare il papà. L'orologio biologico di Jane continuava inesorabilmente a ticchettare. Il conflitto durò qualche anno; il matrimonio no.

Jane mi confessò di avere il sospetto che, se fosse rimasta incinta, Tony lo avrebbe accettato, ma lei non voleva costringerlo a prendere una decisione. Jane una cosa l'aveva capita e ne aveva subìto le conseguenze. Se si è padri, bisogna smettere di essere bambini. Non si è più bambini perché si ha un bambino. Ma parecchi uomini non vogliono dire addio all'infanzia.

Se siete indecisi, il miglior consiglio è che ne parliate. Potete confessare la vostra ansia. Diventare padre è un enorme cambiamento. Non ci si deve vergognare di sentirsi angosciati e ci sono buone probabilità che la donna che vi ama sappia capirvi. Anzi, ciò potrebbe anche aiutare lei a parlare delle proprie angosce. Discutete di ciò che spaventa tutti e due. Però ricordate sempre: è il suo corpo che accoglie il vostro bambino.

Non ci vuole grande intelligenza a capire che sorgeranno problemi se tentate di evitare il discorso sulle vostre paure, o se il vostro atteggiamento è «quella incinta è lei, il problema è suo».

La maggioranza degli psicologi sostiene che, nella maggior parte dei casi, la madre si identifica totalmente con il bambino che porta in grembo. Se rifiutate il bambino, rifiutate anche lei. Non esistono né se né ma, non esiste alcun modo per aggirare questo semplice e inesorabile dato di fatto.

Autoanalisi 3

Ponetevi le seguenti domande:

Se davvero l'idea di diventare papà vi risulta intollerabile, dovreste almeno chiedervi perché: una domanda difficile alla quale bisogna rispondere con inesorabile sincerità con sé stessi. Perché?

Se non riuscite a trovare nemmeno un motivo, eccovi alcune possibilità. La risposta che darete vi toccherà nella vostra identità, nel rapporto che avete avuto con vostro padre, nel rapporto che avete avuto con vostra madre e in quello con la futura madre di vostro figlio.

Rileggetevi il passo di Vogel e cercate di capire quali sono i punti in cui vi riconoscete.

I sogni durante la gravidanza

Strano a credersi, ma secondo molti apprezzabili studiosi, una soluzione la si può forse trovare nei sogni. Il puericultore americano Terry Brazelton (1994) sostiene che durante i nove mesi della gravidanza la donna vive con l'immagine del bambino che porta in grembo. Anche gli uomini hanno dentro di sé un'immagine della loro creatura, soprattutto se sanno di aspettare un figlio maschio. Secondo Brazelton, questa immagine può essere il fondamento del legame con il nascituro. Brazelton spiega che i futuri padri in genere reagiscono ai momenti significativi della gravidanza. Uno di questi momenti è al terzo o quarto mese, quando la donna avverte per la prima volta lo sfarfallio prodotto dai movimenti dell'embrione: il papà può posare le mani sulla pancia della compagna e sentire la loro creatura che tira calci.

Un'indagine condotta su 817 neopapà (Singh e Newburn, 2000) per il National Childbirth Trust evidenziava come per la maggioranza degli uomini assistere all'ecografia del proprio bambino fosse stata un'esperienza entusiasmante. Uno dei futuri padri intervistati la descrisse come «un'esperienza magica». Dallo studio, tuttavia, emergevano anche molti problemi pratici che i padri devono affrontare. Un terzo degli uomini non aveva potuto seguire i corsi prenatali per via di impegni di lavoro; il dieci per cento di essi addirittura non sapeva nemmeno che ci fossero dei corsi prenatali per uomini. Uno dei fattori influenti era l'età: per i giovani padri tra i 15 e i 19 anni frequentare un corso del genere suscitava imbarazzo. Un terzo degli uomini che li aveva frequentati aveva avuto la sensazione di essere completamente ignorato da medici e ostetriche. Il papà era solo una componente accessoria.

La cosa ironica è che probabilmente i futuri padri hanno l'impressione di essere una presenza superflua in un momento in cui la futura madre ha invece un bisogno tremendo di loro. Oltre il 40 per cento degli uomini avrebbe desiderato ricevere più informazioni sui problemi che avrebbero potuto complicare la gravidanza: tali problemi spaziavano dai cambiamenti di umore, al regime alimentare, a quale fosse il modo migliore per aiutare la partner e, cosa fondamentale, a cosa potessero fare man mano che si approssimava la data del parto. L'inchiesta evidenziava inoltre che «esiste una forte discrepanza tra le informazioni che gli uomini desiderano avere sulla gravidanza, il parto e la vita con un neonato e ciò che riescono effettivamente a sapere». Se le donne imparano come si fa la mamma dalle loro madri, gli uomini – solitamente – non imparano dai propri padri come si fa il padre. Questo è stato vero nel mio caso, e nessuno degli uomini che ho intervistato per questo libro ha dichiarato di considerare il proprio padre un'utile fonte di informazioni.

Per molti uomini la cosa più difficile da gestire sono gli sbalzi d'umore. La vostra compagna può essere allegra un momento prima e triste un momento dopo. È anche probabile che sia quasi sempre stanca, il che di certo non sorprende, considerato che sta mangiando per due, respirando per due e persino evacuando per due. I cambiamenti improvvisi possono essere causa di momenti di tensione in qualsiasi coppia. Prima di risponderle male contate fino a dieci, e ricordate che avete un debito con lei perché sta facendo un grosso sforzo a portare in grembo il vostro bambino.

Ecco alcune possibili strategie per affrontare i cambiamenti di umore: sforzatevi di comprendere cosa sta succedendo; in secondo luogo, aiutatevi con un po' di tenerezza e di umorismo. Siate dolci con lei e ridete della situazione. Chiedetele:

Sei tu che sei scocciata, o è il bambino che ha la luna storta?

Fate il giocherellone. Domandatele:

Secondo te, ora il bambino a cosa sta pensando?

Finché è nel grembo, il bambino o la bambina non pensa, ma può essere un modo per sollevare il morale alla vostra compagna o per spostare l'attenzione su qualcos'altro.

Io ho inventato un giochino scemo che può essere d'aiuto in caso di oscillazioni dell'umore.

Vi sedete sul letto insieme alla vostra compagna, allungate le braccia sopra la testa e poi urlate: «In alto le corna!». È una frase tratta da un romanzo di fantascienza di Brian

Aldiss in cui gli esseri umani e delle creature simili a uccelli chiamati phagor si contendono il dominio del pianeta Helliconia. I phagor si ripetono in continuazione di tenere in alto le corna. Anche se noi uomini non abbiamo le corna, possiamo far finta di averle. È difficile sentirsi depressi tenendo le braccia alte sopra la testa.

Il gioco che propongo è assolutamente ridicolo, ma fare il ridicolo è un ottimo modo per attenuare lo stress.

Esistono metodi meno bislacchi per essere d'aiuto. Lasciate riposare la futura mamma quando ne ha bisogno. Riempitela di coccole e parlate dei progetti che avete per il vostro bambino. Assicuratevi che si alimenti bene, visto che sta mangiando per due. Assecondate ogni sua voglia, anche quelle più bizzarre, accertandovi nel contempo che segua una dieta bilanciata ricca di pane integrale, frutta e verdure.

Se vi piace *Dr. House*, saprete che nella maggior parte delle abitazioni ci sono prodotti di uso domestico pericolosi. Il dottor House non fa che mandare i suoi assistenti a controllare nelle case dei pazienti per scoprire qual è il prodotto chimico X che li sta uccidendo. Imparate dalla lezione di Gregory House: tenete lontana la vostra compagna da diluenti per vernici, solventi, pesticidi e, possibilmente, dalla lettiera del gatto.

Per esempio, il National Childbirth Trust mette a disposizione degli opuscoletti informativi e ha persino creato un gruppo di supporto on line che offre ai papà l'opportunità di condividere le loro paure con altri futuri padri.

Bacco, tabacco e Venere

Il fumo provoca danni al feto. I figli di fumatrici sono più piccoli alla nascita e anche il loro cervello è di dimensioni inferiori alla norma. Esistono prove talmente evidenti di ciò che, se la madre non vuole smettere di fumare, dovrebbe essere il padre a mettercela tutta per convincerla a farlo. Forse sarà un'esperienza dura per entrambi, ma le prove che l'esposizione al fumo sia nociva per i nascituri sono incontrovertibili. Non serve a niente che i futuri papà pretendano che la madre smetta di fumare se non lo fanno loro per primi, perciò anche voi dovreste smettere di fumare, sempre perché esporre il feto al fumo è pericoloso. Dovrete aiutare la futura mamma anche a superare gli sbalzi dovuti all'astinenza. C'è da divertirsi!

Sui rischi connessi al consumo d'alcol il dibattito è più aperto. È ovvio che un eccesso di alcol sia dannoso, ma secondo le linee guida pubblicate nel 2008 bere moderatamente non sarebbe nocivo al feto. Il mio amico bancario Alex ha smesso di bere quando lo ha fatto la sua moglie lituana Asta. Ammiro la sua forza di volontà. Un anno dopo, grazie all'astinenza, ha una pelle più splendente di un bambino.

Dal punto di vista medico, invece, non c'è necessità di smettere di fare sesso, anche se Rosemary Miles allude al fatto che molte donne non desiderano avere rapporti sessuali durante la gravidanza, perché considerano il proprio corpo come una cosa propria e del bambino: i papà dovrebbero restarne fuori. L'enigma ormonale può anche funzionare al contrario: a volte con la gravidanza le donne diventano più assatanate di prima a causa della tempesta ormonale che si scatena dentro di loro.

È uno di quei periodi in cui va bene, in senso assoluto, quello che vuole la donna. Dare il tormento a vostra moglie/compagna incinta per fare sesso quando lei non ne ha voglia vuol dire accumulare problemi. E i problemi possono portare delle strane conseguenze. La paura della donna di affrontare un parto naturale è molto spesso associata alla sua insoddisfazione nel rapporto di coppia (Saisto *et al.*,

2001). Si tratta di una scoperta assai interessante, soprattutto considerato che negli ultimi anni c'è stato un netto incremento dei cesarei. Secondo alcune statistiche, attualmente nel Regno Unito un terzo dei parti avviene col cesareo, anche se le motivazioni per il ricorso al taglio chirurgico sono generalmente di ordine medico.

Per molti uomini un modo per prepararsi alla nascita di un figlio è sapere tutto il possibile sullo sviluppo del feto. L'ecografia ha facilitato moltissimo questo aspetto rispetto a trent'anni fa, consentendoci di comprendere lo sviluppo del nascituro come mai in passato.

Protuberanze all'interno dell'utero

Il cervello del feto è visibile a partire dai 21 giorni dal concepimento, sotto forma di uno strato di cellule nella parte superiore dell'embrione. Il cervello e il midollo spinale si avvolgono su se stessi a formare un cilindro cavo, quindi, intorno a questa cavità centrale, cominciano a formarsi e a moltiplicarsi le cellule cerebrali.

Nello stesso periodo si va formando il cuore. Entro la sesta settimana troviamo una grossa protuberanza là dove si trova il cuore e un bozzo al posto della testa, in quanto si sta formando il cervello. Il cuore inizia a battere. Uno dei momenti più elettrizzanti è vedere il battito cardiaco del proprio bambino nel corso di un'ecografia.

A questo punto cominciano a formarsi anche occhi e orecchie. Ai lati della testa ci sono delle fossette che poi diventeranno le orecchie e delle zone di ispessimento in corrispondenza degli occhi. Dei piccoli rigonfiamenti, chiamati «gemme degli arti», si svilupperanno dando origine a braccia e gambe.

Entro sette settimane l'embrione avrà raggiunto i 10 millimetri di lunghezza dalla testa alla coda, corrispondente alla cosiddetta «lunghezza vertice-sacro». Nelle due settimane successive le dimensioni del feto saranno più che raddoppiate, fino a raggiungere una lunghezza media, dal vertice della testa all'osso sacro, di 22 millimetri.

Entro le nove settimane va formandosi poco a poco anche il viso. Gli ispessimenti che daranno vita agli occhi sono più evidenti e presentano una certa colorazione. C'è la bocca, fornita di lingua. Con l'ecografia si possono vedere gli abbozzi delle mani e dei piedi, con dei rilievi là dove si svilupperanno le dita. Iniziano a prendere forma anche il cuore, il cervello, i polmoni, i reni e il fegato.

Tre settimane più tardi, dodici dopo il concepimento, il feto è completamente formato. È dotato di tutti gli organi, della muscolatura, degli arti e delle ossa, e anche i suoi organi sessuali sono ben sviluppati. Intorno alla quattordicesima settimana il battito cardiaco è forte e molto rapido, con una frequenza doppia rispetto a quella normale per un adulto.

Il feto cresce a un ritmo incredibile. Il minuscolo embrione, che a sei settimane dal concepimento misurava 10 millimetri, adesso raggiunge una lunghezza vertice-sacro di 85 millimetri. Il viso comincia ad assumere tratti umani e cominciano a spuntare i peli. Il feto ora è dotato di ciglia e sopracciglia. Per il momento le palpebre rimangono chiuse, e il feto adesso è pronto anche per la polizia: si sono formati i solchi sulla pelle delle dita e dunque il bambino ha già le sue impronte digitali, nel caso abbia in mente di commettere un reato... Dentro l'utero materno il bambino può stringere il pugno e ha una presa forte. Inoltre, stanno crescendo le unghie delle dita delle mani e dei piedi.

Intorno alle ventidue settimane il bambino si ricopre di una peluria sottile e soffice chiamata lanugine. Secondo una teoria, la lanugine contribuirebbe a garantire al feto una temperatura costante. Solitamente la lanugine scompare prima della nascita, ma talvolta ne rimane qualche traccia.

Un papà dovrebbe essere in grado di avvertire i movimenti del feto nel grembo materno se mette una mano sul pancione tra la sedicesima e la ventiduesima settimana, nel caso si tratti di un primogenito. Per motivi che nessuno sa spiegare, i secondogeniti cominciano a muoversi prima, intorno alle 16-18 settimane dopo il concepimento. I movimenti del feto verranno avvertiti come una specie di palpito, come se la madre avesse una farfalla nel grembo. Poco tempo dopo cominciano i calci, che il papà può sentire benissimo.

A questo punto il feto reagisce al tocco e al suono. Un rumore molto forte in prossimità della pancia materna lo fa saltare e scalciare. Il feto ingerisce anche piccole quantità di liquido amniotico nel quale è sospeso, eliminando nel fluido anche piccolissime quantità di urina. A volte al bambino può persino venire il singhiozzo, cosa che lo fa sussultare all'interno del ventre materno. Anche questa è una cosa di cui i padri si possono accorgere.

Adesso il battito del cuore è avvertibile attraverso uno stetoscopio, o semplicemente appoggiando l'orecchio alla pancia della madre. Non agitatevi se non riuscite a sentirlo, perché talvolta non è semplice trovare il punto giusto da cui ascoltare. Se poteste sbirciare nell'utero, adesso vedreste il vostro bambino ricoperto di una sostanza bianca e grassa chiamata «vernice caseosa». Si ritiene che serva a proteggere la pelle del bambino; normalmente è già scomparsa al momento del parto.

A ventiquattro settimane, il bambino è vitale, ovvero ha la possibilità di sopravvivere nel caso venga partorito. Grazie ai progressi nelle terapie neonatali, sono sempre di più i bimbi nati prematuri che riescono a sopravvivere.

Normalmente, due settimane dopo si aprono le palpe-

...re. Gli occhi sono quasi sempre azzurri o blu scuro: diventeranno del colore definitivo solo alla nascita o qualche tempo dopo la nascita. Il bambino si fa più paffuto e la sua pelle, fino ad allora piuttosto grinzosa, diventa più liscia.

Intorno alla trentaduesima settimana il bambino è pronto per il parto, ma continua a svilupparsi. Nelle settimane seguenti la testa dovrebbe scendere nella pelvi. Tecnicamente si dice che il feto si è «impegnato». A questo punto il bambino è pronto per affrontare il mondo, sebbene talvolta il feto non impegni il canale del parto fino all'inizio del travaglio, tanto che a volte capita che un bambino nasca presentando per primi il sederino o i piedi.

I bambini nati alla ventiquattresima settimana di gravidanza hanno una percentuale di sopravvivenza pari al 50 per cento. La metà, tuttavia, avrà problemi di natura fisica e cognitiva. I neonati di ventotto settimane hanno una percentuale di sopravvivenza dell'80 per cento e hanno meno probabilità di soffrire di una forma di disabilità. La percentuale di sopravvivenza sale al 90 per cento nei bambini nati dopo trentadue settimane di gestazione. Importante è anche il fattore peso, in quanto più grosso è il bambino alla nascita, più alte sono le sue probabilità di sopravvivere. Oggi i neonati compresi tra i 500 e i 680 grammi di peso hanno una percentuale di sopravvivenza pari al 40 per cento, quelli di peso compreso tra i 680 e i 1000 grammi sopravvivono nel 70 per cento dei casi.

Il cervello al momento della nascita

Nel periodo prenatale il cervello si sviluppa molto di più rispetto a ogni altra parte del corpo. Di conseguenza, i bambini nascono con una testa molto grossa in paragone al resto del corpo. Al momento del parto il cervello si è già formato per due terzi, e per struttura e anatomia è già molto simile a quello dell'adulto. Il cervello del neonato è composto all'incirca da cento miliardi di neuroni, un incredibile numero di cellule che forma una rete che deve essere attivata. Nei vecchi manuali il cervello veniva paragonato a un centralino telefonico. Una similitudine molto statica, però. Attualmente il cervello viene paragonato al computer più creativo che si possa immaginare, una sbalorditiva macchina morbida con una capacità di apprendimento superiore a quella di trilioni di chip di silicio.

Dopo la nascita, le reti neuronali del neonato cominciano a entrare in connessione. Mentre il bambino si muove e osserva, si creano dei legami tra cellule che prima non erano collegate tra loro. I neuropsicologi parlano di «reti neurali». In questo modo, quando il neonato nella culla vede un oggetto che si muove al di sopra di sé, una rete X che riconosce velocemente un movimento si connette a una rete Q che riconosce il colore giallo.

L'espansione di queste connessioni ha dello sbalorditivo. Dopo la nascita, i dendriti, le fibre che si ramificano dai neuroni, si allargano a creare contatti tra le diverse cellule. I punti di contatto sono detti sinapsi, dal termine greco che significa «connessione».

Vent'anni fa una delle certezze assolute della biologia era che dopo la nascita non si potessero formare nuovi neuroni. Oggi, forse, si sta cambiando idea. Uno studio condotto alla Columbia University e al Massachusetts Institute of Technology indica che la cosiddetta «neurogenesi» è un fatto reale. I ricercatori hanno scoperto che nei ratti possono crescere delle nuove cellule cerebrali, in particolare in un'area del cervello chiamata ippocampo, la porzione della corteccia che controlla, e/o contiene, la memoria (Wei-Chung Allen Lee, 2008).

La prova più significativa della crescita di nuovi neuroni

dopo la nascita deriva dall'esame di un gruppo di neuroni inibitori chiamati «interneuroni». Lee rileva che intorno al 14 per cento degli interneuroni ha mostrato modificazioni di tipo strutturale e secondo lo scienziato questa è la dimostrazione che sono state create delle nuove cellule. Gli interneuroni costituiscono il 20-30 per cento dei neuroni della neocorteccia: si ritiene che questi neuroni giochino un ruolo importante nella regolazione dell'attività cerebrale, ritardando o bloccando i segnali provenienti dai neuroni «eccitatori». Secondo Lee e i suoi colleghi, è in questo sistema inibitorio che crescono le nuove cellule.

Questo studio ha suscitato un certo entusiasmo, e potrebbe dimostrarsi importante non soltanto dal punto di vista teorico. Se le cellule cerebrali possono crescere anche dopo la nascita, allora sono come la vegetazione che cresce nel vostro giardino. Così come si dà il concime alle rose per farle fiorire, di certo si può tentare di trovare un nutrimento per il cervello. Gli ammiratori di P.G. Wodehouse ricorderanno che il suo maggiordomo dall'intelligenza formidabile, Jeeves, si cibava soprattutto di pesce. È dimostrato che alcuni oli di pesce fanno bene alla salute, ma se Wodehouse fosse stato al corrente delle ultime scoperte della scienza, il dialogo suonerebbe così.

Bertie Wooster: Ho paura, Jeeves, che il grande cervello abbia bisogno di essere nutrito.
Jeeves: Non vi dà più soddisfazione, sir?
Bertie Wooster: Non è all'altezza delle sue capacità, e per questo motivo mi sono procurato un chilo di mirtilli per te. Fatteli fuori.

Sono i mirtilli l'ultimo cibo miracoloso per il cervello, a detta di autorevoli neuroscienziati. Fate mangiare mirtilli ai vostri figli: non appena il mirtillo arriva al cervello, la corteccia si lecca i baffi e i neuroni ballano dalla gioia. La dimostrazione arriva dai ratti: dei ratti di diciannove mesi nutriti con una dieta arricchita di mirtilli (equivalente a una tazza al giorno per gli umani) all'interno di un labirinto si orientano meglio dei ratti non nutriti a mirtilli. Iniettando un liquido di contrasto gli scienziati hanno seguito il percorso dei depositi di mirtillo all'interno del cervello dei roditori, vedendo che nell'ippocampo si generavano nuove cellule. Secondo i ricercatori, la crescita di nuove cellule era da attribuirsi al «pigmento antocianino», il pigmento blu scuro presente nei mirtilli.

Le connessioni o sinapsi del nostro cervello continuano a formarsi in continuazione, anche se non ci rimpinziamo di mirtilli. A questo processo, con il quale le sinapsi nascono e si moltiplicano a grande velocità, è stato dato il simpatico nome di «esuberanza sinaptica».

L'esuberanza sinaptica

Ancora una volta, la mente, le sue cellule e le sue sinapsi restano allibite di fronte alle cifre. Si stima che ogni neurone abbia una media di 10.000 sinapsi o connessioni. Pertanto, due cellule del nostro cervello avranno un milione di connessioni con altre cellule.

Il cervello è formato da cento miliardi di cellule, ognuna dotata di circa 10.000 connessioni, il che vuol dire che le sinapsi presenti nel cervello di un individuo superano di 200.000 volte il numero degli esseri viventi che popolano la Terra. Non c'è da meravigliarsi se siamo un po' individualisti, o persino un po' eccentrici.

Prima della nascita: timori e preoccupazioni

Uno dei primi uomini con cui ho parlato è stato Andy, che aveva lavorato con me come mixer al doppiaggio. Era preoccupato per la salute della sua compagna, Sha. «Non le piace l'idea del dolore fisico», mi spiegò. Poiché Sha avrebbe potuto sviluppare un'insolita patologia epatica, i medici li avevano avvertiti che forse sarebbero stati costretti a indurre il parto. Andy e Sha erano contrari all'idea ed erano convinti che gli specialisti avessero sbagliato a calcolare la presunta data del parto. Ma a disposizione c'era un'altra esperta del settore, la mamma di Andy, che faceva l'infermiera. Andy mi riferì che, secondo l'esperienza di sua madre, è inesatto affermare che «negli esseri umani la gravidanza dura nove mesi. Dopo tutto, essa si basa sul ciclo lunare».

E così Andy e Sha fecero i loro calcoli, scoprendo che, nel caso che il parto fosse stato indotto, ciò sarebbe dovuto avvenire una settimana dopo rispetto alla data prevista dai dottori. Decisero di sentire un altro parere. Andy era nato in casa e avrebbe desiderato la stessa cosa per suo figlio. Sopportava molto bene lo stress perché era felicissimo della gravidanza della compagna. «Ho sempre avuto la sensazione che sarebbe andato tutto bene» mi confidò.

Sha iniziò ad avere le contrazioni ventiquattro ore prima della data prevista dai medici per l'induzione del parto. Lei e Andy avevano frequentato un corso prenatale, eppure, aggiunse il mio amico, «Nessuno ci aveva spiegato che, una volta iniziate, le contrazioni sarebbero diminuite di intensità, così telefonammo all'ostetrica, che ci disse di non preoccuparci troppo. Poi ci addormentammo. Fui svegliato, insieme a tutti i miei vicini, da un urlo da gelare il sangue». A Sha si erano rotte le acque. «Cominciai a preparare tutto il necessario, e l'ostetrica arrivò da noi appena venti minuti prima della nascita del bimbo».

La preparazione al parto

Odio il fai-da-te e sono una vera schiappa nei lavoretti di casa, ma qualche settimana prima del previsto arrivo di Nicholas mi ritrovai a comprare della vernice azzurra e a dipingere un elefante in quella che sarebbe stata la sua cameretta. Non era certo un Picasso, ma mi divertii, e Aileen se la rise alle mie spalle. Naturalmente, era un modo per rendere reale l'imminente arrivo del bambino. L'elefante azzurro rimase sulla parete della cameretta di Nicholas finché non ci trasferimmo in un altro appartamento. Non avevo idea che, qualche anno dopo, gli studi medici avrebbero dimostrato che mi ero comportato in maniera saggia.

Le donne che hanno partner preparati alla nascita e al parto soffrono di meno, assumono meno farmaci e hanno un atteggiamento più positivo riguardo al parto rispetto alle donne che hanno compagni che non vogliono essere presenti. Le ragioni appaiono evidenti. La madre si sente meno isolata e vulnerabile. Molti siti internet incoraggiano le future madri e i loro compagni a pensare al travaglio e alla nascita del bambino. Per la puerpera le questioni da chiarire sono semplici ma di importanza vitale:

- dove nascerà il bambino
- chi vuole avere accanto a sé durante il parto
- che cosa la farà sentire più a suo agio
- quale metodo di sollievo dal dolore desidera
- cosa dovrebbero fare padre e madre nelle prime ore di vita del bambino
- come verrà nutrito vostro/a figlio/a.

Farla sentire una donna speciale

Alcune donne durante la gravidanza diventano bellissime; altre diventano ansiose e di cattivo umore. Ci sono alcune semplici cose che un uomo può fare per aiutarle.

Fate sentire speciale la futura mamma; fatela sentire amata. Può essere utile farle dei regali. Che si sappia, neanche regalare fiori ha mai fatto danni a una relazione. Un altro pensiero carino può essere regalare alla puerpera (che probabilmente al momento ha l'impressione di essere una mongolfiera) qualcosa di femminile e romantico. Forse non vi potrete permettere un flacone di Chanel N° 5 o Dior, ma Body Shop offre una bella gamma di profumi a buon prezzo. È il pensiero che conta.

Durante la gravidanza ci si può annoiare, per cui assicuratevi che la vostra compagna abbia qualche buon libro da leggere, e non solo manuali di puericultura.

Se ve lo potete permettere, portatela fuori a cena. In caso contrario, comprate del cibo da asporto. E se non vi potete permettere nemmeno quello, cucinatele qualcosa di suo gradimento.

In un periodo economicamente difficile come questo, non dovete comprare tutto. Non vergognatevi di chiedere a parenti e amici se vi prestano un lettino, un fasciatoio, giocattoli e vestitini per il bambino. Nei negozi che vendono oggetti di seconda mano ho trovato spesso della roba fantastica. Sono andato a darci un'occhiata sia in periodi di vacche magre, sia quando di soldi ne avevo in abbondanza.

Infine, consideratevi fortunati, e non solo per le cose ovvie che avete. Mentre siete in attesa di vostro figlio, siate contenti di non vivere nella Grecia di trent'anni fa. Vi trascorremmo quattro mesi mentre Aileen aspettava il nostro secondo figlio. Tutti erano inorriditi dal fatto che mia moglie facesse nuotate in mare e si facesse il bagno. Ma come, non lo sapevamo che l'acqua poteva far male al bambino? Per una donna puzzare come una vecchia capra che non ha mai usato un deodorante era un piccolo scotto da pagare per far nascere un bambino sano. Va sottolineato che non esiste nessuna prova che una donna incinta non si debba lavare. Anzi, farsi insaponare dal padre del proprio figlio può rivelarsi un'esperienza intima e piacevole.

5

Essere presenti al parto

Finché vivrò, non dimenticherò mai la nascita dei miei due figli. E sono lieto di dire che la mia presenza quando Nicholas venne alla luce nell'ospedale di Greenwich e quando Reuben nacque in casa nostra denota un modo di agire molto scientifico.

Gli studi sono assolutamente favorevoli alla presenza dei padri al parto. Gibbins e Thomson (2001) hanno rilevato che le donne beneficiano del fatto di sentire di avere la situazione «sotto controllo» durante le fasi del travaglio. Avere il sostegno del proprio compagno aumenta la sensazione positiva, nonché riduce i tempi del travaglio e il dolore. Essere presenti al parto è utile anche agli uomini, perché è probabile che si crei un maggiore coinvolgimento con i propri figli.

Quando nacque Nicholas avevo partecipato a qualche incontro di preparazione al parto, ma niente mi aveva preparato alla tensione e alla gioia di quei momenti. Ad Aileen fecero un'iniezione di petidina, che rallentò il parto. Per una quindicina di minuti, mentre Nicholas era bloccato nel canale, io sentii le voci. Pregavo Dio che mio figlio nascesse sano e senza danni cerebrali. E la voce dentro di me rispondeva: sì, tuo figlio starà benissimo, ma nascerà col dono della favella e sarà latore di un importante messaggio divino

per l'intero quartiere di Greenwich. Jahvè avrebb[e]
per bocca del neonato.

Riuscii a tenermi per me la notizia dell'imminente arrivo del messaggio divino, evitando così di essere ricoverato nel reparto psichiatrico. Venticinque anni prima il mio amico Keesup conobbe un calvario peggiore. Per sua moglie era stato pianificato un cesareo, ma poi, visto che era già dilatata, i dottori cambiarono idea e decisero che avrebbe potuto affrontare un parto naturale. Quindi, accortisi che il bambino non era posizionato nella maniera giusta, le diedero della petidina. Come nel caso di Aileen, il farmaco rallentò il parto. Scherezade venne alla luce dopo otto strazianti ore di travaglio. Quando raccontai a Keesup della nostra esperienza a Greenwich, arrivammo alla conclusione che evidentemente le ostetriche ne sanno meno di quanto credono.

È importante che il papà sia pronto a fare domande ai medici. Ecco qualche ovvia domanda da porre:

Secondo voi in quale fase del travaglio ci troviamo?
Vi pare che ci sia qualche problema?
Come mai suggerite la somministrazione di farmaci?
Che effetti avranno questi farmaci?

La cosa più importante è insistere perché la mamma sia sempre informata di quello che sta succedendo e chiedere a medici e ostetriche di spiegare cosa stanno facendo. Cosa non facile in un momento eccitante ma di grande tensione come il parto.

È opinione di alcuni autori che gli uomini non reggano la presenza al parto e che un compagno stressato difficilmente può essere d'aiuto alla partoriente: lo stress, come la paura, può essere contagioso. Lo stress della puerpera può rallentare il parto, e questo fa sì che spesso i livelli di stress del papà siano molto alti nei momenti chiave del travaglio (Johnson, 2002; Henneborn e Cogan, 1975).

Uomini, non preoccupatevi. Questa sarà l'unica volta in cui mi offrirò come modello di comportamento. Se sono riuscito io a essere presente durante il parto, ce la potrete fare anche voi. Sono un tipo facilmente impressionabile, ma tanto impressionabile da raggiungere livelli comici. Una volta ho prodotto un documentario sugli occhi, ma durante le riprese e il montaggio non sono stato in grado di vederne nemmeno due minuti.

Ne vale la pena, per il vostro bambino. Ne vale la pena, per la vostra compagna. Ne vale la pena, per voi stessi. Le ricerche dimostrano che le madri e i padri che hanno condiviso l'esperienza del travaglio e della nascita del proprio figlio sono molto più soddisfatti nella fase successiva al parto (Chan e Paterson-Brown, 2002).

Alla luce dell'esperienza di Keesup, è significativo che uno studio rilevi che la presenza del padre possa contribuire a sopperire alla scarsa qualità dei servizi ostetrici. Venti anni fa i medici sottostimavano moltissimo l'incoraggiamento che i padri danno alle loro compagne durante il parto, nonché il sostegno pratico che gli uomini forniscono durante e dopo tale evento (Hayward e Chalmers, 1990). Da allora non sono state condotte altre ricerche come questa, ma a quanto posso dire io le esperienze vissute da Keesup suggeriscono che è ancora valida.

Le possibilità che un padre abbia un contatto fisico con la sua compagna durante il travaglio sono cinque volte superiori a quelle di qualsiasi altra persona amica o «sostenitore» che sia presente (Klein *et al.*, 1981). Pertanto, è una cosa positiva che il 97 per cento dei babbi stia accanto alla compagna, piuttosto che fuori a camminare avanti e indietro o a fumare una sigaretta in sala d'attesa. E al giorno d'oggi, se fumate in ospedale, rischiate l'immediata decapitazione.

Un tempo si riteneva che un padre che assistesse al parto avrebbe provato meno attrazione verso la madre dei suoi figli. Non esiste uno studio serio che confermi questa favola che vuole gli uomini disgustati per sempre dai crudi fatti della biologia (Odent, 1999). Con l'eccezione, forse, dell'isola di Terranova, dove tra i neopapà il testosterone maschile cala fino al 33 per cento. Tuttavia, come ho già detto, il campione considerato era molto piccolo, di soli 31 uomini (Delahunty *et al.*, 2007). Sfortunatamente la studiosa non ci dice in quanto tempo l'ormone ritorni ai livelli normali.

Esiste un rapporto significativo fra la presenza dei padri al momento del parto e la salute dei loro bambini. I papà che hanno assistito al parto partecipano anche di più alle visite pediatriche di controllo (Moore e Kotelchuck, 2004). Uno studio condotto di recente in Cina evidenzia una forte correlazione tra il supporto pratico dato dal padre e il tempo trascorso con la puerpera durante il travaglio (Ip, 2000).

Più salda è la vostra relazione di coppia, più bravi sarete come genitori

I risultati degli studi convergono tutti verso uno stesso punto. Le donne che hanno il pieno sostegno dei propri compagni instaurano un legame più stretto con il proprio bambino e sono più sensibili alle sue necessità (Feiring, 1976). Questo vale anche per le madri adolescenti (Mercer *et al.*, 1984). La qualità della relazione tra i due genitori fornisce una previsione su come padre e madre accudiranno il loro bambino e su come risponderanno alle sue esigenze (Guterman e Lee, 2005).

Questo libro è, e al tempo stesso non è, un testo scientifico, e sono convinto che sia utile per gli uomini leggere le esperienze di altri uomini che sono diventati papà. Considerato il successo dei libri scritti dalle celebrità, mi sorprende che non esistano ancora molti testi che raccontino com'è stata l'esperienza della paternità per i personaggi pubblici. Probabilmente sarebbe utile anche un libro di interviste a personaggi famosi – con contributi di Beckham, Blair, Brad Pitt – sul tema della paternità.

Subito dopo la nascita di Nicholas, con Aileen ancora addormentata, feci di corsa la strada in salita che dall'ospedale di Greenwich portava al nostro appartamento. Non credo di essere stato mai tanto euforico. Telefonai a mia madre, ai genitori di Aileen e a mio padre per dare la bella notizia. L'unica altra occasione in cui ho provato una tale, assoluta felicità è stato quando è nato Reuben. La mia felicità non dipendeva soltanto dal fatto di essere diventato padre, ma dal fatto che, per entrambi i miei figli, io ero stato presente durante tutte le fasi, dalla rottura delle acque al loro primo vagito.

L'importanza del contatto fisico

Anche il mio amico David Carr Brown assistette alla nascita della sua prima figlia, avvenuta a Parigi. «Il travaglio fu molto impegnativo e, due ore prima di dare alla luce la bambina, mia moglie perdette i sensi». Da giovanissimo David aveva fatto l'inserviente di ospedale a Guldford, per cui aveva «assistito a scene come quella. Per di più, la bambina era in posizione sbagliata, con i piedi in avanti». A quel punto David si rammentò della sua antica professione e si mise ad aiutare l'infermiera. «Lei tirava i piedini e io aiutavo a spingere fuori la bambina».

È sempre stato un uomo di uno spirito pratico ammirevole. Ma anche commovente. «Visto che ero presente, quando la mia piccola Alexandra venne fuori, l'infermiera me la fece tenere in braccio», mi ha raccontato il mio amico.

Il secondogenito di David nacque nove anni dopo. A quell'epoca si era separato dalla moglie e aveva conosciuto Murielle. Murielle scoprì di essere incinta solo quando era già al quarto mese. «Per quanto i francesi si vantino del loro sistema sanitario, un giorno la mia compagna ricevette una lettera dall'ospedale, dove si era presentata per un'altra cosa. Nella lettera si diceva che erano molto dispiaciuti, ma al momento in cui si era presentata non si erano accorti che fosse incinta». Il seguito della gravidanza non fu meno drammatico.

Circa quattro mesi dopo, David stava girando in Italia. La nascita del bambino era prevista solo per il mese dopo, ma gli arrivò una telefonata che lo avvertiva che, inaspettatamente, Murielle era entrata in travaglio prima del tempo. «Viaggiai in treno di notte e arrivai in tempo. Ero lì due ore prima della nascita, ma lei non mi volle accanto a sé. In parte fu perché non ci conoscevamo poi molto bene, e in parte perché doveva essere sottoposta a un cesareo».

Quando Murielle e David ebbero il loro secondo figlio, invece, il mio amico fu presente al parto. «Era la prima volta che avevo programmato volontariamente di avere un figlio», mi ha confessato. Secondo lui la cosa che più era cambiata col passare degli anni era l'atteggiamento delle infermiere. «Diedero per scontato che non sapessi nulla, e quando nacque Julian me lo diedero in braccio, dicendo che era una buona cosa da fare. Immagino di essere un caso raro, perché due dei miei tre figli li ho tenuti in braccio prima io che le loro mamme».

È di questo che sono fatti i ricordi

Il poeta T.S. Eliot scrisse di una serata passata con l'album delle foto. Vostro figlio resterà un neonato per un tempo brevissimo. Tenete una documentazione. Fate foto, girate dei video. Non importa se siete a casa vostra o in ospedale. Saranno dei ricordi molto preziosi.

Andy notò dei cambiamenti durante i primi diciassette giorni della vita di sua figlia: «Grace a diciassette giorni è una bambina tranquillissima. Mangia e dorme. Sta appena iniziando ad accorgersi delle cose che la circondano, a sorridere». Appena diciassette giorni, e già il suo sviluppo era iniziato. Faceva molta tenerezza sentire Andy che parlava proprio come un innamorato. Adesso i papà devono scoprire chi è quel piccolo essere umano che stanno cominciando ad amare.

Un amore che dovrebbe essere concreto.

A casa con il bambino

Tornare a casa con un neonato è fonte allo stesso tempo di eccitazione e di stress. Il papà deve accettare il fatto che, per il momento, è la persona che conta meno in famiglia. Adesso è il momento di incaricarsi delle pulizie, del bucato e della cucina. Adesso è il momento di dare concretezza al vostro amore. Se non lo fate, è probabile che vi venga rinfacciato. Se non fate la vostra parte potreste anche suscitare rabbia e risentimento.

Chi cambia i pannolini?

Chi ha il compito di controllare che il bambino non si sia sporcato?

Chi si alza nel bel mezzo della notte quando il bambino si mette a ululare?

È possibile che una donna sacrifichi la sua carriera perché costretta a stare a casa ad allevare i bambini. Forse una superdonna è in grado di cucinare, badare ai bimbi ed essere operativa allo stesso livello di prima sul lavoro, ma perché mai le donne devono essere costrette a fare le superdonne? Inoltre, quando una superdonna viene intervistata, in genere salta fuori che è attorniata da tate. Si dice che Anna Wintour, direttrice di *Vogue* (alla quale evidentemente non si ispira il personaggio di Meryl Streep in *Il diavolo veste Prada*) si svegli ogni mattina alle 6 per passare del tempo di qualità con i suoi figli. Ma dal momento che la maggior parte delle donne non si può permettere di avere una tata, sono i maschietti che devono impegnarsi di più.

Siate disponibili a contrattare con vostra moglie o con la vostra compagna, però fatelo con più generosità di quanto abbiate mai fatto in vita vostra. Se ha portato in grembo il bambino, lo ha fatto per tutti e due.

L'amore per il bambino: al diavolo la gelosia!

Nel mezzo di quello che si rivelerà un duro lavoro, non dimenticatevi di godervi il vostro piccolino. Parlategli. Accuditelo insieme alla vostra compagna. In Gran Bretagna il congedo di paternità dura due sole settimane*. Cercate di accumulare ferie in modo da poter dedicare più tempo a dare una mano in casa.

Ci sono anche delle questioni di natura psicologica. Probabilmente la neomamma dedicherà tutta la sua attenzione al bambino, il suo nuovo amore. Molti uomini ammettono

* In Italia al momento il congedo parentale è concesso al padre nei tre mesi successivi alla nascita del figlio solo in alcuni casi, come la morte, la grave infermità o l'abbandono della madre. [*N.d.T.*]

di essere gelosi. Blendis (1988) ha rilevato qualche prova di questo fatto, ma non sarebbe male fare altre ricerche. È sorprendente che non esistano studi più approfonditi. Secondo una dichiarazione del direttore del National Childbirth Trust (2007), «spesso, dopo la nascita di un bambino, tutto si concentra intorno alla madre. Anche i padri, però hanno delle esigenze, perché subiscono un cambiamento di identità, e noi stiamo cercando di affrontare questa realtà».

Ecco un'altra curiosa scoperta: se un padre si occupa con frequenza della cura del primogenito, il bambino dimostrerà un atteggiamento positivo nei confronti della madre dopo la nascita di un fratellino (Kojima *et al.*, 2001).

La maggioranza delle donne adora i propri bambini e, una volta ripresasi dalle fatiche della gravidanza, ama il mestiere di mamma. Esiste però una piccola percentuale di neomamme che non ce la fa, che non ama occuparsi del bambino e che non crea un legame con i figli. Il 15 per cento circa delle mamme sviluppa una depressione post partum, un problema serio che richiede un'attenzione altrettanto seria e molta sensibilità.

Purtroppo, la maggior parte dei medici di base cura la depressione post partum con tranquillanti e/o antidepressivi, senza ricorrere a molto altro. Nel 2006 sono state fatte trentuno milioni di prescrizioni per questo tipo di farmaci, ovvero una ricetta ogni due abitanti del Regno Unito. Questo nonostante ormai da molto tempo si metta in guardia da un eccessivo affidamento a questo genere di farmaci. David Healy, professore di psichiatria a Cardiff, ha fatto notare che gli antidepressivi danno troppo pochi benefici a fronte di troppi effetti collaterali (Healy, 2004). Questo il monito del professor Irving Kirsch dell'università di Hull: «Sembra che non ci siano molte prove a sostegno della prescrizione di antidepressivi se non ai pazienti che presentino i casi di depressione più seri, a meno che le cure alternative non abbiamo sortito alcun beneficio». Kirsch è giunto a questa conclusione dopo aver analizzato trentacinque esperimenti clinici che hanno coinvolto oltre cinquemila pazienti. Nella maggior parte dei casi la salute mentale di quelli che assumevano antidepressivi ha registrato miglioramenti di poco superiori a quella dei soggetti trattati con placebo.

Se la madre del vostro bambino non è semplicemente stanca, ma sta cadendo in depressione, parlatele, e accompagnatela dal medico. I papà dovrebbero sempre avere con sé il numero del proprio medico di base, per una qualunque emergenza. Ascoltate i consigli del medico, ma fate anche tutto il possibile per convincere la madre di vostro figlio a non affidarsi soltanto agli antidepressivi, se è l'unica soluzione proposta dal dottore. A breve termine gli antidepressivi hanno un ottimo riscontro, però hanno degli effetti collaterali e non possono sostituire l'esposizione verbale con la quale la neomamma spiega i motivi della propria tristezza. Poiché, come per tutti i farmaci, è difficile smettere di prenderli, parecchie persone sviluppano una dipendenza nei confronti degli antidepressivi.

Una cosa che potete fare è assicurarvi che non stiate peggiorando la depressione della vostra compagna facendola sentire sempre esausta.

Dormi, dormi birbantello

Spesso il problema più immediato è il sonno. Il bambino non dorme e perciò la mamma non riesce a chiudere occhio. Uno studio dell'università di San Diego risalente al 2008 ha evidenziato che il 32 per cento delle mamme ha dichiarato che la cosa di cui soffrono di più è la mancanza di sonno.

Svegliarsi nel bel mezzo della notte per far mangiare il vostro bebè è un modo ottimo per creare un legame con lui/lei. Se la mamma sta allattando al seno, potete essere comunque voi ad alzarvi, a prendere il bambino e a portarglielo nel letto; in questo modo la mamma non sarà sola mentre allatta. Se il neonato riceve un'alimentazione in parte dal seno materno e in parte dal biberon, uno dei momenti migliori in cui dargli il biberon è in piena notte. E di questo possono occuparsi i padri.

Un neonato può essere davvero estenuante. Io e mia moglie avevamo una sedia a dondolo, che però si dimostrò un errore. Per un periodo, Nicholas si addormentava solo se veniva cullato. E quando si culla un bambino, non si può fare molto altro. Non si può nemmeno guardare la tv. Per fortuna, ci viene incontro la tecnologia del ventunesimo secolo.

Mentre fate mangiare il vostro piccolo nel cuore della notte ascoltate la vostra musica preferita. Per non svegliare la mamma o i vicini, indossate delle cuffie. Ecco la perfetta immagine di un babbo del ventunesimo secolo: che dà la pappa al suo bimbo alle tre di notte con indosso le cuffie per ascoltare *Chicago*, Bach o qualunque cosa lo faccia stare bene.

Una delle cose che ho fatto io è stato inventare delle stupide ninnananne:

Dormi dormi, dormi bello
Non farmi dannare, birbantello.

E spesso cantavo l'ultimo verso con molto trasporto!

È necessario inoltre che i padri si preparino a una cosa che le donne conoscono da secoli. Badare ai bambini non sempre è un divertimento. Secondo quanto scrive Charlie Lewis, i maschi britannici dedicano più tempo a giocare con i propri figli, perché a giocare ci si diverte di fatica di meno. Che quadro poco lusinghiero! Ma q non è una scoperta isolata.

In Norvegia, anche Storo e Jansen (2006) hanno rilevato che i padri trascorrono molto tempo a giocare con i loro bambini, piuttosto che dedicarsi ad attività più pratiche: temo che per trovarne la ragione non ci sia bisogno di uno studio approfondito: fare cucù a un bambino è molto più divertente che farlo mangiare o cambiargli il pannolino.

Un'ottima cosa da fare: registrare la nascita del bambino

La nascita di un bambino va sempre registrata all'anagrafe, ed esiste un legame tra la firma sul certificato di nascita e la vostra capacità di essere un buon padre. Non ci credete? Kiernan (2006) ha messo a confronto alcuni papà che hanno firmato il certificato di nascita dei loro figli con altri che hanno assistito alla nascita del loro bimbo ma che non hanno firmato il documento. I papà che hanno firmato hanno ottenuto punteggi elevati in tutti i criteri di coinvolgimento col figlio. Ciò si evidenziava persino nei padri che al momento non convivevano, e che tuttora non convivono, con la madre del loro bambino.

Ho sostenuto che il momento in cui una donna dice a un uomo che è incinta sia uno dei momenti più importanti della vita. È così anche per la nascita, e la donna che ha appena affrontato il parto si merita di essere ricompensata in molti modi.

La prima moglie di David Carr Brown era francese e faceva la fiorista. Come mi ha raccontato lo stesso David, ciò significava che «era sempre importantissimo scegliere i fiori giusti [...], altrimenti mi sarei trovato nella merda fino al collo». Dipende da cosa vi potete permettere, ma qualcosa vi potrete permettere di certo, e io non ho ancora conosciuto una donna che non gradisca ricevere fiori, cioccolatini o gioielli. Sto scrivendo all'inizio del 2009, un periodo in cui siamo tutti al verde, per cui, anche se tutto ciò che potete offrire alla vostra amata sono solo una rosa, una mezza barretta di buon cioccolato o un ciondolino da pochi euro, questo basterà comunque a dimostrare che è nei vostri pensieri.

Le morti in culla

I bambini sono fragili, per cui non abbiate mai paura di rivolgervi al medico di base. Se vostro figlio è un neonato o ha pochi anni, qualunque studio medico dovrebbe darvi un appuntamento a breve. Se tardassero a darvelo (cosa che non dovrebbe accadere), nei pronto soccorso e nei reparti d'urgenza i bambini hanno la precedenza. Non dovete vergognarvi di un po' di panico nel periodo appena successivo al parto. Come sappiamo oggi, anche i papà, e non solo le mamme, sono in balia degli ormoni.

Le statistiche invitano alla cautela. In Gran Bretagna muoiono sei neonati ogni mille nati vivi. In Gran Bretagna i livelli di mortalità infantile sono elevati rispetto agli standard europei, e solitamente i decessi sono legati alle condizioni socio-economiche. I neogenitori devono essere informati riguardo al fenomeno delle morti in culla, che sono un'eccezione sconcertante in termini di condizioni sociali. Secondo le più recenti indicazioni, il neonato dovrebbe essere messo a dormire sdraiato sulla schiena su una superficie piatta. Non mettete il bambino a faccia in giù. Non fumategli accanto. Fate attenzione al materasso. E una buona idea potrebbe essere lasciare un ventilatore in funzione nella cameretta del piccolo.

Allattare al seno: una scelta assennata?

I papà devono riuscire a comprendere quelli che un tempo erano considerati i misteri della femminilità. L'Organizzazione mondiale della Sanità raccomanda il ricorso esclusivo all'allattamento al seno per i primi sei mesi. In un opuscolo pubblicato in Gran Bretagna dal National Childbirth Trust si rassicura che

- più il bambino si nutre al seno, più latte produce la madre
- in genere i neonati soffrono meno di aerofagia e crescono di peso più facilmente se finiscono di nutrirsi a un seno prima di passare all'altro, perché in questo modo succhiano un latte ricco di grassi
- per nutrirsi come si deve il neonato deve aprire bene la bocca e tenere il mento contro il seno della mamma; in questo modo massaggerà il seno con la lingua favorendo la fuoriuscita del latte
- il fastidio o il dolore durante l'allattamento solitamente sono il segno che il bambino non riesce a riempirsi la bocca con una sufficiente quantità di latte.

Gli uomini possono scoprire che le donne si arrabbiano molto se qualcuno ripete loro per l'ennesima volta questo consiglio. Una mamma mi descrisse l'esperienza dell'allattamento paragonandola all'avere «una grattugia sulle tette», e aveva poca sopportazione per gli uomini, le ostetriche o i medici che le dicevano di insistere.

Il National Childbirth Trust (NCT) tenta di tranquillizzare gli uomini, che non dovrebbero sentirsi a disagio se la compagna vuole allattare in pubblico: «In realtà, di solito il seno è a malapena visibile mentre il bambino succhia il latte».

Nell'opuscolo dell'NCT si danno anche consigli ai padri su come motivare la mamma nel caso che voglia abbandonare l'allattamento al seno a causa della presenza di ragadi, oppure perché pensa che il latte non fuoriesca dal seno nella maniera adeguata. I papà dovrebbero controllare che il loro bambino si sia «attaccato» bene.

E poi c'è una domanda che non si pose neppure Freud:

> «L'allattamento al seno avrà ripercussioni sulla vostra vita sessuale?»

È più facile che ad avere ripercussioni sulla vita sessuale sia la stanchezza, a quanto suggerisce l'NCT. Lasciando cadere ogni pretesa di romanticismo, nell'opuscolo si consiglia di pianificare i momenti dell'amore. Ancora una volta l'NCT dà agli uomini dei consigli che un tempo si ritenevano essere il tipo di cosa che un uomo poteva benissimo ignorare:

> È possibile che nel periodo dell'allattamento la vagina sia più secca del normale, per cui può essere utile ricorrere a un gel lubrificante.
>
> Dal momento che qualsiasi stimolazione del seno può provocare fuoriuscita di latte, è bene tenere a portata di mano un asciugamano; il problema si può risolvere se la mamma allatta prima di fare l'amore.
>
> È anche possibile che scopriate che la vostra compagna si sente più a suo agio con il suo corpo, e che partecipa con più gioia all'atto sessuale, dopo aver partorito e grazie all'allattamento.

Mi viene da domandarmi se gli uomini che trovano il coraggio di dare consigli sull'allattamento non siano dei pazzi e non rischino l'incolumità fisica, ma quelli dell'NCT non hanno dubbi: i papà possono essere dei veri guru (tamento senza rischiare di sembrare dei gran pir! consigli che secondo l'NCT dovreste dare alla mamma:

- se non lo fate già, durante ogni poppata offrite al bambino entrambe le mammelle: ciò aumenta la quantità di latte poppato dal bambino a ogni pasto;
- estraete il latte in eccedenza e datelo al bambino alla fine di ogni poppata, preferibilmente con una tazza o un cucchiaino piuttosto che con il biberon.

L'opuscolo fornisce anche suggerimenti utili in caso di problemi: «Instillate fiducia nella vostra compagna incoraggiandola con parole di conforto e complimenti, come si fa ogni volta che si impara un'attività nuova». Mai trattarla con aria di superiorità!

Da tutte queste informazioni rivolte agli uomini si capisce come l'atteggiamento stia cambiando. Adesso non è più il caso di fare tanto i misteriosi!

Se l'allattamento al seno è tanto diffuso è perché, secondo le opinioni più recenti, fornirebbe il mix nutritivo ideale, a patto che la madre non beva, non fumi, non assuma farmaci o droghe e segua a sua volta una sana alimentazione, assumendo le sue cinque porzioni giornaliere di frutta e verdure.

Il mio bambino è troppo grasso, troppo magro, troppo minuto, troppo grosso

Non dovreste lasciarvi ossessionare dal peso del vostro bebè. Secondo i medici è normale che nei primi giorni di vita un neonato perda fino al 10 per cento del peso che aveva al momento della nascita. Pertanto, un neonato che pesava 3,3 chili alla nascita potrebbe calare di 330 grammi e arrivare a casa pesando 2,9 chili. I neonati dovrebbero riprendere i grammi perduti nel giro di 10-15 giorni.

Secondo quanto suggerito dal National Childbirth Trust, è meglio calcolare il peso guadagnato dal neonato facendo riferimento al peso minimo raggiunto, piuttosto che fissarsi sul suo peso alla nascita. Nel corso dei primi tre mesi solitamente i bambini aumentano di almeno 450 grammi al mese. Il momento cruciale è intorno alle due settimane di vita: se a quel punto il vostro bimbo non ha ripreso il peso che aveva alla nascita, fatelo visitare dal vostro medico.

Dottor Freud, ma perché non ha detto niente dei pannolini?

Freud amava ritenersi un precorritore dei tempi, ma ho il sospetto che nemmeno lui avrebbe mai immaginato che un rispettato ente di beneficenza come il National Childbirth Trust un giorno avrebbe prodotto un opuscolo dal titolo *What's in a Nappy* («Cosa c'è nel pannolino»), il quale affronta il fatto che i genitori non si preoccupano solo di quello che entra, ma anche di quello che «esce».

Ormai è ufficiale. Dopo la prima settimana un bambino in salute inzupperà almeno sei pannolini al giorno e si produrrà in almeno due sostanziose cacche quotidiane. Nel colorato opuscolo si legge che «dopo la nascita la cacca è scura e simile a catrame (viene detto meconio), ma poi cambia nel corso dei primi giorni di vita, finché, il quinto o il sesto giorno, diventa giallognola e semiliquida». Uno dei miei curatori editoriali (o responsabili del montaggio? Non è chiaro) la paragona a «del korma di pollo, con dei pezzettini verdi simili al prezzemolo». È possibile che alcuni neonati allattati al seno producano solo un'unica, enc ca ogni qualche giorno, o anche meno spesso. Se u to bagna poco il pannolino o fa poca pupù, significa che non sta assumendo abbastanza latte.

È meglio eccedere in prudenza. Non abbiate imbarazzi nel precipitarvi dal dottore o nel far venire un assistente sanitario a domicilio per avere un parere professionale sulla cacca del vostro bebè. Certo, dovete portarvi dietro il pannolino e aprirlo di fronte al medico. Aileen e io lo abbiamo fatto. Un bravo dottore darà un'occhiata e in base al contenuto del pannolino vi darà il suo responso.

Essere d'aiuto significa stare con gli occhi aperti

I neonati sono individui, non ne esiste uno che sia identico a un altro. Ciò che è normalità e segno di salute non è una verità scritta sulla pietra. Forse il vostro bambino raggiungerà alcuni traguardi dello sviluppo più velocemente rispetto alla media, mentre sarà un po' più lento nel raggiungerne altri. Ciononostante, è buona norma essere consapevoli di alcuni problemi che potrebbero rivelarsi seri. Qui vi faccio un elenco piuttosto lungo, perché è sempre meglio chiedere aiuto che preoccuparsi. I genitori dovrebbero rivolgersi al loro medico di fiducia se vedono che il bimbo presenta:

- rigidezza muscolare
- un'esagerata mollezza del corpo
- macchie negli occhi.

Quando il bambino ha ormai raggiunto le 12-15 settimane di vita, tra i sintomi preoccupanti che vanno segnalati a un dottore troviamo i seguenti:

- il bambino usa solo un lato del corpo o preferisce fare uso di un solo arto in particolare
- il bambino non dimostra miglioramenti nel controllo dei movimenti del capo
- il bambino non reagisce a rumori forti o a fonti luminose molto intense
- il bambino non dimostra interesse nel voler toccare gli oggetti o nel mettersi degli oggetti in bocca
- il bambino non tenta mai di rotolarsi o di tirarsi su a sedere.

Se, ormai all'età di cinque mesi, il bambino:

- non si fissa con lo sguardo sugli oggetti.

In tutti questi casi, prima si chiede un parere, meglio è.

La maggior parte dei bambini si svilupperà normalmente ma seguendo i propri ritmi; a volte vi sorprenderanno facendo qualcosa che assolutamente non vi aspettate, come quando Nicholas aveva sei mesi e non facevamo che guardarci a vicenda e ridere. Di recente ho incontrato un bambino che all'età di due anni e mezzo mi ha fatto una deliziosa descrizione di quanto era strano fare un giro sulla Millennium Wheel e trovarsi così in alto rispetto alla città. Freud diceva di essere sbalordito dalla velocità con cui il «piccolo essere primitivo» diventava parte della società. Il vecchio psicoanalista aveva colto nel segno. Se avesse conosciuto Charlie, avrebbe sorriso di fronte a un bambino che avrebbe perso ogni traccia di primitività molto, molto presto.

6

Amore a primo vagito

Negli ultimi mesi sono venuti a trovarmi un neonato e un bambino di due anni, tutti e due accompagnati solo dalle rispettive madri. Entrambe le donne avevano avuto una vita difficile: storie di droga nel caso di Katy e una serie di uomini alquanto inutili nel caso di Jenny. Katy è sulla venticinquina, Jenny ha dieci anni di più. Nel trattare i loro figli, erano tutte e due bravissime. Li riempivano di complimenti, li abbracciavano, parlavano con loro. Non ho pensato nemmeno per un istante che avessero mai letto l'opera di John Bowlby, ma di sicuro lo psicoanalista britannico le avrebbe giudicate molto positivamente.

Intervistai John Bowlby negli anni Settanta e mi sembrò un uomo molto severo. Il fatto che portasse la bombetta bastò a farmelo etichettare come un tipo piuttosto compassato. Comunque, non ero lì per analizzare i suoi copricapo, bensì la sua teoria: la «teoria dell'attaccamento», una delle idee fondamentali nel campo della ricerca sulla genitorialità nel secondo dopoguerra.

L'innovativo studio di Bowlby fu condotto su un campione di quarantaquattro ladri minorenni (Bowlby, 1981), molti dei quali erano stati separati dalla madre in tenera età. Bowlby aveva inclinazioni piuttosto freudiane e sosteneva che esistesse una complessa interazione tra la madre che dà amore e il bambino che ha bisogno di amore. Se la madre non crea un legame con il figlio, il bambino comincia a «sentirsi» insicuro. Si tratta di una danza in cui la madre deve sorridere, abbracciare e amare il bambino. I bambini hanno bisogno di una base sicura di attaccamento da cui parte la loro crescita, il loro apprendimento e l'esplorazione del mondo. La mancanza di una base sicura apre la strada all'insicurezza e l'insicurezza porta al fallimento. Tuttavia, alcune mamme non formano immediatamente un legame, né si sentono istantaneamente traboccare di un amore travolgente, e molte per questo si sentono in colpa.

Quando Bowlby esercitava la professione, erano pochi a ritenere che il padre ricoprisse un ruolo cruciale. In un libro di 400 pagine sull'attaccamento, ai papà Bowlby ne dedicò soltanto quattro. Quando Aileen e io avemmo il nostro primo figlio, Nicholas Joshua, leggemmo quella che allora era considerata la Bibbia, *Il bambino: come si cura e come si alleva*, di Benjamin Spock, che era già alla sua trentesima edizione. Anche Spock era un freudiano, ma il babbo si meritava solo dieci pagine su 500.

I bambini hanno bisogno del loro papà (grazie dottor Spock, lei è quasi tanto razionale quanto il suo omonimo di Star Trek), ma non serve a niente che le mamme costringano i paparini a trascorrere un sacco di tempo con i pargoli. Una soluzione saggia sarebbe aspettare che il piccolo diventi più simile a una persona vera e propria prima di imporne la presenza al papà. Quest'ultimo dovrebbe cercare di passare un'ora a giocare e a far casino con i bambini. Se però è stanco morto per il lavoro e il viaggio di andata e ritorno, non dovrebbe sentirsi in colpa, ma piuttosto cenare e rilassarsi davanti alla tele. E Bowlby era probabilmente persino più madre-centrico del dottor Spock.

Comunque, gli psicologi un po' alla volta hanno cominciato a rendersi conto di ciò che sappiamo da Adamo ed

Eva in poi: che un bambino ha bisogno di entrambi i genitori. Forse mai come oggi si è studiata la questione della paternità (Lamb e Tamis-Lemonda, 2004), ma un lavoro di questo tipo si trova di fronte un problema pratico: i neonati non parlano e non possono essere intervistati, e perciò non sono in grado di dirci cosa provano o cosa pensano. Pertanto, per scoprire quali sono i pensieri e le sensazioni dei neonati, gli psicologi hanno dovuto escogitare dei metodi non verbali.

Il più celebre è la procedura della «Strange Situation», ideata negli anni Sessanta da Mary Ainsworth. Ainsworth intendeva capire il comportamento dei bambini a seconda delle storie dei loro legami affettivi. I ricercatori osservano per venti minuti un bambino che gioca, mentre la madre, il padre e degli estranei entrano ed escono dalla stanza, determinando otto situazioni distinte. Certe volte la madre se ne va e il piccolo viene lasciato da solo o in compagnia di una persona estranea. Poi, la madre o il padre ritornano. Talvolta l'estraneo parla con il genitore, in modo che le attenzioni non siano tutte per il bambino.

Ciò che interessa gli psicologi è quanto «esplori» il bambino: si mette a giocare con giocattoli che non conosce oppure non fa niente? I risultati sono piuttosto coerenti. Un bambino che abbia sviluppato un sicuro attaccamento alla madre esplora liberamente e interagisce con gli estranei. Quando la madre se ne va, il bambino sta male; quando la mamma ritorna, è contento di rivederla e le corre incontro. Bowlby sosteneva che l'esplorazione dei bambini si esprime meglio, e con soddisfazione, quando il bambino sa di avere una base sicura alla quale poter fare ritorno.

Non tutti i genitori sono in grado di dare questa sicurezza. Alcune madri e alcuni padri (e bisogna ricordare che molti saranno stati allevati da genitori non proprio perfetti, a loro volta tirati su da genitori non proprio perfetti) possono offrire solamente un «attaccamento insicuro ansioso-ambivalente». Se i genitori non forniscono, o non riescono a fornire, un affetto e un'attenzione costanti, il bambino diventa ansioso e insicuro. Se viene sottoposto a un test «Strange Situation», un bambino con queste caratteristiche non esplorerà e non interagirà con estranei, neppure in presenza della madre. Quando la mamma esce dalla stanza, la povera creaturina viene assalita dall'ansia, si paralizza o va nel panico. Quando la mamma torna, il bambino cercherà di avvicinarsi a lei, ma poi, all'improvviso e senza alcuna logica, è possibile che la colpisca o che la respinga. A questo punto, il bambino dotato di giudizio prende il telefono e, per farsi dare un appuntamento da uno psicoterapeuta, balbetta: «Aiuto. Ho dei genitori inadeguati». A ogni modo, la modalità ansiosa-ambivalente non è lo stile più potenzialmente dannoso tra quelli esistenti nell'ambito degli stili genitoriali.

Alcuni genitori si comportano in maniera talmente incoerente che i figli sono destinati a sviluppare un «attaccamento insicuro ansioso-evitante». Il bambino ansioso-evitante ignora la madre, mostra scarse emozioni quando lei se ne va e altrettanto poche quando ritorna. Il bambino può persino correre via se uno dei suoi genitori tenta di prenderlo in braccio. Un bambino così non esplorerà granché, nemmeno se è presente suo padre o sua madre.

Intorno al 60-65 per cento dei bambini sembra avere un «attaccamento sicuro» nei confronti della propria madre, ma nessuno crede che la procedura «Strange Situation» sia da considerarsi ineccepibile. Il professor Michael Rutter, uno dei più autorevoli psichiatri infantili del mondo, sostiene che «non è affatto esente da limiti, in quanto dipende molto dal fatto che le brevi separazioni e riunioni abbiano lo stesso significato per tutti i bambini». Rutter riporta l'attenzione su culture diverse, come quella giapponese (Miyake *et al.*, 1985), «in cui, in condizioni normali, raramente i bambini vengono separati dalle proprie madri». La sua assennata conclusione è che «malgrado i suoi evidenti punti di forza, la procedura si basa solamente su venti minuti di osservazione, ed è difficile ritenere che possano essere sufficienti per captare tutte le caratteristiche rilevanti delle relazioni di attaccamento di un bambino».

Di solito i bambini che hanno un attaccamento sicuro con la madre crescono benissimo. Si sviluppano bene fisicamente, intellettualmente e socialmente. Sui padri esistono meno studi, ma quelli a disposizione indicano come la mancanza di un legame col figlio possa preludere a dei problemi.

In Norvegia gli uomini hanno sei settimane pagate di congedo di paternità quando diventano papà. Dal 1993, il numero dei neopapà che si prende tutte e sei le settimane di congedo è salito dal 4 per cento all'85 per cento; in questo modo c'è più tempo per formare un legame col figlio. Parecchi uomini norvegesi hanno scoperto le gioie che derivano dal trascorrere il tempo con i propri figli. Li si può vedere che portano i bimbi al parco, o che li accompagnano ad assistere a una partita di calcio. Ci sono persino dei padri che cucinano insieme ai figli. Lo studio di Storo e Jansen (2006), tuttavia, mette in guardia contro l'autocompiacimento. Quando riprendono il lavoro, per molti norvegesi è difficile continuare a prendersi dei permessi per passare un po' di tempo di qualità con i propri figli. Non ha aiutato neppure il fatto che due papà norvegesi siano in gara per il titolo di Miglior Papà dell'Artide. (Non avrebbero speranze nell'Antartico, dove, come sostenuto da Masson, i campioni sono i pinguini.) Il principe ereditario Haakon Magnus e il primo ministro Jens Stoltenberg hanno affermato di dover dare la priorità ai loro figli. Il governo del paese va in secondo piano, prima bisogna cambiare i ni! Nonostante questi esempi, in Norvegia molti hanno ancora la sensazione che badare ai bambini non sia un'attività molto virile.

Eppure saper fare bene il padre ha una grande importanza. Un attaccamento padre-figlio basato sulla sicurezza si associa a una minore incidenza di problemi comportamentali quando il bambino è più grande (Verschueren e Marcoen, 1999). Un bambino che ha instaurato un legame con suo padre tende a essere più socievole e a interagire meglio con gli altri bimbi (Parke, 2002).

Motivi di preoccupazione

Creare un legame significa fare attenzione sia ai momenti di divertimento che ai segnali di allarme. I neopapà dovrebbero preoccuparsi nei casi seguenti:

se, arrivato ormai all'età di nove mesi circa, il bambino/la bambina non cerca mai di mettersi a sedere;

se intorno ai 15 mesi, il bambino/a non tenta di tirarsi in piedi per provare a fare i primi passi;

se, quando ormai ha 24 mesi, il bambino/a non emette suoni che, se non delle vere e proprie parole, siano almeno delle parole.

Fiducia vs diffidenza

Lo psicoanalista Erik Erikson prese in considerazione le scelte che il bambino fa, e quelle che fa fare agli altri per lui, nei momenti cruciali della vita. La prima «scelta», sosteneva Erikson, è tra fiducia e diffidenza. Se piange e viene preso in braccio e consolato, il neonato imparerà a fidarsi. Se quando ha fame o è sporco lo si lascia piangere, il bambino imparerà a non fidarsi, perché la lezione che gli ha dato la vita è che nessuno lo ascolta o si preoccupa per lui o fa qualcosa per lui quando piange. Tutto ciò che riuscirete a fare per creare fiducia, i vostri figli se lo porteranno dietro per tutta la vita.

Più coccolate il vostro piccolo, più lo tenete in braccio e lo guardate, più forte sarà il vostro legame. In effetti gli uomini tengono in braccio i figli più di quanto facessero un tempo. Harvey (1980) scoprì che il 32 per cento degli uomini aveva tenuto in braccio il proprio bambino nell'ora successiva alla nascita. All'inizio degli anni Ottanta la percentuale arrivava al 50 per cento, ma da alcuni studi sembra emergere che gli uomini sono ancora timorosi di toccare il proprio neonato. Di solito cominciano dai piedini e dalle dita dei piedini. È improbabile che un padre soffochi d'amore i propri figli, come temeva John B. Watson. Onore alla tribù dei pigmei Aka della Nigeria, che trascorrono il 20 per cento del loro tempo con i figli in braccio, superando ogni altro gruppo di uomini esistente sulla Terra. È a loro che dovremmo ispirarci.

Autoanalisi 4
Ponetevi le seguenti domande:

Vi sentite insicuri quando si tratta di toccare il vostro bambino?

Avete paura di fargli male?

Temete di essere sopraffatto dalle emozioni?

Vi pare che il contatto fisico con vostro figlio vi trasmetta una sensazione di disagio o ripugnanza?

Provate le stesse sensazioni di fronte agli animali di piccola taglia?

Riuscite a immaginare cosa potrebbe modificare le vostre sensazioni?

Mai vergognarsi di provare ansia. Un uomo che diventa padre per la prima volta normalmente non ha una grande esperienza di come si tengano in braccio i neonati, che sono creature tanto piccole e fragili. E sul cranio hanno quelle terrificanti fontanelle che non si sono ancora solidificate!

Io sono stato fortunato. Non ho mai avuto paura di tenere in braccio i miei figli, e questo anche se ero terrorizzato dalla loro incredibile fragilità. E per di più odio spupazzare gatti, cani e micini. Però ho imparato, come può fare qualsiasi uomo. Prima di prendere vostro figlio rilassatevi. Sorridetegli. Godete del piacere di toccarlo.

I nostri timori riguardo all'abuso sessuale sui bambini hanno reso molto spinosa la questione di che cosa si intenda per contatto fisico appropriato. Ma in realtà è tutta una questione di buon senso. Non giocate con i genitali del bambino, ma accarezzategli la testa, le braccia, i piedi. Toccare il vostro bambino è il modo migliore per formare un legame con lui. Molti uomini scoprono che accarezzare il loro bebè li tranquillizza ed è un ottimo metodo per la gestione dello stress. Spock si sbagliava: se l'uomo manager tornando a casa si fosse messo a fare le coccole ai suoi figli, ne avrebbe giovato moltissimo, perché in questo modo le tensioni della giornata sarebbero svanite di colpo. Dopodiché si sarebbe accomodato per godersi il suo drink serale con un sorriso ebete in faccia, continuando a cullare i suoi bambini sulle ginocchia.

Che tenerezza! E che effetto sulla psiche!

7

Genitori sotto stress

Avere un figlio piccolo è una delle situazioni più stressanti nella vita. Lo dimostrano alcuni studi che si basano sul Life Events Scales (test per la valutazione dell'impatto degli eventi della vita sulla psiche). Il fatto che sia una condizione felice non significa che sia esente da stress. E le cose stanno peggiorando, perché, come ha scritto Janice Turner sul *Times* di Londra il 18 ottobre 2008, «gli obblighi genitoriali all'improvviso si sono moltiplicati». Turner ricordava di quando trascorreva il tempo con il suo primogenito negli esclusivi parchi giochi per bambini della zona ovest di Londra, a farsi beffe dei genitori americani. «Mentre noi britanniche in pieno dopo sbronza ce ne stavamo accasciate sulle panchine a bere caffè e a leggere i quotidiani della domenica, le madri americane stavano accucciate nelle buche piene di sabbia a sporcarsi insieme ai loro figli». I bambini dovevano essere tenuti d'occhio e ricompensati. Ogni volta che un piccolo yankee faceva una torta di fango, la sua mamma (che si era letta ogni manuale fai-da-te su sul mestiere di genitore a partire da quello del dottor Spock) gli urlava: «Ma che bravo!» E non importava se la torta di fango era tutta un bitorzolo.

Turner descriveva le guerre che scoppiavano dentro la buca di sabbia. «Se due bimbi si contendevano il possesso di un secchiello, le mamme si affollavano tutte intorno come un reparto di caschi blu dell'Onu».

Qualche anno più tardi (ovvero, oggi), Turner non può più fare la spiritosa, perché i genitori della borghesia inglese più intellettualoide hanno seguito l'esempio degli americani. Secondo Turner è tutta colpa di Madonna e Gwyneth Paltrow, che «hanno cominciato a far crescere i loro figli a Londra, ammaliandoci con i loro affascinanti guardaroba pre-maman, la forma riconquistata in men che non si dica e i cibi macrobiotici confezionati».

La lamentela di Janice Turner secondo cui le mamme si sentono sotto forte pressione non rende la vita più semplice ai papà.

Nelle settimane successive sia alla nascita di Nicholas che a quella di Reuben non riuscii a rendermi molto utile. La scusa che avevo era che, essendo un lavoratore autonomo, dovevo continuare a darmi da fare se non volevamo morir tutti di fame.

Ricordo infinite telefonate ad Aileen per spiegarle perché avrei fatto tardi. I treni erano in ritardo; c'era un traffico da paura; dovevo correre perché avevo da fare un'intervista da cui dipendeva il destino del mondo. Credevo che il fatto di farle uno squillo bastasse a dimostrare che non mi ero scordato di lei. Lei pensava che fossero tutte stronzate e che la chiamassi solo per sentirmi meno in colpa. A quei tempi non possedevo un cellulare, quel grandioso strumento che rende possibile la continua comunicazione all'interno di una coppia disfunzionale. Qualcuno dovrebbe scrivere una tesi di dottorato sui telefoni cellulari e l'insoddisfazione coniugale.

Quando le madri sono costrette a casa mentre i papà lavorano, ecco che iniziano i problemi, che possono anche rivelarsi seri. Una ricerca del 1986 rivelò che nell'anno successivo alla nascita di un figlio la «misura della soddisfazione coniugale» si modificava per il 40 per cento delle coppie (Belsky e Pensky, 1988). Nello studio si mettevano a confronto il giudizio delle coppie sulla propria relazione in tre momenti diversi: quando venivano a sapere di aspettare un bambino, alla nascita del figlio e quando il bambino compiva un anno. Alcune coppie erano talmente felici di diventare genitori che tutto il resto non contava. Il 25 per cento delle coppie, tuttavia, si sentiva un po' meno soddisfatto; per il 10 per cento, la nascita di un figlio aveva innescato una grave insoddisfazione.

I motivi di questo scontento erano spesso complessi. I genitori erano stanchi, gli uomini si sentivano trascurati, la mamma era innamorata più del bebè che del compagno. Le madri, invece, avevano la sensazione che la loro vita si fosse fatta più angusta. Una donna parlò della sua vita con il neonato come di «una prigione tra le mura di casa».

C'è poi la questione del sesso. Nella pièce di Tennessee Williams *La gatta sul tetto che scotta*, il personaggio di Big Daddy osserva che in quasi tutti i matrimoni la maggior parte dei problemi inizia a letto. L'uomo desidera la donna che però non lo desidera, oppure è la donna a desiderare l'uomo ma non è corrisposta. Molto spesso la nascita di un bambino ha delle ripercussioni sulla vita sessuale.

Fare l'amore con il bambino nella stanza accanto

Pare quasi che Rosalind Miles dia ragione a quelle mamme che perdono interesse nei confronti del sesso. L'uomo ha fatto il suo dovere e ora dal produttore di seme non c'è da pretendere altro. È tempo di concentrarsi sul bambino. Poco prima della separazione del decennio, *News of the World* ha rivelato che Guy Ritchie e Madonna non facevano sesso da diciotto mesi mentre Madonna adottava bambini e si concentrava sui concerti e sulla cura dei figli. Dal momento che Miles si interessa di psicologia, non posso fare a meno di immaginarmi una di queste madri niente-sesso-ormai-sono-una-mamma che dieci anni più tardi spiega al proprio figlio: «Oh, tesoro, ho smesso di fare sesso quando sei nato tu. Che bellezza... Era quello che desideravo da sempre... l'opportunità di diventare frigida... e di mandare in bianco tuo padre». E sappiamo tutti come è andata a finire la saga Guy-Madonna.

La ricerca del National Childbirth Trust riprese in considerazione il suo campione di 817 padri a sei mesi dalla nascita dei figli. Solo il 53 per cento di loro rispose, e probabilmente si trattava dei più coinvolti nelle cure del neonato. La maggioranza dei papà dichiarò che la nascita del figlio era stata un'esperienza meravigliosa e che era contenta di contribuire alla cura del bambino. Il 33 per cento di questi uomini, però, registrava anche una riduzione della propria attività sessuale; dalla ricerca più ampia condotta nel 2000 emerse che oltre il 50 per cento degli uomini dichiarava di fare meno sesso, solitamente per colpa della stanchezza.

Come sostiene Miles, «quella che prima era la vita sessuale della coppia adesso può ridursi al solo desiderio della componente maschile». Se la vostra compagna ha appena potuto approfittare di cinque ore di sonno e ha il terrore che il bambino si metta a urlare alle due di notte, difficilmente accoglierà «le avance di suo marito con gridolini di gioia e a braccia e gambe aperte». Secondo una recente ricerca fatta dall'università del Minnesota, il 40 per cento circa delle donne non è stata contenta di fare sesso a causa del dolore provato durante i rapporti.

Miles mette in ridicolo un uomo che alla fine è arrivato a implorare la compagna dicendole «Ma voglio solo dieci minuti del tuo tempo!» Miles ha ragione quando dice che gli uomini non hanno il diritto di aspettarsi che le loro mogli o compagne siano disponibili a fare sesso. Dovete essere dei veri cavernicoli per perdere la pazienza se vostra moglie o la vostra compagna non vuole fare sesso tre o quattro mesi dopo il parto. Ma cosa succede se la situazione non cambia? Dopo sei mesi forse è ragionevole cominciare a preoccuparsi e, se non altro, bisogna rendersi disponibili a parlare del perché non si sta facendo l'amore. Sicuramente c'è da preoccuparsi a distanza di nove mesi dal parto, anche se Rosalind Miles sembra suggerire l'idea che un uomo che insiste per fare sesso si sta comportando in maniera oppressiva.

I francesi dicono che una persona bacia e l'altra si lascia baciare. Una persona desidera, l'altra è desiderata. Ci vuole sempre del coraggio per sollevare la questione del desiderio sessuale, del perché non si fa più l'amore. Non si può mai essere sicuri di quale sarà la risposta del proprio partner. Forse non vi trova più attraenti; magari ha l'amante. Sicuramente affrontare l'argomento sarà difficile, ma cosa ne sarà della vostra relazione se non lo fate? Al giorno d'oggi la gente non tollera più tanto facilmente i matrimoni «bianchi» come si faceva negli anni Trenta del secolo scorso.

Autoanalisi 5
Ponetevi le seguenti domande:

Il fatto di avere avuto figli ha danneggiato la vostra vita sessuale?

Che cos'è che vi impedisce di parlarne con la vostra compagna/moglie?

Siete voi a provare meno desiderio?

È lei ad avere un calo del desiderio? Oppure siete troppo stanchi o troppo di malumore?

Non è semplice salvaguardare una relazione e nel contempo occuparsi adeguatamente del proprio bambino. Vi suggerisco alcune regole basilari. Mi rendo conto che si tratta di consigli per la perfezione e che il raggiungimento della perfezione non è mai così difficile come quando non ci si sente amati e non si riposa abbastanza. Però ci dovete provare.

Create lo spazio, il tempo, una bolla dentro la quale tornare a essere di nuovo una coppia. Cercate di fare l'amore in orari diversi, non solo prima di andare a dormire, ma magari dopo che siete riusciti a sistemare il bambino o, se il bambino sta facendo un riposino, prima di cena.

Usate la fantasia. Siccome non potete fare un salto al ristorante indiano, discuterne e poi rimettervi a letto come facevate prima, preparate una cena speciale, senza dare niente per scontato.

Invece di lamentarvi, ascoltate.

Cercate di capire cosa prova lei.

Cercate di fare delle concessioni che serviranno ad alleggerire la situazione.

Come suggerisce la stessa Miles, i motivi per cui una donna non ha voglia di fare l'amore potrebbero essere più complessi e molto intimi. Dovete convincerla a parlarne con estrema delicatezza.

Una curiosità: sembra che avere un figlio maschio sia più nocivo per il matrimonio rispetto all'avere una figlia femmina, anche se – paradossalmente – la nascita di un figlio maschio rende più difficile all'uomo l'uscita dal matrimonio. Saranno anche più infelici, ma gli uomini non se ne vanno; molti sostengono di avere degli obblighi nei confronti del proprio figlio.

Piuttosto che fare sesso ficcherei la testa in bocca a un drago...

Prima della nascita del loro bambino, spesso George e Jeannette facevano l'amore di mattina, ma le cose cambiarono perché erano entrambi esausti. Capitava di frequente che uno dei due si dovesse alzare alle tre di notte per far mangiare il neonato. Il bambino piangeva sempre e bisognava cambiarlo in continuazione. Non si può fare sesso se si è stanchi morti, e Jeannette era stanca morta o, se non altro, non si era mai sentita così stanca in vita sua. George era frustrato e Jeannette era arrabbiatissima. Lei era arrabbiata perché lui le faceva capire chiaramente di sentirsi frustrato. Lui era furioso perché si sentiva frustrato. A preoccupare Jeannette era anche la storia della loro relazione. George non era un tipo fedele, e si aspettava la sua brava «bottarella» settimanale. Jeannette mi confessò di aver cominciato a temere che George potesse fare il cascamorto o che andasse a letto con qualche collega dell'ufficio.

Jeannette si arrabbiò così tanto con se stessa per questi suoi timori che la vita sessuale della coppia cessò del tutto. Dormivano nello stesso letto, senza toccarsi. Quando lui provava a toccarla, lei lo respingeva bruscamente. Questo atteggiamento la divertiva, perché era un modo per tenerlo sotto controllo. Ma mi confessò che ci aveva messo degli anni per ammettere di possedere un tratto di personalità così sgradevole.

A volte la nascita di un figlio provoca negli uomini delle strane conseguenze. Jack McHarris insegna in una delle università di Merseyside. Era contentissimo di diventare di nuovo padre, ma si accorse con meraviglia che quell'evento stava annullando il suo desiderio sessuale o, perlomeno, il desiderio nei confronti della moglie. «Semplicemente in lei non trovavo niente che mi suscitasse desiderio. Voglio dire, non ho idea se anche lei non provasse più desiderio per me, perché semplicemente io non ero più attratto da lei».

Due anni dopo McHarris e sua moglie si separarono. Lei adesso vive nelle brughiere dello Yorkshire, mentre lui è tornato ad Aberdeen. Si sente ancora in colpa, nonché un po' sconcertato per come ha perso completamente il desiderio sessuale, fatto che non sa spiegare: pur continuando a considerarla bellissima, non provava più per sua moglie alcuna attrazione fisica.

Ecco due esempi di coppie che sono state incapaci di parlarsi con sincerità.

Ad ogni modo, non è il sesso l'unico motivo di contrasto nelle settimane e nei mesi che seguono la nascita di un bambino.

Conquistatevi la felicità dormendo... o almeno provateci

Nicholas aveva quattro mesi. Aileen sentiva di non avere il tempo e l'energia per scrivere. Aveva iniziato la laurea specialistica ma stava per rinunciarci. Una sera, rientrato a casa, Aileen mi passò nostro figlio come se fosse un pacco. Era livida e sul punto di piangere. Nicholas aveva pianto e urlato per ore e ore, e lei aveva provato a calmarlo, ma niente, lui continuava a urlare a squarciagola. Non ce la faceva più. Doveva dormire.

Neanch'io avevo molte energie addosso. Stavo girando *Anatomy of a Pin Up*, un breve documentario sulla struttura di *Penthouse.* Il produttore, Walter Shenson, aveva prodotto i film dei Beatles. Se gli fosse piaciuto il mio lavoro forse mi si sarebbero spalancate tutte le porte. Shenson, però, era un capo molto tosto. Oltretutto dovevo avere a che fare con quel nevrotico del suo assistente, un cineoperatore che non riusciva a capire perché lavorasse per un regista che aveva vent'anni meno di lui, che era la strana politica praticata all'interno di *Penthouse;* per non parlare poi delle modelle seminude, molte delle quali avevano un problema di cui Freud non si era mai preoccupato.

Come si sarebbero sentiti i loro papà se le avessero viste nude su Penthouse*?*

È un argomento che gli psicologi dovrebbero studiare.

Non avevo assolutamente voglia di occuparmi di nostro figlio che stava frignando. Aileen se ne andò a dormire. Io mi aspettavo la sua gratitudine, anche se grata non era, soprattutto perché la mattina dopo dovevo uscire per andare a girare in esterna. Non pretendo di ricordarmi l'esatto dialogo come fanno nelle biografie strappalacrime, ma avrebbe potuto essere all'incirca così:

Lei: «Dunque, esci di nuovo».
Lui: «Devo lavorare».
Lei: «Io sono prigioniera qui e a te non te ne frega un accidente!»
Lui: «Ti amo».

Dopodiché Aileen aggiunse un «Vaffanculo», la stoccata finale che mi diede la certezza che avrei fatto nuovamente tardi.

Mia suocera trovò il tono delle lettere di Aileen talmente allarmante che prese l'aereo e dall'America si precipitò in nostro soccorso.

In quell'occasione non mi dimostrai il più affettuoso, premuroso e sensibile dei mariti, e me ne vergogno. Fu solo quando i bambini furono parecchio più grandicelli che riuscii a capire quanto si fosse sentita isolata e tagliata fuori dal mondo Aileen in quel periodo, e quanto poco d'aiuto ero stato io con il mio comportamento. Per questa cosa pagammo entrambi. Parlarne in maniera più costruttiva avrebbe potuto risolvere tutto? Probabilmente tutto no, ma di sicuro qualcosa sì.

Vi offro un elenco delle tipiche discussioni che scoppiano tra i genitori di bambini piccoli:

Discussioni sul tempo: non puoi uscire; io sono qui rinchiusa, questa casa è come una prigione.
Discussioni sulle faccende domestiche: non fai mai niente, stronzo nullafacente che non sei altro!
Discussioni per la spesa.
Discussioni sui soldi: sprechi il nostro denaro andando al pub.
Discussioni sulla condivisione della cura dei bambini: tu di notte non ti alzi mai per dargli il biberon.
Discussioni perché ci si sente ignorati: per te potrei anche non esistere.
Discussioni sui propri genitori: tu sei convinto che tua madre sia più brava di me con i figli.
Discussione sul rapporto di coppia in generale: non parliamo più.
Discussioni sul sesso: non ti piaccio più.
Altre discussioni sul sesso: non facciamo più l'amore, oppure è una noia farlo.
Discussioni a causa degli altri figli e per come reagiscono nei confronti del neonato.
Discussioni su chi sia il più stanco dei due.
Discussioni per stabilire chi sia più vittima dell'altro. È meglio essere quello/a che lavora o quello/a che si occupa del bambino?

Ogni coppia, poi, avrà i suoi particolari tasti dolenti. Cercate di individuarli. Infine, torno a sottolineare l'importanza dell'ironia. Le coppie che sanno ridere di se stesse possono,

se non altro, non farsi trascinare completamen
scussioni. È per questo che ho trasformato l'abit
l'«In alto le corna!» in un vero e proprio strum
peutico.

Il gioco del guai-a-te-se-brontoli

Sedetevi l'uno di fronte all'altra. Mettetevi nella posizione In-alto-le-corna tenendo le braccia alte sopra la testa. Quindi appoggiate il braccio destro sulla spalla sinistra e il braccio sinistro sulla spalla destra e dite: «Guai a noi se brontoliamo». Quindi aggiungete: «Guai a noi se brontoliamo, però...» E a questo punto a turno esprimete le vostre recriminazioni.

L'altro infine fa il controinterrogatorio:

«È tutto qua quello di cui avevi da lamentarti?».

Le coppie disperatamente infelici non riusciranno a tenere in alto le corna (perché alla base è indispensabile un po' di complicità), ma probabilmente le coppie esasperate ma determinate a migliorare la situazione questo gioco riusciranno a farlo. Non ho ancora condotto l'esperimento definitivo, ma so che dare sfogo con regolarità alle proprie lamentele mantiene una relazione felice e sana, così come del resto il sesso sano e fatto regolarmente. Ancora non sono in grado di dimostrare scientificamente la parte riguardante le lagnanze, ma parecchi dei peggiori problemi che ho avuto in una relazione di coppia sono attribuibili al fatto che non le abbiamo esternate in tempo, prima che si trasformassero in una catastrofe.

È importantissimo affrontare i problemi man mano che si presentano, mentre gli studi sulla mediazione familiare nei casi di divorzio dimostrano che le coppie covano così tanta rabbia e frustrazione che finiscono per accusarsi a vicenda di tutto ciò che è andato storto. Forse vi sembrerà un consiglio moraleggiante, ma l'unico modo per superare la situazione è parlare, dire quello che provate, ascoltare quando l'altra persona esprime i propri sentimenti, trovare compromessi e cambiare. Non ci sono prove indiscutibili che in questo gli uomini siano meno bravi delle donne, a quanto sostiene la ricercatrice americana Deborah Tannen, probabilmente la maggiore esperta mondiale dei meccanismi del litigio tra uomo e donna, nonché del linguaggio utilizzato dagli uomini e dalle donne (Tannen, 1991).

Nel bel mezzo del fuoco incrociato, bisogna che teniate a mente quello che è il vostro interesse comune: il vostro tenero bambolotto che non vuole saperne di dormire, che vi ha vomitato sulla camicia e che vi sta facendo ammattire. Ma l'amore spesso fa diventare matti, e gli adulti si dovrebbero rassegnare a questo dato di fatto.

8

Il neonato non è uno stupido

Un tempo il neonato era considerato come un caotico ammasso di riflessi e neuroni che si accendono, caratterizzati da «esuberanza sinaptica». Qualcuno da qualche parte avrà creato una videoinstallazione accompagnata da musica e intitolata *Esuberanza cerebrale*. La musica di accompagnamento dovrebbe essere l'Allegro del Concerto brandeburghese n. 1 di Bach che si fa sempre più veloce, con le note che si innescano l'una dietro l'altra in un'esplosione simile a quella dei neuroni.

Se qualcuno non l'ha già fatto, l'idea è mia.

Siccome si ritiene che i neonati siano solo un fascio di riflessi, vorrei cominciare sottolineando che i neonati possiedono un'abilità veramente notevole: sono capaci di imitare alcune azioni degli adulti.

Imitazione, gioco e sogno

Imitare non è cosa da poco. Bisognerebbe studiare a fondo l'imitazione nei bambini piccoli. Per imitare quello che io ho appena fatto, è necessario innanzitutto che tu abbia notato la mia presenza, quindi che tu abbia registrato ciò che ho fatto, e, terzo, devi possedere la capacità di riprodurre o imitare intenzionalmente le mie azioni.

Lo psicologo e pedagogista svizzero Jean Piaget (1896-1980) offrì degli esempi illuminanti in *La formazione del simbolo nel bambino: imitazione, gioco e sogno. Immagine e rappresentazione* (1952). Le prime forme di imitazione sono vocali. Uno dei suoi figli, T., all'età di due mesi e undici giorni pronunciò le sillabe «la» e «le». «Io subito riproduco quei suoni. Egli riprende, allora, sette volte su nove, a lungo e in modo chiaro». Forse queste prime forme di imitazione potrebbero essere soltanto dei riflessi, ma Piaget era certo che, a partire dai quattro-cinque mesi di vita, i neonati mostrassero segni di intelligenza. Era abbastanza evidente che a cinque mesi una delle sue figlie, J., lo stava imitando, poiché quando il padre le faceva la linguaccia, anche la bimba gli mostrava la lingua.

Negli anni Ottanta del Novecento le prove divennero molto più evidenti. Meltzoff e Moore (1983) scoprirono che i neonati erano in grado di imitare un adulto che apre la bocca e tira fuori la lingua praticamente già subito dopo la nascita. Il comportamento fu osservato in un bambino nato da mezz'ora. (Significativo che la prima azione compiuta da un essere umano sia fare la linguaccia ad altri essere umani, non trovate?) Una delle ricerche più esaustive è stata condotta in Nepal. Reissland (1988) trovò che i neonati nepalesi erano in grado di imitare un adulto che mostrava la lingua, o che torceva le labbra o che allargava la bocca.

Questa «abilità», hanno scoperto gli psicologi, si manteneva solitamente fino ai 21 giorni di vita del bambino, per poi svanire all'improvviso come era apparsa; essa ricompariva infine intorno ai sei mesi. Abbiamo visto che la figlia di Piaget mostrava la lingua al suo illustre papà quando aveva cinque mesi. La domanda fondamentale è: perché i neonati nascono con questa capacità di imitare? Si tratta di un comportamento accattivante che serve a spingere gli adulti a formare un legame con loro e a proteggerli? Il bambino ricompensa l'adulto fornendogli qualcosa di «tenero» da contraccambiare. Se mi accarezzi, io ti sorrido. Purché tu stia lì a considerarmi tirerò persino fuori la lingua.

E non sono solo i neonati a imitare. Gli scienziati hanno scoperto, con meraviglia, che i macachi possiedono un tipo di neurone «specchio» che consente ai piccoli della specie di riprodurre alcune azioni che hanno visto compiere. Di recente è stato dimostrato che anche i neonati umani possiedono questi neuroni specchio.

Probabilmente il comportamentista John B. Watson si sta mangiando le mani per non essersene accorto lui quando, nel 1914, studiava i neonati a Baltimora, in Ohio. Anche lui, tuttavia, fu molto colpito dalle facoltà degli umani appena nati. A trenta minuti dalla nascita erano in grado di girare il capo. Un neonato di quattordici ore di vita poteva coordinare i propri movimenti allo scopo di fissare una luce posta davanti a sé; tre ore più tardi, il bambino riusciva a voltare la testa per guardare una luce situata venti gradi alla sua destra o alla sua sinistra.

Forse gli studi di Watson erano piuttosto semplici, ma indubbiamente divertenti. Watson sosteneva inoltre che i neonati sanno nuotare, o che perlomeno compiono per riflesso dei movimenti natatori che riescono a farli stare a galla. Una volta strizzò il nasino a un neonato per testarne la reazione. La manina inferocita del bambino si levò immediatamente a spingere via le dita dello sperimentatore. Una coordinazione muscolare impressionante, ne dedusse Watson. Osservò anche dei sorrisi, il segnale sociale più potente che un neonato possa emettere. Registrò il caso di un bambino di quattro giorni che sorrideva. Altri bambini sorridevano al settimo o ottavo giorno di vita, generalmente se accarezzati o solleticati con delicatezza.

Una celebre esperta canadese di puericultura, Myrtle McGraw, sosteneva che dopo la nascita i riflessi del neonato sono meglio organizzati di quanto ritenessero gli scienziati. Per esempio, i neonati hanno il riflesso automatico di afferrare qualcosa. Secondo McGraw i riflessi diventavano in seguito più disordinati e meno organizzati: fatto curioso, che suggeriva l'idea che all'improvviso il bambino fosse più inabile che al momento della nascita. La biologia, tuttavia, ha una sua logica. Istinti fissamente precostituiti ostacolerebbero lo sviluppo del bambino. Per riuscire nell'importantissimo compito di creare nuove connessioni, apprendere e coordinarsi, i neonati hanno bisogno di un sistema nervoso duttile.

La consapevolezza sociale del neonato, il piccolo essere primitivo di Freud, non è poi così primitiva. Nel 2000 John Morton e i suoi colleghi del Medical Research Council's Cognitive Development Unit evidenziarono che i neonati riconoscono il volto della mamma a partire dai quattro giorni dopo la nascita. Come facciano, nessuno lo sa. Dal punto di vista logico i neuroni specchio non fornirebbero alcuna spiegazione.

Entro le cinque settimane, il bambino non ha nemmeno bisogno di vedere l'intera faccia della madre per riconoscerla. Morton e la sua équipe celarono la forma del volto materno e i suoi capelli. I neonati si potevano basare solo sui tratti interni del volto (ovvero l'insieme composto da bocca, occhi e naso), ma alla maggioranza di loro questo era sufficiente per poter riconoscere la propria madre (Bartrip *et al.*, 2001).

Quanto è veloce il cervello di un neonato?

Studi recenti hanno cercato di stabilire la velocità con cui i neonati riescono a processare le informazioni. Per gli esperimenti si è dovuti ricorrere a un po' di inventiva. Ai bambini si è insegnato a reagire alla vista di triangoli e quadrati. Si è scoperto, forse con sorpresa, che apparentemente i neonati processano le informazioni altrettanto velocemente dei bambini di età compresa tra uno e tre anni: neonati e bambini un po' più grandi hanno gli stessi tempi di reazione (Salthouse, 1998). Ma la velocità non è tutto. I bambini di pochi mesi non hanno capacità di concentrazione, perciò spesso falliscono quando gli viene affidato un compito complesso.

Dunque, non è il caso di mettersi a leggere libri di filosofia al vostro piccolo di tre mesi; in cambio offritegli, fin da subito, un gran numero di giochi, di stimoli e di contatti.

Smorfie e boccacce

Queste scoperte consigliano un gioco carino. Anche in questo caso, sarà utile ricorrere all'umorismo. Cacciate fuori la lingua, allargate la bocca, fate delle facce stupidissime e vedete un po' se il vostro bebè riesce ad assumere la stessa espressione stupida che avete voi. (Daremo per scontato che i bambini non sappiano cosa sia l'ironia!)

Molti padri già lo fanno spontaneamente, ma qui di seguito vi suggerisco alcune semplici cose che potrete fare insieme al vostro bambino per contribuire al vostro legame, ma anche per divertirvi un po'.

1. Guardate il vostro bambino e sorridetegli.
2. Fategli il solletico ai piedini. A partire dai due-tre me-

si i bambini ridono se solleticati, ma siccome non possono farsi il solletico da soli, dovete dargli una mano voi.

3. Avvicinategli le dita della vostra mano, in modo che il bambino possa afferrarle. È un modo per testare il suo riflesso di prensione. Se il bambino le afferra e le stringe è un buon segno.
4. Accarezzatelo dolcemente.
5. Fate versi strani con la voce. Poiché ambisco a dare consigli nel campo multimediale, vi metterò a disposizione un cd di versi strani da me appositamente creato.
6. Sollevate il bambino e, con presa salda, alzatelo al di sopra della vostra testa.
7. Fategli cucù, che è un gioco con il quale si apprendono moltissime abilità di tipo sociale. Intorno ai dodici mesi i bambini sono già in grado di prendere per primi l'iniziativa in questo gioco.
8. Osservate il bambino mentre vi imita. Non vi spazientite o spaventate se il bambino piange. I bambini piangono perché è il loro modo di creare un contatto. Se il vostro bambino non piange mai, allora sì che c'è da preoccuparsi.

In tutti questi giochi ricordate di adeguarvi ai tempi del bambino. Non gli state facendo un esame. Fate una pausa quando il piccolo si volta da un'altra parte, chiude gli occhi o comincia ad agitarsi. I bambini hanno bisogno di tempo e di spazio. Adattarvi ai bisogni del vostro bambino contribuirà a rinsaldarne la fiducia nei vostri confronti.

Voi ricorderete, e con estrema nitidezza, i primi passi, le prime parole e la prima frase del vostro bambino, che sono eventi teneri e impagabili. Vostro figlio, invece, non ne conserverà traccia. Per questo vi rinnovo il mio consiglio: i papà dovrebbero tenere un diario, magari anche un diario sotto forma di video, perché al vostro piccolino non capiterà più di fare progressi da una settimana all'altra.

Di questo sono assai consapevole oggi che ne sto scrivendo. È appena morta una mia parente che viveva in Israele. Sua figlia mi ha spedito sei foto di sua madre. In una di esse ci sono mia nonna e mia madre che stanno guardando un neonato: sono io. Quella mia foto era andata smarrita durante il caos della mia adolescenza. Non avevo mai avuto una foto di me così piccolo prima d'ora. Mi fa venire voglia di sorridere... e di piangere. Ora sono molto più bolso!

Vi consiglio di tenerlo, quel diario.

9

Il processo di sviluppo della mente del neonato... e l'eterno dubbio: natura o cultura?

In *Il terzo uomo*, il grande film ambientato a Vienna alla fine della guerra, Harry Lime, il personaggio interpretato da Orson Welles, offre una lezione sulla vita e sulla Svizzera al suo ingenuo amico. I secoli di pace non hanno reso gli svizzeri molto creativi. I loro risultati più grandi sono stati l'orologio a cucù e dell'ottimo cioccolato.

Ma Harry Lime si sbagliava: alcune delle teorie più importanti riguardo alla psicologia infantile arrivano da Ginevra.

L'esperto di psicologia del bambino Jean Piaget pubblicò il suo primo saggio scientifico all'età di undici anni. Viveva a una sessantina di chilometri da Ginevra, a Neuchâtel. Piaget era dotato di un'enorme intelligenza e a vent'anni iniziò a interessarsi allo studio dello sviluppo dei bambini. Gli ci vollero circa quindici anni per giungere alla teoria delle quattro fasi dello sviluppo che hanno dominato la psicologia infantile dal 1926 in poi.

Molte delle idee derivarono a Piaget dall'accurata osservazione dei propri figli. I figli di Piaget, Jacqueline (nata nel 1925), Lucienne (nata nel 1927) e Laurent (nato nel 1931) furono studiati sin dal momento della nascita. La teoria dello sviluppo del bambino si basa ancora in buona misura sul modo in cui crebbero questi tre bambini svizzeri in un contesto culturale molto diverso, quello di ottanta anni fa.

Secondo Piaget, lo sviluppo cognitivo del bambino si articola in quattro fasi fondamentali:

1. lo stadio sensorio-motorio
2. lo stadio preoperazionale
3. lo stadio delle operazioni concrete
4. lo stadio delle operazioni formali

Piaget crebbe in un'epoca in cui ai bambini si insegnava la logica formale. Le operazioni formali erano operazioni di tipo logico. Lo psicopedagogista svizzero aveva la convinzione, che a noi appare un po' bizzarra, che la maggior parte dei teenager possieda una competenza logica e che sia in grado di cogliere gli errori all'interno di argomenti di una certa complessità. Gli adolescenti di Piaget non avrebbero mai guardato *Il grande fratello* o letto riviste di gossip. Meglio aspettare ancora qualche anno...

La mente del bambino si sviluppa secondo uno schema complesso ma naturale. Secondo Piaget per un bambino non esisteva un'età precisa in cui dovere entrare in una delle fasi da lui distinte, in quanto lo studioso ginevrino disdegnava la mania americana, come diceva lui, di forzare i bambini. Tuttavia, com'era inevitabile che fosse, gli psicologi hanno avuto la tendenza ad associare ciascuno stadio a una determinata età.

Un piccolo essere primitivo. Sigmund Freud

Nella Ginevra degli anni Venti del Novecento il *politically correct* non era la questione più importante, e Piaget paragonava i neonati non solo a dei selvaggi, ma addirittura a dei selvaggi primitivi. William James, che fu uno dei primi a fondare un laboratorio di psicologia nel 1879, descrisse i neonati come «una confusione brulicante e ronzante». Come abbiamo già visto, Freud (che di figli ne ebbe sei), definiva il neonato un «piccolo essere primitivo».

Il bambino non è consapevole dei fatti fondamentali della vita. Quando tocco qualcuno, so dove finisco io e dove iniziano gli altri, distinguo la mia dalla pelle degli altri. Piaget sosteneva che i neonati devono ancora imparare questa fondamentale distinzione. Il neonato non si rende conto di essere una creatura distinta dagli altri e che il suo corpo (e tutto il suo essere) finisce là dove finiscono le sue mani e i suoi piedi. Oltre quel confine, il mondo è fatto di altre persone, di altre cose. Il bambino «guarda il proprio corpo nello stesso modo in cui noi guardiamo un animale mai visto», in quanto «il neonato è sommerso in un caos di impressioni interessanti senza che vi sia alcuna distinzione tra il suo stato interno e le cose esterne» (Piaget, 1952).

Per un papà, un neonato è allo stesso tempo una cosa strana e un'adorabile estensione della propria persona. Si tratta di un sentimento dal quale dovete guardarvi fin dall'inizio. Il vostro bambino non è un vostro clone, ma un essere umano unico al quale vi lega una relazione unica. Una delle gioie dell'essere genitori è assistere ai passi fondamentali della crescita dei propri figli: il primo sorriso, i primi passi, la prima volta che si tira su dal lettino.

Autoanalisi 6
Cercate di immaginare quali domande farebbe un neonato se potesse parlare. In questo caso si tratta di un neonato piuttosto intellettuale.

Che cosa sono io?

Cosa sono quelle cose che si muovono sopra la mia culla? Sono vive?

Che cosa c'è là fuori che è fatto come me?
Dove inizia il «là fuori» e finisce il «qui dentro»?
E io posso influenzarlo?

Ma il primo passo per diventare un essere umano è più impercettibile.

Vi ricordate di quando eravate neonati?

Se pensate di ricordarvi la prima volta che avete compiuto un'azione intenzionale, probabilmente vi state illudendo. La maggior parte di noi non ha alcun ricordo dei primi anni di vita e nella maggioranza dei casi i nostri primi ricordi risalgono a quando avevamo tre o quattro anni. Dunque, probabilmente vi siete dimenticati della prima volta che avete visto un giocattolo e avete pensato «Lo voglio».

Freud si pose una domanda interessante: perché gli adulti si ricordano così poco di quando erano neonati o bambini piccoli?

L'«amnesia infantile», come la definì Freud, è la conseguenza dei conflitti di natura psicosessuale che il bambino si trova ad affrontare: il complesso di Edipo nei maschi e il complesso di Elettra nelle femmine. Anche le bambine sono gelose, odiano la madre e vorrebbero l'attenzione del padre tutta per sé. Quando raggiungono i tre-quattro anni di età, maschietti e femminucce hanno imparato le regole in misura sufficiente a «rendersi conto» che i loro desideri sono, oltre che irrealistici, anche proibiti. Pertanto i bambini reprimono questi «brutti» desideri. Per metterli a tacere, tuttavia, utilizzano così tanta energia psichica che vengono cancellati, repressi e soffocati tutti i ricordi della primissima infanzia.

A un secolo dalla prima diffusione delle sue teorie, le

idee di Freud sono ancora controverse e potrebbero esistere altre spiegazioni, di ordine biologico, per l'amnesia infantile. Forse le tracce dei primi ricordi sono talmente instabili che vanno letteralmente in frantumi o si decompongono all'interno del cervello; forse sono sepolte talmente in profondità che è impossibile accedervi.

La questione centrale è quando il bambino comincia ad agire intenzionalmente. A quel punto il neonato non è più un piagnucoloso coacervo di riflessi, bensì un essere che si avvia a diventare un umano. Un segno distintivo dell'umanità è il fatto che le nostre azioni sono volontarie. Immaginatevi la scena all'interno di un tribunale. Tom ha ucciso la moglie, ma il suo difensore sostiene che non sapeva cosa stava facendo perché malato di mente e incapace di intendere e volere. Se la giuria crede all'avvocato, Tom sarà scagionato.

La domanda è: quando un neonato può agire per la prima volta con intenzionalità? Quand'è che un'azione non è più solo un riflesso? Piaget osservò i primissimi segni di questi atti «intenzionali» a partire dai quattordici giorni di vita. Lo psicopedagogista svizzero notò quanto segue.

Quando Jacqueline aveva due settimane, suo padre osservò che se le toccava la guancia con un dito, la bimba girava il capo e apriva la bocca come per attaccarsi al capezzolo.

A ventitré giorni di vita, Laurent cercava il capezzolo con la bocca. Se vi si sfregava con il viso, si voltava verso destra per cercarlo. Niente di tutto ciò era volontario o intenzionale, sosteneva Piaget, ma si trattava del primo passo in quella direzione.

A tre mesi, i figli di Piaget mostravano maggiore coordinazione. Se sentivano un rumore, voltavano la testa per capire che cosa lo stesse producendo. Fissavano gli oggetti e allungavano la manina per toccarli. L'intelligenza umana comincia da qui, con questi movimenti di tipo motorio, in particolare con la coordinazione occhio-mano. I papà dovrebbero passare un po' di tempo insieme ai loro figli offrendogli oggetti da toccare, stimolandoli delicatamente, mostrandogli giocattoli e palline e poi riprendendoli. Non si tratta solo di un gioco divertente: è anche un modo per aiutare i neonati a imparare una lezione importante sul mondo fisico circostante.

Ma il parcheggio sta ancora al suo posto?

Piaget non fu il primo a suggerire una bizzarra teoria sulla percezione visiva degli oggetti. George Berkeley, filosofo irlandese del diciassettesimo secolo, sosteneva la massima *esse est percipi*, ovvero «essere è essere percepito». Quando nessuno guarda l'albero, l'albero non esiste; l'universo, tuttavia, non è in uno stato di flusso continuo, in quanto Berkeley (che era un vescovo) sosteneva che Dio è sempre in allerta e percepisce tutto, frigorifero compreso.

Secondo Piaget i neonati non hanno un'idea degli oggetti come la possediamo noi adulti. Quando esco di casa, non mi preoccupo che il distributore di fronte a casa mia continui a esistere anche quando non lo sto guardando. Magari è stato distrutto dal fuoco mentre non gli prestavo attenzione, ma, a meno che non ci siano prove evidenti di un enorme mutamento, presumo che stia ancora lì che eroga carburante. Per gli adulti gli oggetti sono permanenti. Il pensiero che un oggetto ci sia un momento prima e un momento dopo non ci sia più ci provoca ansia. Abbiamo bisogno delle nostre presupposizioni quotidiane. I neonati, invece, non hanno l'esperienza per presupporre qualcosa come facciamo noi, perché loro sono alla mercé del «qui e ora». Se non vedono una cosa, questa cosa semplicemente non esiste. È al di là della loro comprensione, fuori dal loro universo.

Piaget, inoltre, notò qualcosa di curioso nel comportamento dei bambini di sei mesi.

Uno dei suoi più celebri esperimenti consisteva nel nascondere degli oggetti. A volte lasciava che il bambino vedesse dove li nascondeva, altre no. La cosa rilevante era che ciò faceva poca differenza. Una volta scomparsi il giocattolo o la pallina, il neonato sotto i sei mesi si comportava come se l'oggetto non fosse mai esistito. Perché ciò avvenisse, a Piaget bastava coprire il giocattolo con un pezzo di stoffa, anche se il bambino stava guardando. Il piccolo non faceva alcun tentativo di rimuovere la stoffa. Al contrario, lo studioso notò che il neonato «si comporta [...] come se l'oggetto fosse assorbito dalla stoffa» (1950).

A dieci mesi, il bambino si comportava in maniera ancora più caratteristica. Quando Piaget faceva rotolare una palla dietro dei cuscini, solitamente un normale bambino di quella età la cercava. Tuttavia, nel posto sbagliato! Un bambino dotato di logica l'avrebbe cercata dietro i cuscini, ma questi neonati «più grandicelli» si mettevano a guardare nel punto dove si trovava la palla prima di «scomparire». Era come se credessero che la pallina potesse ricomparire in quello stesso punto per magia. Un risultato assai curioso.

Piaget è stato oggetto di forti critiche per il fatto di non aver cercato sistematicamente delle teorie alternative in grado di spiegare perché i bambini fallissero in alcuni compiti. Adesso sappiamo che i neonati seguono gli oggetti con gli occhi anche se questi scompaiono. Se un oggetto in movimento scompare dietro uno schermo, i bambini continuano a cercarlo lungo la traiettoria che dovrebbe compiere. Anticipano la posizione presunta degli oggetti già a partire dai tre mesi (Bower, 1989). Ma perché lo fanno, se il cervello del neonato «pensa» che gli oggetti cessano di esistere nel momento in cui non sono più visibili?

Potete facilmente riprodurre a casa vostra l'esperimento di Piaget. Fate sparire un animaletto di peluche o un altro giocattolo sotto gli occhi del vostro bambino, quindi distraetelo facendo delle facce buffe. A questo punto guardate dove cerca l'oggetto scomparso.

Oggi molti psicologi ritengono che Piaget sottovalutasse enormemente ciò che un neonato sa o è in grado di capire. Fantz, per esempio, si accorse che i bambini appena nati sapevano distinguere il rosso dal verde e che un bambino di due mesi era in grado di distinguere tutti i colori fondamentali. All'età di tre mesi la maggioranza dei neonati preferiva il rosso e il giallo al blu e al verde. Un'altra capacità posseduta dai neonati era saper distinguere il volto della madre da quello di un estraneo (a meno che entrambi gli adulti indossassero dei foulard in testa), un bambino di quattro mesi riconosceva le persone a lui familiari e uno di sei mesi aveva una qualche idea dei sentimenti associabili alle varie espressioni facciali (Fantz, 1970).

I sistemi fondamentali innati

Fantz ha influenzato molti psicologi infantili. Una di questi è Elisabeth Spelke della Harvard University, che studia la «persistenza attenzionale» (o fissazione dell'attenzione), la tendenza di neonati e bambini a posare più a lungo lo sguardo su qualcosa di nuovo, sorprendente o diverso. Mostrate al bambino un peluche a forma di elefante; la terza volta che l'elefantino fa la sua comparsa, il bimbo si soffermerà a guardarlo meno a lungo. I camioncini, poi, sono proprio roba vecchia. La decima volta che glielo mostrate, mettete a Dumbo quattro orecchie e osservate: se il bimbo fissa più a lungo l'elefante a quattro orecchie, è ragionevole dedurne che può capire la differenza che c'è tra due e quattro. La tecnica sfrutta al massimo l'unica cosa su cui i neonati hanno un buon controllo: per quanto tempo fissano un oggetto (Spelke, 2007).

Altri fenomeni studiati da Spelke sono i meccanismi che consentono al neonato di riconoscere i volti e la maniera in cui segue i target in movimento. I bambini a sei mesi sono in grado di distinguere insiemi di otto oggetti da insiemi di sedici oggetti e insiemi di sedici da insiemi di trentadue, ma non di otto oggetti rispetto a insiemi di dodici o di sedici rispetto a insiemi di ventiquattro. Le differenze devono essere sostanziali. Quando gli si mostra una persona che fa per prendere un oggetto tra due oggetti disponibili, i bambini di dodici mesi sanno quale oggetto afferrerà osservando la direzione del suo sguardo. A otto mesi, invece, il neonato non ne «sa abbastanza» per poter fare un'esatta previsione.

Spelke ha elaborato una sua teoria, detta del *core knowledge system*, o sistema conoscitivo fondamentale, in base al quale alla nascita saremmo dotati di capacità e di strutture fondamentali che ci fanno dare un senso agli oggetti, alle persone, al movimento e alla quantità. Si tratta di nuclei fondamentali – e specifici – che si formano nel nostro cervello già nel grembo materno. Esiste un sistema conoscitivo fondamentale per il colore, uno per il movimento, e così via. Senza queste strutture biologiche pre-programmate, tutto resterebbe una confusione brulicante e ronzante, perché è su questi nuclei che si fondano le abilità e le competenze che acquistiamo in seguito: il linguaggio, la matematica, persino la logica. Ciononostante, non sappiamo quasi niente di queste fondamenta della nostra conoscenza, e di certo non possiamo scoprirle con l'introspezione.

Le implicazioni sono notevoli e sorprendenti. Le sue

scoperte, sostiene Spelke, mostrano che «la maggior parte delle nostre attività cognitive sono assai simili a quelle dei neonati e si fondano sui sistemi conoscitivi che possedevamo subito dopo la nascita».

Dunque, i papà somigliano realmente ai loro piccoli! Per Spelke questo rappresenta un motivo di speranza, piuttosto che di pessimismo. Se tutti gli uomini sono simili, dotati di «un sistema ricco e complesso di conoscenze fondamentali che tutti abbiamo in comune, [...] questo offre una base comune a tutti noi. In un mondo dove regna il conflitto, mi pare sia una cosa di cui abbiamo un bisogno disperato.»

Una prova a sostegno della teoria di Spelke arriva dalla musica.

Quel motivetto che mi piace tanto...

Peter Hepper dell'università di Belfast chiese a un gruppo di future mamme di ascoltare le sigle dei programmi televisivi, come per esempio quella della storica soap opera *Neighbours*. Dopo la nascita, i neonati reagivano in maniera più intensa a quella sigla che ad altri brani musicali. Secondo Hepper ciò dimostrava che le nostre strutture mnemoniche iniziano a funzionare quando siamo ancora nel ventre materno. Presumibilmente il feto aveva «immagazzinato» nella memoria la melodia di *Neighbours*, vi aveva avuto accesso e l'aveva ritirata fuori. Pensate che scena carina un feto che canticchia una melodia o sgambetta al ritmo della musica! E i feti che hanno una mamma che non beve o non fuma ricordano meglio le melodie! Se non esistesse già un «nucleo» musicale nel cervello del bambino, sarebbe difficile dare una spiegazione alle conclusioni di Hepper (Hepper, 1991).

La prova più evidente dell'esistenza di una struttura

mnemonica nei neonati è offerta dalle ricerche della psicologa americana Carolyn Rovee-Collier, che lavora su bambini a partire dalle sole otto settimane di vita. I neonati non possono parlare, pertanto anche Rovee-Collier ha dovuto lavorare di inventiva.

Un bambino di uno-tre anni che vede un giocattolo è in grado di gridare tutto eccitato: «Ancora!» Il neonato non sa dire una sola parola, ma esprimerà la sua eccitazione con i movimenti del corpo. Secondo la psicologa americana è dalla velocità con cui muove le gambette che si capisce se un neonato ricorda oppure no un certo oggetto in movimento. Se il bambino non ricorda niente, non farà differenza quale oggetto si utilizzerà e i ricercatori se ne accorgeranno perché il neonato scalcerà con la stessa intensità.

Tenete a mente questo fatto del «ritmo di gambata», perché dà speranza di poter comprendere cosa è in grado di ricordare il neonato.

Rovee-Collier insegna ai neonati a scalciare quando vedono un oggetto mobile e stabilisce per ogni bambino la velocità media alla quale muove le gambette. Quindi al bambino viene mostrato un oggetto con le stesse caratteristiche di stimolazione di quello su cui ha «fatto pratica» oppure un oggetto nuovo. Dalla velocità con cui scalcia, Rovee-Collier capisce se il neonato sta ricordando l'oggetto oppure no: se è più veloce del solito, allora è come se rispondesse: «sì, è lo stesso oggetto», mentre, se la velocità rimane nella media, il neonato sta dicendo: «no, questo è un oggetto qualunque, perciò scalcio come faccio normalmente».

Sebbene alcuni psicologi ritengano che il ragionamento di Rovee-Collier non sia poi così razionale, la studiosa americana ha ottenuto dei risultati impressionanti e coerenti. Già a partire dalle otto settimane un bambino sgambetta molto di più vedendo un oggetto in movimento già visto rispetto a uno nuovo. A tre mesi i neonati mostrano di possedere una memoria quasi perfetta nei confronti degli oggetti mobili. Le conclusioni dello studio sembrano suggerire inoltre che la memoria dei piccoli funziona in maniera molto simile a quella degli adulti. Di una serie di oggetti che gli viene mostrata, gli adulti ricordano meglio il primo. A questo fenomeno si dà il nome di «effetto priorità». In questo i neonati sono identici agli adulti: l'oggetto di cui si ricordavano meglio era il primo che avevano visto. Il cervello del neonato, però, è limitato.

Negli adulti, non importa se un soggetto viene sottoposto a tre oppure a trecento stimoli visivi: quello che si imprimerà meglio nella loro memoria sarà sempre il primo. I neonati possono arrivare fino a tre oggetti mobili, ma se gli fate vedere più di cinque oggetti non sarà più il primo quello che ricordano meglio: l'effetto priorità svanisce. La memoria del neonato cessa di funzionare in maniera analoga a quella dell'adulto. Sembra che il cervello del neonato soffra del malessere moderno del sovraccarico cognitivo.

Memoria in movimento

Esiste poi la questione del cosiddetto «priming» (no, cari papà, non ci stiamo riferendo al fatto che siete sempre i primi in tutto...). Pensate all' imbiancatura: come prima di passare la vernice bisogna occuparsi dell'imprimitura, anche in psicologia bisogna prima preparare la superficie. Nel corso di una ricerca, un gruppo di bambini di trenta mesi fu allenato a scalciare alla vista di un oggetto mobile con sopra disegnata una S. In effetti, a questi bambini era stata data «una imprimitura». Due settimane più tardi gli fu nuovamente mostrato l'oggetto mobile con la S disegnata, ma questa volta lo sperimentatore, invece di farlo penzolare al di sopra del lettino, glielo faceva oscillare davanti agli occhi.

Il giorno dopo, quando al di sopra del lettino veniva fatto penzolare un oggetto con il disegno originale della S, oppure con una S più grande o più piccola, il bambino scalciava molto più velocemente della norma. Secondo Rovee-Collier ciò stava a dimostrare che all'età di tre mesi i neonati hanno in funzione due sistemi mnemonici: uno per gli oggetti di stimolo delle stesse dimensioni di quello che gli è stato mostrato, uno indipendente dalle dimensioni degli oggetti. Ciò si riscontra esattamente anche nei processi mnemonici caratteristici degli adulti.

Il lavoro di Rovee-Collier è argomento di discussione e c'è chi critica la psicologa americana per aver arguito troppo dai propri esperimenti. La velocità con cui il bambino muove le gambe ha davvero una relazione con la memoria? Si possono dedurre così tante cose dall'utilizzo degli oggetti mobili? Comunque sia, Rovee-Collier ha molti seguaci, tra cui Kimberly Kraebel.

Kraebel conduce la sua ricerca su soggetti di tre e cinque mesi. Il suo scopo è quello di scoprire se la ricezione di segnali «amodali», segnali che derivano da più sensi contemporaneamente, possa essere d'aiuto ai bambini nell'apprendere e nel ricordare. Kraebel utilizza un oggetto mobile costituito da forme cilindriche e da un piccolo motore che lo fa muovere. Tale oggetto è attaccato a un nastro che viene legato al piede del bambino. Quando il bambino scalcia, l'oggetto si muove; come rinforzo, al piccolo viene fatta sentire la musica di *Sesame Street*.

Mentre imparano a far muovere l'oggetto, in un gruppo i neonati tengono in mano un cilindro di legno che ha la stessa identica forma dell'oggetto mobile. Nel secondo gruppo i neonati non hanno niente in mano; in un altro gruppo ancora i bimbi stringono nella manina un oggetto di forma simile a un mattone. Anche in questo caso, si registra il numero di movimenti che ogni bambino fa con le gambe. Kraebel sostiene che più il neonato scalcia, più il bambino capisce che sono i suoi calci a far muovere l'oggetto.

I neonati che reggono in mano l'oggetto cilindrico mentre imparano a far muovere l'oggetto mobile fatto di cilindri scalciano di più rispetto a quelli degli altri due gruppi, quelli che non hanno alcun oggetto in mano e quelli che tengono l'oggetto di forma quadrangolare. A dire il vero, pare che il fatto di tenere in mano il mattone fosse d'ostacolo all'apprendimento. I neonati non imparano più facilmente soltanto perché tengono in mano un oggetto, ma la forma di tale oggetto deve corrispondere alla forma dell'oggetto che stanno vedendo. È solamente questo che contribuisce all'«apprendimento facilitato». È una scoperta curiosa, ma a quanto sembra dare al vostro bambino molte opportunità di giocare con oggetti mobili è una cosa utile e allo stesso tempo divertente (Kraebel, 2009).

Giochini scemi: in casa nostra calcoliamo sempre il ritmo di gambata

Mettetevi nei panni del vostro bambino. Appendete un oggetto mobile al soffitto, sdraiatevi di fianco a vostro figlio e scalciate quando lo vedete scalciare. In questo modo potrete misurare il vostro «ritmo di gambata» e vi divertirete un sacco.

Il passo successivo può trasformarsi in un gioco per tutta la famiglia. La cosa migliore è che ci siano sia il babbo sia la mamma, con un orologio ben funzionante a portata di mano. Uno di voi si sdraia di fianco al bambino; l'altro fa lo scienziato.

Prendete due diversi oggetti, per esempio uno rosa e uno a righe ma di colori diversi dal rosa. Osservate nel corso di un minuto quante volte il bimbo scalcia rivolto a ciascuno dei due oggetti. Ammettiamo che scalci dodici volte di fronte all'oggetto rosa e otto quando vede l'oggetto a righe: in un minuto il punteggio medio di sgambettamento di vostro figlio è dieci. Osservate anche quanti calci tira in direzione degli oggetti l'adulto.

Ventiquattr'ore dopo mostrate al bambino uno dei due oggetti, e poi un altro completamente nuovo. Misurate ancora il numero dei calci tirati dal piccolo, e vedete se c'è una qualche differenza tra come reagisce al vecchio e come reagisce al nuovo oggetto. Se rilevate una differenza, avete appena dimostrato che vostro figlio sta ricordando.

È chiaro quali potranno essere le lezioni per i papà più ambiziosi. Mettete una pallina tra le mani di vostro figlio (sì, caro paparino, è questo che devi fare se vuoi che crescendo tifi per la tua squadra del cuore) e fategli vedere un oggetto mobile con sopra raffigurato un pallone da calcio!

Natura vs cultura

Sono 2500 anni che il dibattito filosofico si interroga su cosa siano la natura e la cultura, le predisposizioni innate e le caratteristiche acquisite. Il filosofo inglese John Locke (1632-1704) sosteneva che alla nascita ogni bambino è una *tabula rasa*. Alla nascita siamo delle pagine bianche sulle quali viene scritto tutto ciò che apprendiamo in seguito.

Uno degli aspetti più affascinanti della teoria lockiana è che essa implica che nasciamo tutti eguali. Ciò che una persona eredita non rende più intelligenti degli altri, in quanto tutto si apprende. Pertanto, se imparassimo come dare una perfetta educazione ai nostri figli, ecco che avremmo dei figli perfetti. Una magnifica illusione, secondo Spelke. La studiosa è orgogliosa di rientrare più nel campo della natura che in quello della cultura e nega che la sua teoria dei sistemi fondamentali possa risultare pericolosa perché sottintenderebbe che alcuni individui potrebbero essere innatamente più intelligenti di altri. Spelke ci mette in guardia, sostenendo che bisogna andarci piano con qualsiasi dichiarazione di superiorità di questo tipo, aggiungendo inoltre che «si deve fare molta attenzione ai dati che si utilizzano». Alcuni dati, avverte Spelke, sono inquinati da problemi di natura culturale.

Essere uomini, parlare come un bambino

Certi papà hanno difficoltà a parlare con i bambini piccoli perché per parlare con un bimbo di uno-tre anni bisogna essere disponibili a farlo lentamente, e spesso in maniera infantile. Ai neonati si parla con il linguaggio dei neonati.

Il mio amico Keesup nega di avere il timore di comportarsi in maniera infantile. Porta regolarmente sua figlia Scherezade a scuola nel quartiere di Pimlico. Padre e figlia parlano in continuazione, cosa che Keesup ama molto. «Adoro il suo linguaggio, perché è dotato di fascino e originalità», dice. È consapevole che si tratta di una fase dell'apprendimento che durerà molto poco. «Quando avrà sette anni ormai parlerà come un'adulta». Avrà molta nostalgia della meraviglia del suo linguaggio ancora in via di formazione, perché adesso si tratta in gran parte di un linguaggio creativo.

La parola ci distingue da tutti gli altri animali. Ogni genitore attende con ansia il momento in cui il proprio figlio pronuncerà le prime parole. Ci sono neonati che già a nove mesi esprimono un significato; mio figlio Reuben, per esempio, diceva «buff» ogni volta che vedeva muovere qualcosa, che fosse un'automobile, una bici o un aeroplano. D'altra parte, Einstein praticamente non aprì bocca fino ai quattro anni di età, perciò non è il caso che vi facciate prendere dal panico se inizialmente il vostro piccolo non è molto loquace.

Da alcuni tentativi fatti di insegnare il linguaggio dei segni agli scimpanzé è emerso che il massimo risultato che questi primati possono raggiungere sono enunciati analoghi a quelli di un bimbo di due anni dallo sviluppo lento che sappia dire «Io... volere... banana...». Secondo Noam Chomsky dell'MIT, l'espressione «imparare a parlare» è fuorviante, perché impariamo, ma non a parlare. Il cervello umano è pre-programmato per il linguaggio. Si sa da tempo che, nei destrimani, le aree del cervello fondamentali per il linguaggio sono situate nel lobo temporale sinistro.

Nella storia della ricerca sul linguaggio c'è un caso celeberrimo che dimostra che il cervello è una macchina sensibile al trascorrere del tempo. Il «ragazzo selvaggio» di Aveyron, in Francia, fu scoperto nel 1798 e gli abitanti del locale villaggio, vedendo che camminava a quattro zampe e sapeva emettere solo mugugni, credettero fosse stato allevato dai lupi. Il ragazzo fu portato da un certo dottor Itard che lo prese a vivere in casa sua e che cercò, giorno e notte, di insegnargli a parlare. Ma non ci riuscì. François Truffaut dedicò un film commovente a questo caso, intitolato per l'appunto *Il ragazzo selvaggio*. Nell'Ottocento un missionario indiano di nome Singh scoprì due «bambini-lupo», ma nemmeno lui riuscì a farli parlare in maniera normale.

Un bambino che ha vissuto isolato dalla società umana e che non ha imparato a parlare entro gli otto anni non potrà mai acquisire un linguaggio normale.

Non sono solo questi casi tragici a indicare che il linguaggio sia innato. Chomsky ha spiegato come tutte le lingue abbiano in comune quella che lui ha definito una «struttura profonda», poiché possediamo la capacità innata di parlare così come possediamo quella altrettanto innata di camminare. Ciò significa che non impariamo a parlare secondo una maniera riconducibile a quelle che sono le normali regole dell'apprendimento (Chomsky, 1957, 1986). Se queste regole fossero applicabili anche al linguaggio, i bambini ripeterebbero solo combinazioni di parole che hanno già sentito. I bambini, però, non si limitano a ripetere parole o frasi che gli vengono «insegnate» dai genitori, ma producono delle frasi originali e nuove combinazioni di parole. Come mi spiegò in un'intervista lo stesso Chomsky, «l'apprendimento del linguaggio è un fatto creativo» (Cohen, 1977).

Per rendersi conto di quanto sia vero, i padri non hanno che da stare ad ascoltare. Spessissimo i bambini se ne saltano fuori con strane combinazioni sonore e, talvolta, arrivano a crearne, come fece una bambina di nome Helen mentre stava guardando un tricheco allo zoo. Si sdraiò sull'erba, si girò da una parte e poi dall'altra e disse: «flip flop [di qui e di là]... come un tricheco». Un'ottima descrizione, ma quella combinazione tra flip flop e tricheco non poteva averla già sentita.

Può darsi che il linguaggio sia una dote innata, ma resta importante anche quello che fanno i genitori. I genitori insegnano ai figli delle abilità fondamentali e inerenti il linguaggio. È impossibile fare una conversazione senza dare e ricevere segnali non verbali. Quando degli adulti conversano, essi percepiscono il ritmo del discorso, si fermano perché gli altri possano dire la loro, fanno trapelare dei segnali non verbali per indicare, per esempio, che stanno per arrivare alla conclusione del loro discorso.

Come diceva Keesup di sua figlia, e come ho rilevato anch'io, sembra che i neonati si divertano a «chiacchierare». Magari non gli direte niente di molto più sensato di «*Ooo iii ba-ba io babbo*», ma il neonato afferrerà il ritmo dei suoni, che poi sono i ritmi della lingua parlata.

Se i genitori gli parlano, gli ripetono le cose e gli spiegano il significato delle parole nuove, un bambino imparerà prima e avrà un vocabolario migliore. Yu e Smith hanno tentato di insegnare sei parole a ventotto bambini tra i dodici e i quattordici mesi di età mostrandogli contemporaneamente due oggetti sullo schermo di un computer mentre gli venivano lette due parole precedentemente registrate. I bambini non avevano alcun indizio sulla combinazione tra oggetto e parola. Ciononostante, dopo aver visto diverse combinazioni di parole e immagini, sorprendentemente i bambini sono stati in grado di indovinare quale parola corrispondesse all'immagine. Yu e Smith suggeriscono che più parole sente il bambino e maggiori sono le informazioni disponibili per ogni singola parola, e più efficace sarà il processo con cui il cervello comincia a mettere insieme le accoppiate parola-oggetto; in questo modo il bambino apprende più cose sul mondo che lo circonda (Yu e Smith, 2008).

L'apprendimento del linguaggio è un bell'esempio di come funzionino insieme le predisposizioni innate e le idee acquisite. Parlate e leggete ai vostri bambini, fate dei giochi verbali insieme a loro: i vostri figli ne trarranno beneficio.

Il linguaggio non è l'unico test fondamentale per definire la nostra umanità. Esiste anche la capacità di riconoscersi allo specchio. È una facoltà che appartiene anche ad alcune grandi scimmie ed esistono degli studi che mostrano che persino i delfini si comportano diversamente di fronte al proprio riflesso rispetto a quello di altri delfini.

Uno dei miei addetti al montaggio mi riferisce che dall'età di sei mesi la sua piccola Annabel si sorrideva allo specchio, e dava l'impressione che fosse un'attività per lei molto soddisfacente. Ma Annabel era consapevole di essere lei quella nello specchio?

10

Sesso e personalità

Duemila anni fa i greci sostenevano che le persone si dividevano sostanzialmente in due categorie: quelle di temperamento tranquillo e quelle di temperamento sanguigno. È curioso scoprire che la teoria della personalità degli antichi greci è tornata in auge. Il neonato ha la tendenza a stare buono e calmo oppure esplora l'ambiente che lo circonda? Il bambino è placido o agitato? Un test è quello detto «della tigre»: compare un uomo con la maschera di una tigre: il bambino si mette a piangere, tocca la tigre o si limita a fissarla? Secondo alcuni ottimisti non c'è bisogno di nient'altro per comprendere qual è il carattere di un bambino.

Alla fine degli anni Cinquanta fu condotta una vasta ricerca mirata a studiare lo sviluppo del carattere del bambino dalla nascita in poi. In base a quanto rilevato da Alexander Thomas e Stella Chess (Chess e Thomas, 1986), «nelle prime settimane di vita i neonati mostrano una chiara individualità dal punto di vista caratteriale, indipendentemente da quelli che sono il modo di trattarli o le caratteristiche di personalità dei loro genitori». Per i due studiosi, l'indole del neonato ha una base biologica e a seconda dei caratteri i neonati si distinguono in «facili, difficili o lenti a reagire».

I bambini «facili» reagiscono bene a diversi tipi di metodi educativi; i bambini «difficili» sono caratterizzati fin dall'inizio da ciò che i ricercatori chiamano «problemi di gestione», indipendentemente dal comportamento dei loro genitori. I bambini «lenti a reagire» semplicemente danno l'impressione di metterci un po' di più perché più «lenti». Sono soggetti poco attivi, rifuggono dalle nuove esperienze e sono lenti nell'adattarsi ai cambiamenti; inoltre, spesso sono di malumore.

Va detto che essere lenti ha anche qualche lato positivo, perché i bambini che amano esplorare si mettono nei pasticci, a volte rischiando di brutto. Vi ho detto come sia impossibile proteggere i propri figli da qualsiasi cosa. Quando Nicholas aveva nove mesi, andammo a passare il Natale dai miei suoceri, che vivevano in una bella casa a Upper Saddle River, nel New Jersey. Aileen era la maggiore di sei figli, e i suoi fratelli e sorelle minori adoravano il cane di famiglia.

Una mattina Nicholas andò a cercare un pezzetto di torta sotto il tavolo della sala da pranzo, non rendendosi conto che anche il cane dei nonni stava raspando qua e là in cerca di briciole. Nicholas afferrò la torta; il cane, invece, irritato all'idea di dover combattere per degli avanzi di cibo che secondo lui gli appartenevano, afferrò il naso di Nicholas. L'animale aveva già morso in passato, ma tutti i bambini della famiglia erano stati zitti per paura che venisse abbattuto. Perciò non avevano mai detto ai loro genitori che il cane era pericoloso.

Portammo di corsa Nicholas all'ospedale, dove dovette subire un intervento di chirurgia plastica e trascorrere il suo primo Natale in mezzo a bambini affetti da malattie inguaribili. Per evitare che grattandosi si portasse via l'innesto di pelle dal naso, gli fecero indossare una camicia di forza. Una volta passata l'emergenza, io e Aileen ci rendemmo conto di essere stati fortunati. Nell'ipotesi peggiore Nicholas avrebbe avuto una cicatrice sul naso. Gli altri bambini ricoverati in ospedale durante le feste di Natale, invece, erano gravemente ammalati oppure stavano morendo. Nel reparto regnava la paura e la tensione dei genitori che cercavano di fare un bel regalo di Natale ai loro figli perché sarebbe potuto essere anche l'ultimo.

Cinque mesi dopo, imperterrito, nostro figlio si infilò dentro il forno della cucina della villa che avevamo affittato in Spagna. Sentimmo le urla dal soggiorno. Era riuscito a far ribaltare l'elettrodomestico, ma per miracolo non si era fatto niente.

Schmidt e Fox distinguono tra bambini esuberanti e bambini inibiti. La facilità con cui Nicholas esplorava gli avrebbe fatto ottenere un punteggio elevato dal lato dell'esuberanza nella scala di esuberanza e inibizione che, a partire dai quattro mesi di età, sembra essere uno strumento molto utile per valutare la personalità dei bambini (Schmidt e Fox, 1998).

Sembra che i bambini inibiti, paurosi e con una scarsa tendenza all'esplorazione abbiano una diversa fisiologia. Innanzitutto, hanno un ritmo cardiaco relativamente elevato, ma questo non cambia di molto quando li si mette alla prova. In secondo luogo, questi bambini presentano livelli di un «ormone dello stress» detto norepinefrina più alti rispetto alla media; al mattino, inoltre, hanno anche alti livelli di cortisolo.

In terzo luogo, dalle scansioni cerebrali si evidenzia che i bambini «inibiti» avrebbero una maggiore attività nel lato destro del cervello. Alcuni sostengono che questo lato del cervello sia collegato a una struttura della corteccia, l'amigdala. Sull'amigdala sono stati scritti interi libri, per cui cercherò di riassumere in poche e semplici parole. Se l'amigdala è iperattiva, l'individuo diventa più pauroso. Più attiva è l'amigdala, più forti sono le probabilità che il bambino sia pauroso e che quindi sia meno propenso all'esplorazione.

In *L'immaginazione nel bambino* (2000), Harris riferisce che le persone che non presentano un battito cardiaco accelerato quando leggono un brano tratto da un thriller ottengono dei punteggi più bassi nei test di logica e di ragionamento rispetto alle persone che invece mostrano reazioni fisiche ed emotive intense quando leggono storie del genere. Un po' di logica in questo c'è: il bambino inibito che esplora di meno apprende anche di meno.

Cari papà, se vi nascondete sotto la poltroncina mentre guardate un film horror perché avete paura che il vampiro stia per mordervi, allora siete intelligentissimi. Né Einstein né Freud andavano a vedere i film horror. E ora sappiamo perché: sarebbero impazziti dalla paura.

Parlando più seriamente, i papà dovrebbero sintonizzarsi con la personalità dei propri figli. Jerome Kagan, che è un rinomato psicologo dello sviluppo, suggerisce che «le predisposizioni caratteriali del bambino sono i fattori di gran lunga più importanti nello stabilire che tipo di persona diventerà nelle fasi successive della vita» (Kagan, 1994). E tali disposizioni devono molto alla genetica, ma non tutto.

A parere di Kagan, madri e padri dovrebbero riconoscere che ogni bambino ha una personalità unica. Imparare a conoscere il vostro bambino e il suo approccio al mondo è, secondo Kagan, il dovere fondamentale che avete nella cura e nell'educazione dei figli.

I genitori dovrebbero adattarsi alla personalità del proprio bambino, e per ogni bambino esiste un approccio specifico. Immaginate delle esperienze speciali costruite tenendo a mente quello che è il carattere di vostro/a figlio/a. Per esempio, se vostro/a figlio/a è timido/a, ideate dei momenti di «esplorazione» con i quali metterlo/a alla prova. Se vostro/a figlio/a è aggressivo/a, ponete dei limiti netti a quelli che sono dei comportamenti accettabili. Se avete un bambino pauroso, aiutatelo a trovare dei modi per affrontare la paura (giocando con il suo giocattolo preferito, cantandogli una canzoncina speciale) che funzionino sia per voi che per lui.

I genitori devono essere flessibili. La personalità di vostro/a figlio/a continuerà a svilupparsi nel corso degli anni e questo cambierà il rapporto che avete con lui/lei.

Quali che siano i cambiamenti di personalità del bambino, i bambini rimangono sempre legati alla mamma e al papà. Voi che siete il padre dovreste cercare, oltre che di essere flessibile, di dimostrarvi coerenti e affidabili.

Erikson

A mio parere, lo psichiatra che offre la migliore cornice entro cui comprendere la ricerca sulla personalità durante l'infanzia è Erik Erikson (1902-1994). Erikson lavorò nella Medical School e nella Psychological Clinic di Harvard e per un anno osservò anche i bambini sioux.

Secondo Erikson, in certi particolari stadi i bambini piccoli fanno (o fanno fare agli altri) delle scelte fondamentali, e tali scelte servirebbero a far sviluppare delle determinate facoltà. Le fasi sono:

1. Infanzia (dalla nascita ai diciotto mesi)
Fiducia contrapposta a sfiducia
Una questione di determinazione e speranza

Erikson definì l'infanzia anche come fase orale-sensoriale, in quanto i bambini si infilano in bocca qualsiasi cosa. Se la mamma e il papà gli forniscono amore, consolazione e carezze, il bambino imparerà a fidarsi delle altre persone e sarà dotato di una fiducia di base nel futuro. Se è costantemente frustrato perché i suoi bisogni non vengono soddisfatti, impara, sia a livello conscio che inconscio, a diffidare del mondo e ad avere una bassa stima di sé. Il bambino sano apprende ad affrontare il mondo con speranza e determinazione.

2. Infanzia (dai diciotto mesi ai tre anni) Autonomia contrapposta a vergogna Una questione di autocontrollo, coraggio e volontà

Come Piaget, anche Erikson diede molta enfasi al fatto che per il bambino è importante padroneggiare certe abilità. Il neonato deve imparare a camminare, a parlare, a mangiare e a interagire con gli altri per poter così diventare capace e soddisfatto. Possedere queste facoltà fondamentali aiuta a fondare la nostra autostima e la nostra autonomia. Erikson riconobbe particolare importanza a una facoltà che i bambini piccoli apprendono durante quelli che lui definisce «i terribili due anni»: la facoltà di dire «NO!» e di ripeterlo all'infinito. La cosa può anche produrre irritazione nei genitori, ma – sosteneva Erikson – il bambino che non dice mai no rischia in seguito di trasformarsi in una vittima. Lo psicologo tedesco sosteneva anche che se i genitori umiliano il bambino nel periodo in cui impara a usare il vasino, il piccolo apprende il senso della vergogna, del dubbio e della scarsa autostima.

3. Età del gioco: dai tre ai cinque anni
Iniziativa contrapposta al senso di colpa
Una questione di finalità

Secondo Erikson il gioco è di importanza capitale. Il gioco è un modo per sperimentare il mondo e il nostro posto al suo interno. I bambini piccoli giocano insieme con le bambole, con i trenini, con le armi giocattolo. Il ruolo fondamentale del gioco diverrà più chiaro nel capitolo sulla simulazione. Il gioco insegna al bambino a prendere l'iniziativa. Rispetto a Freud, Erikson insistette meno sulle fasi dello sviluppo sessuale e, rispetto a Piaget, più sulle fasi dello sviluppo intellettuale, però credeva in parte al conflitto edipico di cui parlava Freud. Erikson era convinto che per un bambino il modo migliore di risolvere il complesso edipico fosse attraverso la «identificazione nei modelli sociali», facendo cose che fa il papà e giocando insieme a lui. Il bambino che non riesce a giocare e a identificarsi con i suoi genitori ha buone probabilità di soffrire di sensi di colpa.

4. Età scolare: dai sei ai dodici anni
Operosità contrapposta a senso di inferiorità
Una questione di metodo e competenza

Un bambino ben adattato dovrebbe essere in grado di apprendere e di lavorare, e inoltre di sviluppare delle abilità sociali e farsi degli amici. Erikson parlava di senso di operosità. I bambini che non lo possiedono sanno di non essere abbastanza bravi e così cominciano a covare sentimenti di inferiorità e inadeguatezza. È probabile che abbiano problemi dal punto di vista pratico, in quanto avranno seri problemi di competenza, e dal punto di vista psicologico, quanto soffriranno in maniera cronica di scarsa autostima.

Secondo Erikson non sono i bambini a «scegliere». A scegliere sono la genetica e l'ambiente, ciò che i genitori forniscono al bambino e come quest'ultimo gestisce ciò che gli viene offerto dai genitori. Per Erikson il libero arbitrio non esisteva, poiché aveva visto e studiato molti individui che si erano arresi e avevano gettato le armi, ma anche molti altri che lottavano e combattevano nonostante tutto e tutti. Il destino delle persone non è prestabilito. La vita è una serie di sfide, che dobbiamo accogliere con fierezza. O almeno in parte. La biologia è importante, ma avere una testa dura aiuta sempre.

Mi scuso se do l'impressione di essere un fanatico del self help, ma talvolta gli psicologi dimenticano che noi umani possediamo la facoltà di cambiare anche solo per il fatto di decidere che vogliamo cambiare. Erikson dà l'impressione di esserne stato più consapevole di tanti strizzacervelli.

Lo Stato-balia

Esiste un'effettiva questione di ordine politico riguardante l'opportunità che lo Stato debba o no insegnare alla gente come si diventa dei genitori migliori. Una parte di me risponde di sì, se è un modo per aiutare i bambini. Un'altra parte di me, tuttavia, è più scettica. Secondo lo psicoanalista D.W. Winnicott, molte madri si preoccupano di essere inadeguate al loro compito e desidererebbero essere perfette, in grado di rispondere alla perfezione e in maniera assoluta ai bisogni del proprio bambino. Ma Winnicott avvertiva che questo è esattamente il modo per cadere nell'ossessione.

D'altra parte, purtroppo i casi di bambini trascurati e abusati sono talmente numerosi che è comprensibile che i governi avvertano la necessità di fare qualcosa. In Gran Bretagna e in America sono stati ideati dei programmi rivolti agli uomini allo scopo di farne dei padri migliori. Sembra che questi programmi abbiano dato qualche frutto, se non per tutti i papà almeno per alcuni di essi, ma nessuno ha la certezza che tali miglioramenti perdurino nel tempo.

A Philadelphia Jay Fagan organizzò un programma-pilota per papà che si è dimostrato utile sia per i padri che per i figli. Quando videro che papà un tempo incapaci si trasformavano in «baby-sitter esperti, compagni di gioco, attenti nella cura dei bambini ma anche portatori di disciplina», cambiarono atteggiamento anche le madri (Fagan e Iglesias, 1999). Tuttavia, non è facile far sì che il coinvolgimento dei padri persista col passare del tempo (McBride, Bae e Rane, 2001).

Non ci vuole una grande scienza per essere un buon padre; c'è bisogno, però, di amore e di attenzione per i dettagli. Una volta ho scritto un libro su Mrs. Beeton, una cuoca del periodo vittoriano che dava anche consigli alle mamme su come allevare i figli, o persino su come licenziare un maggiordomo disonesto.

Rileggendo il suo libro, sono rimasto meravigliato per l'avvedimento, come avrebbero detto nell'Ottocento, dei consigli di Mrs. Beeton in quanto a cura e educazione dei figli: i bambini devono essere tenuti puliti, ben nutriti e impegnati; l'igiene è alla base di tutto; ciò di cui ha bisogno un bambino è una stanza pulita, del buon cibo (al seno o al biberon, all'ora giusta e alla temperatura giusta) e un purè di patate preparato a puntino dopo lo svezzamento. Mrs. Beeton consigliava una quantità di coda di bue e di ostriche più elevata di quella che raccomanderebbero i nutrizionisti oggigiorno, ma già centocinquanta anni fa era una fanatica della dieta bilanciata.

Anche i bisogni psicologici del bambino non hanno nulla di strano. Ciò di cui un bambino ha bisogno è:

attenzione
affetto (le coccole fanno bene)
la possibilità di afferrare e manipolare oggetti
la possibilità di giocare insieme ad altri bambini
la possibilità di esplorare
avere qualcuno che lo ascolta
essere al riparo da violenze, abusi sessuali e incuria
sicurezza sul piano emotivo.

Date tutte queste cose a un bambino e lui si sentirà amato. Se date a vostro/a figlio/a gli elementi fondamentali che compaiono in questo elenco, forse non sarete un padre perfetto, ma di certo un padre sufficientemente buono.

Il bambino che si sente amato e al sicuro possederà la fiducia in se stesso per sperimentare come è fatto il mondo, in quanto sa che può tornare di corsa nella sicurezza della sua casa, alla «base sicura» di cui parlava Bowlby di cui si è trattato nel capitolo sulla creazione del legame con il proprio bambino. E i padri occupano un ruolo essenziale nel fondare la sicurezza di sé.

Bei ricordi, almeno per il papà

Non mi scorderò mai delle passeggiate per Greenwich Park insieme a Nicholas quando portavo mio figlio alla scuola materna. Trascorrevamo trenta minuti a chiacchierare, attraversando intanto il parco con i cervi e passando di fronte alla quercia che era stata piantata durante il regno di Elisabetta I e al laghetto affollato di barchette. Non ricordo quali fossero gli argomenti di conversazione, ma era una cosa gradevolissima e non smettevamo un attimo di parlare. Ogni minuto di quei dialoghi era per me una gioia impagabile.

Intorno alle otto e mezzo arrivavamo alla scuola Montessori frequentata da mio figlio. Se non dovevo scappare per andare al lavoro mi trattenevo fino all'apertura della scuola, ma a volte proprio non potevo restare. Non appena arrivava una delle mamme che conoscevo (e quasi sempre di mamme si trattava), le chiedevo se per favore accompagnava lei in classe Nicholas. A volte quando me ne andavo Nicholas si metteva a piangere e allora gli spiegavo che dovevo assolutamente prendere il treno e lo salutavo.

Per tre anni ci facemmo quella passeggiata quasi tutti i giorni di scuola. Ero un padre perfetto? Ovviamente no. Il padre perfetto sarebbe rimasto, avrebbe perso il treno, sarebbe arrivato tardi al lavoro e avrebbe affrontato lo stress della vita lavorativa di cui si lamentano i papà norvegesi. Ero un papà sufficiente buono? Direi di sì. Non l'ho mai lasciato da solo, non l'ho mai affidato a un adulto che non conoscessi e non me ne sono mai andato senza spiegargli perché dovevo prendere il treno.

A ogni modo, nemmeno essere un padre sufficientemente buono servirà a proteggere vostro/a figlio/a da ogni eventualità. Vi ho già raccontato la saga del naso di Nicholas e del forno. Il terzo incidente che dovemmo affrontare fu quando Reuben, a undici anni, si ruppe il braccio. Si stava allenando a dare colpi di karate sul materasso quando il braccio gli si spezzò. Adesso vi spiegherò come i papà possano essere orgogliosi delle «conquiste» più strane dei loro figli. Dopo che fu accertato che il braccio sarebbe guarito e che Reuben non avrebbe riportato alcun danno fisico permanente dall'accaduto, il chirurgo ci disse che si era trattato di un caso rarissimo: nell'omero di Reuben c'era un «buco», e per sistemarlo si era ricorsi a una nuova tecnica chirurgica. Il braccio di nostro figlio sarebbe stato l'argomento di un saggio scientifico su qualche rivista medica. Il mio adoratissimo figlio ha un braccio che ha contribuito alla storia della medicina!

Non cercate di essere un padre perfetto. Di errori ne commetterete. Proverete rabbia. Desidererete che quell'adorabile scimmietta del vostro esigentissimo bambino la pianti di frignare nel bel mezzo della notte. Gli urlerete di stare zitto. Non serve a niente far finta che a volte il vostro bambino vi faccia impazzire. Immancabilmente ci saranno momenti in cui vostro/a figlio/a vi porterà all'esasperazione, ma il test per ogni padre è vedere come si gestiscono tali momenti.

Tenete comunque sempre a mente che quello con vostro/a figlio/a è un rapporto assolutamente impari: voi siete il genitore potente e lui/lei il figlio debole e dipendente. Conservate il controllo sui vostri sentimenti. Vostro/a figlio/a non dovrebbe essere costretto/a a sorbirsi i vostri malumori. Sembra facile, a dirsi, ma a volte può essere necessaria una grande autodisciplina. Per i papà l'autodisciplina è un requisito indispensabile. Vi offrirò dei consigli su come fare per conquistarla nei capitoli successivi, quando tratterò della gestione della rabbia.

11

Il cervello del bambino

Tracciate un segno su un bicchiere a calice e riempitelo con del vino fino al punto indicato.

Non bevetene nemmeno una goccia.

Adesso versate il contenuto del calice in un bicchiere senza stelo. Di nuovo, versate del vino nel calice fino al segno tracciato.

Sembra ridicolo domandarsi quale dei due bicchieri pieni contenga più vino, ma lo psicopedagogista infantile svizzero Piaget basò gran parte della sua teoria sul funzionamento del cervello del bambino piccolo su un esperimento sostanzialmente simile. E dal momento che l'opera di Piaget continua ad avere grande influenza, è necessario descriverlo nei particolari.

Secondo Piaget, tra i due e i sette anni il bambino non è ancora in grado di compiere operazioni logiche, pertanto chiamò questo stadio dello sviluppo «stadio preoperazionale». Questo stadio dello sviluppo infantile era definito dal fatto che all'incirca fino all'età di sette anni i bambini sono totalmente «egocentrici».

Il termine «egocentrico» era utilizzato da Piaget non nel senso di assolutamente egoista o interessato solo a se stesso. Nello stadio preoperazionale i bambini sarebbero centrati su se stessi o, appunto, «egocentrici», perché non in grado di immaginare come potrebbero essere le cose dal punto di vista di un'altra persona. Sono schiavi del «qui e ora» perché non possono concepire alternative.

Il test della conservazione della materia rappresenta uno dei classici esperimenti di Piaget, per quanto lui utilizzasse dell'acqua al posto del vino. Lo studioso mostrava a bambini di sei anni un contenitore A riempito d'acqua fino a un certo livello; quindi, davanti agli occhi del bambino, versava l'acqua del contenitore A in un contenitore B. Il piccolo assisteva all'intera operazione, ma il contenitore B era più stretto e alto del contenitore A. Piaget allora formulava la domanda cruciale: il contenitore B contiene più o meno acqua rispetto al contenitore A?

Quasi immancabilmente i bambini sotto i sette anni rispondevano che ce n'era più nel contenitore B, per quanto avessero visto che da A ne veniva versata un'identica quantità. Nemmeno una goccia era stata versata. Secondo Piaget questa era una dimostrazione del fatto che i bambini sono ingannati dalle percezioni immediate. Il contenitore B dà l'impressione di contenere più acqua di A, ma i bambini sotto i sette anni non riescono a ricordare con precisione cosa ci fosse dentro quest'ultimo contenitore, e così dicono che il contenitore B contiene più acqua. Per descrivere questo fenomeno Piaget coniò il termine «percezioni ingannevoli», ed è di queste che sarebbero vittime i bambini nello stadio preoperazionale.

Vi è una differenza tra l'esperimento di Piaget e il gioco dei bicchieri di vino con cui ho iniziato il capitolo. I bambini di Piaget non vedevano i due contenitori quando erano entrambi pieni d'acqua. Tuttavia, le prove esistenti sulla memoria dei neonati indicano che a far confondere i bambini piccoli non dovrebbe essere il fatto di non ricordarsi cosa c'è nei contenitori.

In seguito Piaget fece altre scoperte. Quando si chiedeva

ai bambini di oltre sei anni di rispondere all'esperimento dei contenitori, spesso questi si dimostravano a disagio. Iniziavano a rendersi conto che la loro visione del mondo non era proprio esatta, ma che si trattava di una visione primitiva e illogica. Avvertivano ciò che Piaget chiamava «disequilibrio». L'equilibrio sarebbe stato raggiunto solo a conclusione dello stadio preoperazionale, e a quel punto il test dei contenitori sarebbe diventato assolutamente ovvio. Ma i bambini di quattro anni sono davvero così ingenui come pensava Piaget? Riaffronteremo questo problema dopo aver trattato di quello che un tempo era un argomento spinosissimo dal punto di vista politico: il quoziente intellettivo.

Un altro giochino di Piaget

Come nel caso del rimpiattino dei giocattoli di vostro figlio, anche la ricerca di Piaget può essere facilmente riprodotta. Fate l'esperimento dei contenitori quando vostro/a figlio/a ha cinque, sei e sette anni, annotandovi le sue risposte... e vedrete come se la riderà quando ne avrà otto!

Parigi 1903: la nascita del QI

Gli psicologi studiano il quoziente intellettivo da ormai più di un secolo. Oggi nelle scuole britanniche si dovrebbero individuare i ragazzi eccezionalmente brillanti, ma ciò incontra resistenza da parte di alcuni insegnanti; il che è interessante, considerando che la storia del QI è legata a quella dell'istruzione.

A Parigi molti bambini avevano risultati scolastici deludenti, così il Comune incaricò due psicologi, Alfred Binet e Theodore Simon, di trovare un modo per aiutarli. I due idearono per loro dei compiti un po' stravaganti (per esempio, ai bambini di quattro anni si davano delle istruzioni che consistevano nel far raccogliere una chiave, posarla su una sedia in fondo alla stanza, chiudere una porta e quindi prendere una scatola e portarla all'esaminatore), e sulla base di questi furono ideati tutti i successivi test per il calcolo del QI.

I bimbi dovevano compiere una serie di cinque azioni. Fra quelli di quattro anni la maggior parte non riusciva, mentre la metà di quelli di cinque anni ce la faceva. I seienni se la cavavano meglio.

In media, un bambino di sei anni era in grado di:

- spiegare la differenza tra mattina e sera
- copiare la foto di un diamante
- contare 13 centesimi
- distinguere tra foto di volti attraenti e volti brutti.

In media, a otto anni il bambino sapeva:

- confrontare due oggetti a memoria
- contare fino a venti senza esitazioni
- dire cosa mancava in un'immagine che gli era appena stata mostrata
- ripetere un elenco di cinque numeri semplici.

Domande di questo tipo sono alla base di qualsiasi test d'intelligenza, e di test d'intelligenza ne esistono centinaia di tipi diversi. Quasi tutte le domande formulate da Binet e Simon avevano una risposta definitiva, o giusta o sbagliata; l'unica che lasciava un certo margine era il dover scegliere tra facce brutte e facce belle. Una volta scoperto quale fosse la norma per bambini di età diverse, i due studiosi misuravano il risultato ottenuto da un soggetto in particolare.

È importante comprendere che il test del QI offre un metro di giudizio comparativo e non un criterio assoluto. Se il mio peso è 76 chili, questo è un criterio di misurazione assoluto. Per la mia età e la mia altezza posso pesare poco o tanto, ma 76 chili rimangono 76 chili.

I punteggi del QI sono relativi, poiché mettono in confronto un bambino con la media del suo gruppo di età. Il QI non è un'entità magicamente stabilita una volta per tutte.

Binet e Simon ponevano venti domande. Dopo un po' di tempo arrivarono a concludere che la norma per un bambino di sei anni era dare 12 risposte esatte. Un bimbo di sei anni che avesse risposto correttamente a 12 domande su 20 avrebbe avuto un QI di 100, corrispondente alla media esatta. Pertanto i due psicologi idearono l'equazione seguente:

Il quoziente intellettivo è:
Età mentale / Età cronologica x 100

La media per i bambini di nove anni secondo Binet e Simon erano 18 risposte. Un bambino di sei anni che avesse risposto a tutte le domande a cui avrebbe dovuto saper rispondere uno di nove avrebbe ottenuto un QI di:

9/6 = 1,5 x 100 = 150

Gli studi condotti tra il 1903 e il 1960 mostrano che solo 4 bambini su 1000 hanno un QI superiore a 140. Si stima che Einstein avesse un QI superiore a 180. Di recente si è scoperta una donna il cui QI altalena tra il punteggio di 187 e 226 a seconda dell'umore, del momento della giornata e di altri fattori.

In seguito gli psicologi sono arrivati a sostenere l'esistenza di un fattore di intelligenza generale chiamato «fattore G». Negli anni Ottanta del secolo scorso psicologi americani come Robert Ornstein, Robert Sternberg e Howard Gardner sostennero che, mentre esiste un fattore di intelligenza generale che è alla base di tutte le nostre abilità mentali, esistono anche dei tipi di intelligenza più specializzati. Ornstein parlava di «moduli» mentali, i quali ricordano molto i sistemi fondamentali di Spelke.

Dovremmo ricordarci del consiglio di Jerome Kagan, di adattarci alla personalità del nostro bambino. Nel caso dei papà, ci si dovrebbe adattare anche al tipo di intelligenza che il proprio bimbo possiede. Se volete capire davvero vostro/a figlio/a, dovete imparare a capire quali sono i suoi punti di forza e quali i deboli, i suoi moduli mentali. Gli psicologi avevano stabilito che esistono molti tipi di intelligenza diversi (verbale, numerica, spaziale, pratica, musicale, sociale, emotiva, e tutte altrettanto importanti) molto prima degli studi condotti da Spelke. Forse oggi lei li chiamerebbe sistemi fondamentali, mentre gli altri studiosi li chiamavano moduli. Di seguito vi offro una guida rapida ai principali.

Intelligenza verbale

Le persone che ottengono un punteggio alto in questo tipo di intelligenza ameranno divertirsi con parole crociate, anagrammi e altri giochi o enigmi verbali. Apprezzeranno i giochi di rime. Sono in grado di ricombinare le lettere della parola PARENTALE trasformandola in PATERNALE. Sapranno, senza bisogno di pensarci, che queste due parole fanno rima con CAVIALE, DENTALE, MENTALE ecc.

Quella in cui viviamo è una cultura molto verbale. Gli esami non dipendono solo da quanto si sa, ma anche da come lo si dice. L'intelligenza verbale ha una forte relazione con i risultati scolastici e gli esiti degli esami. Tuttavia, secondo una ricerca britannica condotta da Claus Moser (1998), il 20 per cento degli adulti è affetto da «analfabetismo funzionale». In alcune zone la percentuale sfiora il 40 per cento. Il governo britannico ha speso milioni di sterline in campagne di sensibilizzazione nel tentativo di convincere gli adulti che non sanno leggere a farsi aiutare. Ho paura che alcune di queste campagne tradiscano il nostro atteggiamento nei confronti di chi non è alfabetizzato. Non sono tanto sicuro che sia una buona idea dare la colpa ai folletti che compaiono negli spot, specie considerando che in moltissimi casi si strombazza il fatto che il detergente per il bagno di turno distruggerà i germi del nostro cesso, brulicante di esserini che assomigliano tanto ai «gremlin» degli spot per l'alfabetizzazione...* È comunque preoccupante che in un paese di amanti del giardinaggio, oltre il 10 per cento delle persone prese come campione non saprebbe leggere le istruzioni scritte su una bustina di sementi.

Intelligenza numerica

Molti bambini cominciano a giocare al computer da piccolissimi, molti hanno scarse abilità numeriche. Nel 1996 la Basic Skills Agency ha rilevato che solamente il 20 per cento dei britannici sapeva risolvere correttamente dodici semplici problemi matematici come quanto fa 5 – 1,78 oppure 14 x 11.

Nel 2003 il ministero dell'Istruzione britannico ha sco-

* Negli spot compaiono dei folletti maligni (*gremlins* in inglese) che, come il Grillo parlante di Pinocchio, invitano l'«analfabeta» di turno a continuare a ignorare il proprio problema. [*N.d.T.*]

perto che il 29 per cento degli adulti, pari a circa undici milioni di persone, non sapeva calcolare l'area di un pavimento, né in metri né in piedi quadrati. Meno di un terzo riusciva a calcolare la quantità di plastica necessaria per rivestire il fondo di un laghetto, neppure avendo a disposizione una calcolatrice, una penna e un foglio di carta.

Non sto consigliando ai papà di tentare di trasformare i figli in calcolatrici viventi, però potreste, quando sono ancora piccoli, fare dei giochi matematici insieme a loro. Uno è mettere tre Smarties in una mano e due nell'altra. E se il vostro piccolo vi dice quanti sono in totale, se li può mangiare tutti e cinque.

Intelligenza spaziale

Consiste nella capacità di comprendere le relazioni nello spazio, in modo tale che ruotando una figura di 90 gradi si è in grado di capire che assumerà un aspetto totalmente diverso.

Se notate che vostro/a figlio/a non se la cava molto bene con le forme, potete comprare dei puzzle e farli insieme a lui/lei. L'arte e la scienza della paternità stanno tutte nel gioco, e magari nel fare dei giochi utili insieme ai propri figli.

Intelligenza pratica

Conosciamo tutti degli individui che riescono a passare gli esami e ad affrontare la teoria ma che poi sono degli imbranati assoluti nel passaggio alla pratica. Chiedetegli di assemblare un tavolo o altri mobili, e andranno in crisi. Ho visto uomini intelligenti (cioè il sottoscritto) ridotti alla disperazione nel tentativo di assemblare una libreria modulare. Prima o poi scriverò un saggio dal titolo *Sadismo e articoli d'arredamento da assemblare*. I sadici sono quelli che li progettano; quelli che li comprano sapendo che non saranno mai in grado di costruirli o sono dei masochisti, o vogliono scontare chissà quali colpe.

Intelligenza sociale

È la capacità di avere a che fare con altre persone e comprendere le loro motivazioni. C'è una qualche relazione tra questo tipo di facoltà e l'idea oggigiorno molto alla moda di « intelligenza emotiva ».

Howard Gardner ha messo in evidenza che alcuni bambini poco abili nel parlare e nei rapporti sociali mostrano tuttavia un enorme talento nella pittura e nel disegno.

La biologia del « fattore G », il fattore di intelligenza generale

Di recente, a ogni modo, le scoperte fatte da alcuni neuroscienziati insistono soprattutto sull'intelligenza generale, piuttosto che su quella specifica, e nuovamente sui sistemi fondamentali innati. Un gruppo di ricercatori americani capeggiati da Jeremy Gray ha rilevato come dei soggetti che hanno ottenuto un punteggio elevato a un test d'intelligenza molto diffuso, l'APM (Matrici Progressive Avanzate di Raven), mostrino una maggiore attività in regioni specifiche del cervello quando affrontano test di memoria. Le differenze nell'attività cerebrale hanno un legame con i risultati più o meno positivi dei soggetti; tali differenze si evidenziano nella corteccia prefrontale laterale, un'area associata alla memoria, alla progettualità e all'attività indirizzata al raggiungimento di obiettivi. Gli individui con un QI più alto si distraevano meno quando gli sperimentatori cercavano di metterli in difficoltà. Gray ha chiesto ai suoi soggetti di osservare sullo schermo di un computer una serie di parole o di fotografie di volti. Gli esaminati dovevano quindi dire se ciascuna parola o immagine era la stessa che gli era stata presentata due, tre, quattro o cinque schermate prima. I soggetti con QI elevati avevano una memoria più capace e mostravano una maggiore attività cerebrale.

Per i papà la domanda è: cosa si può fare per sollecitare i vostri piccoli e mantenere attivo il loro cervello? La risposta è: giocare, parlare, interagire. Non state troppo a vegetare davanti alla tele.

Presto vi renderete conto se il vostro bambino si esprime bene, se canta bene, se ha idea di come assemblare i mattoncini Lego. Siate aperti alla sua individualità intellettuale e disponibili a passare del tempo facendo con lui/lei delle cose che lo/la interessano davvero.

Se notate qualche problema (per esempio vostro/a figlio/a usa un vocabolario ridotto o è molto goffo), potete fare con lui/lei delle attività di recupero, che però non diano l'impressione di essere tali. Chi ha detto che i genitori non imbrogliano mai? L'importante è farlo con un certo tatto. Bisogna evitare di scadere nell'ovvio e nel banale. Non dite che state per fargli/le una lezione, ma passate del tempo insieme a vostro/a figlio/a proponendo attività che non solo sembrino divertenti, ma che lo siano veramente. E che abbiano anche uno scopo: aiutare a risolvere un determinato problema e a infondere in vostro/a figlio/a la fiducia necessaria per affrontarlo.

Intorno ai quattro-cinque anni la maggior parte dei bambini è scaltra: si accorge di ciò che stanno cercando di fare i genitori, e si risente pure. I bambini più grandi possono mettersi ancora di più sulla difensiva, perciò dovrete farvi furbi, giocare d'astuzia ed evitare che si scateni uno scontro fra volontà contrapposte. Non mancate però di dedicare un po' di tempo alle cose che vostro/a figlio/a trova difficili, e fatelo d'abitudine, non solo quando diventa un problema dovuto a un piccolo fallimento.

Vitamine e intelligenza

La dieta ha effetti sul cervello. I bambini malnutriti da piccoli hanno parecchie probabilità di avere un punteggio di QI inferiore alla media, per quanto sia difficile sostenere che l'unica causa di ciò sia la malnutrizione, considerando che sono molte altre le cose che mancano ai bambini indigenti. Esiste tuttavia una ricerca molto convincente, condotta su un gruppo di trenta bambini gallesi a cui quotidianamente veniva somministrata una dose di integratori vitaminici e minerali: dopo otto mesi questi bambini avevano guadagnato una media di 10 punti in un test d'intelligenza su base non verbale, mentre i bambini di un gruppo di controllo ai quali semplicemente si erano dedicate più attenzioni erano migliorati di soli 2-4 punti. La ricerca ebbe una grande risonanza nell'opinione pubblica (Benton e Roberts, 1988). Hans Eysenck, morto alla fine degli anni Novanta e autore di molti libri sul quoziente intellettivo, mi raccontò di essere rimasto sorpreso dall'evidenza delle prove dei benefici apportati dalle vitamine, soprattutto dalla vitamina C. Secondo alcuni psicologi l'entusiasmo di Eysenck era eccessivo. Il professor N.J. Mackintosh della Cambridge University, per esempio, avvertiva che «finché non saranno state formulate delle previsioni precise (chi ne trae beneficio, in base a quali test, grazie a quale tipo di integrazione) e non saranno stati eseguiti dei test appropriati, rimarranno da fugare ancora alcuni dubbi» (Mackintosh, 1999).

Nel suo programma *School Dinners* su Channel 4, Jamie Oliver si è interessato a un argomento analogo. Che sia lui l'incarnazione della perfetta massaia dei giorni nostri? I bambini hanno bisogno di mangiare del cibo di qualità, non del cibo spazzatura. Forse una piccola quantità di vitamine e minerali in più non sarà una pozione magica, ma, utilizzata con giudizio, male non farà di certo. Come ho sottolineato in un capitolo precedente, l'alimento migliore sono probabilmente i mirtilli.

È facile che per i genitori il quoziente intellettivo dei propri bambini diventi un'ossessione, ma non si tratta certo di un atteggiamento intelligente, e per più d'un motivo.

I test che misurano il QI valutano solo un particolare tipo di intelligenza. Non vi diranno niente sulla fantasia o sulla creatività di una persona. In secondo luogo, con la scuola i bambini cominciano fin troppo presto a esser messi sotto pressione. Nel 2008 le Nazioni Unite hanno criticato la Gran Bretagna per il fatto di essere la nazione che più di ogni altra al mondo sottopone a test i bambini. Infine, non esistono prove del fatto che possedere un QI elevato sia garanzia di un futuro grandioso.

Eysenck, che aveva molta fiducia nei test d'intelligenza e di personalità, mi disse di aver notato che molti membri del MENSA (un'associazione della quale si può far parte solamente se si ha un QI uguale o superiore a 140) non erano persone né particolarmente ricche, né di grande successo nella vita. La loro principale, e spesso unica, rivendicazione alla fama era quella di avere un QI elevato. Inizialmente Eysenck ne fu molto deluso, ma ho il vago sospetto che alla fine andò in brodo di giuggiole quando scoprì che il grande successo ottenuto nella vita da molti membri del MENSA era stato proprio riuscire a entrare nell'associazione (Cohen, 1994).

Il test del QI è necessario ma non sufficiente... e poi nemmeno così necessario. Per affermarsi nella vita ci vogliono personalità, perseveranza, modi alternativi di pensare. Se davvero siete preoccupati che vostro figlio sia un po' lento o perché resta indietro rispetto al resto della classe, fareste bene a farlo valutare come si deve da uno psicologo dell'educazione. Generalmente, affidarsi ai test fai-da-te non offre grandi garanzie.

Mille libri

I papà che vogliono aiutare i propri figli gli leggono dei libri. Oggi esiste una scelta sempre più ampia di libri per bambini, libri probabilmente meglio fatti e più intelligenti che mai, per quanto anche certi classici per l'infanzia, come i libri del Dr Seuss, siano ancora meravigliosi. Keesup Choe mi ha detto di aver iniziato a leggere a sua figlia al momento di metterla a letto quando lei aveva solo tre mesi. Adesso che la bimba ha ormai sei anni, la sera legge ancora per lei. Poco importa che sia un'attività educativa (e Keesup sa che lo è), perché è anche molto divertente.

Uno dei motivi per cui il Dr Seuss funziona molto bene per i bambini è che i piccoli amano le rime ed esistono parecchi studi che legano la propensione alla lettura alla capacità di creare e capire le rime.

Un gioco che i papà possono fare con i propri bimbi è il gioco delle rime. Niente di più impegnativo che dedicare ogni sera cinque-dieci minuti del vostro tempo a fare a vostro/a figlio/a domande come le seguenti, facendovi qualche risata insieme a lui/lei:

1. Quale tipo di tè beve il vostro scimpanzé?
   - Il tè fefè
   - Il tè bebè
   - Il tè pepè
2. Quale animale fa rima con «pane»?
3. Qual è la parte del corpo che fa rima con «festa»?
4. Completa i versi seguenti:
   A mangiare il gelato non si va
   se fai arrabbiare il tuo...

Tra le risposte alla domanda 2, «cane».
Tra le risposte alla domanda 3, «testa».
Tra le risposte alla domanda 4, «papà».

I papà devono essere disposti a ridursi all'infantilismo più assoluto. E questo è un momento ottimo per tirare fuori la macchina fotografica o la videocamera. Non perdetevelo. Fotografate i vostri bambini, poi fategli vedere le foto e commentatele insieme a loro. Non esistono ricerche che dimostrino quali effetti avrà questa cosa, ma è probabile che sia utile al formarsi di un legame tra voi e vostro/a figlio/a... soprattutto se il babbo si mette in testa un cappello ridicolo e fa le facce da fesso.

Autoanalisi 7
Ponetevi le seguenti domande:

Fino a che punto siete disposti a comportarvi in maniera infantile?

Che cosa c'è che vi preoccupa nel comportarvi come un bambino?

Avete pensato di discutere con la vostra compagna il fatto di fare la figura del perfetto idiota?

Se non ci avete pensato, fatelo adesso.

E questo a partire dall'asilo in avanti.

e scegliere una buona scuola materna

Per me e Aileen fu semplice trovare un buon asilo per i nostri figli. I nostri amici del piano di sotto avevano mandato i loro figli da Miss Sayer, che gestiva un asilo Montessori dietro St. Alfege's Church, a Greenwich. In quell'asilo Nicholas fece grandi progressi. Pagavamo intorno alle trenta sterline al mese. Un ottimo affare, anche se Miss Sayer aveva un amico immensamente ricco che sospettavamo fosse il finanziatore della scuola. Oggi il governo britannico si impegna a fornire dei posti alla scuola materna alla maggioranza dei bambini dai due anni in su.

Di conseguenza, esistono degli standard che dovrebbero facilitare ai genitori britannici la scelta dell'istituto giusto a cui affidare i propri figli. In Gran Bretagna gli educatori d'infanzia devono essere iscritti a un albo professionale. Asili e scuole materne che offrono servizi per bambini sotto i due anni dovrebbero occuparsi di non più di dodici bambini ciascuno. Metà del personale dovrebbe aver ricevuto una formazione adeguata, sebbene le linee guida non specifichino che genere di formazione. Gli educatori dovrebbero essere perlomeno uno ogni tre bambini sotto i due anni e uno per ogni quattro bambini di due anni. Basta una persona per ogni otto bambini nel caso in cui questi siano di età compresa fra i tre e i cinque anni.

È importante informarsi. Una domanda fondamentale da fare è con quale frequenza viene avvicendato il personale, perché ai bambini piccoli serve la stabilità.

Ponete questa domanda: ogni quanto cambiate il personale interno?

La legge britannica permette la presenza in pianta stabile di volontari non pagati nelle scuole materne, ma informatevi sul numero di volontari che potrebbero andarsene in ogni momento.

Informatevi anche sul curriculum del responsabile. Non credo faccia piacere scoprire che ha lavorato nell'alta finanza finché non è rimasto vittima dei tagli dovuti alla crisi.

Chiedete come sono organizzate le attività dei bambini. Queste dovrebbero includere delle fasi di riposo, ma anche molte opportunità di gioco.

Assicuratevi che ci sia un'area per il pisolino separata da quella destinata al gioco. Vedete se esiste anche un'area all'aperto dove i piccoli possano giocare in tutta sicurezza.

Quando il vostro bambino viene affidato a degli estranei, fate particolare attenzione a come si comporta quando è a casa. Se il bambino tutt'a un tratto si chiude in se stesso o appare spaventato, fatevi dire perché.

L'esperienza di Nicholas nell'asilo di Miss Sayer ha fatto di me un discreto fan del metodo Montessori. Maria Montessori credeva nell'importanza del gioco e dell'apprendimento attraverso il gioco. Non dico che le scuole materne Montessori siano le migliori, ma in genere sono di buona qualità. La maggior parte degli istituti Montessori è a pagamento, ma parecchi dei criteri che ho elencato e che i genitori dovrebbero valutare si applicano anche nel caso degli asili pubblici.

Durante il periodo passato all'asilo, di certo i miei figli hanno imparato a fare tre cose: come si gioca, come usare la fantasia e, ebbene sì, a raccontare frottole.

12

Bugie, giochi e fantasia: ma com'è che i bambini non sono bravi a dire bugie?

Forse Sigmund Freud era sulla strada giusta quando, nel 1908, scriveva «ogni bambino che gioca si comporta come uno scrittore creativo, ovvero costruisce un suo proprio mondo». Gli scrittori inventano dei personaggi e la stessa cosa fanno i bambini. Gli scrittori inventano anche dei mondi immaginari, come la Terra di Mezzo di Tolkien, e altrettanto fanno i bambini. Alcuni psicologi si chiedono perché e in quale modo la maggior parte degli adulti perda il dono della fantasia. Secondo Freud la capacità d'immaginazione si perde man mano che il bambino si allena per diventare un buon membro della società. Dalla perdita della fantasia si salva solo qualche artista.

Oggi i bambini vivono in un modo completamente diverso da quello in cui crebbero Freud e Piaget. Attraverso i media i piccoli sono esposti a informazioni, a influenze e a giochi in una maniera tale che la psicologia dello sviluppo sta imparando lentamente a comprendere. Karen Bartsch, un'esperta dei meccanismi del pensiero del bambino, mi ha spiegato che i bambini di uno-tre anni interagiscono in maniera più sociale rispetto al passato. I piccoli vanno all'asilo, non vivono in famiglie nucleari, fanno più giochi di simulazione; rispetto a un tempo, comunicano con molte più persone e in età più precoce.

In questo capitolo intendo fornire ai papà un'introduzione all'affascinante e complesso studio dei meccanismi grazie ai quali il bambino finge, mente e utilizza la propria immaginazione. Si tratta di un argomento di studi che ho sempre trovato intrigante. Mi piacerebbe poter dire che è perché non ho avuto compagni di gioco quando ero piccolo, ma, a dire la verità, quando vivevo in Israele mi piaceva molto giocare con le mie cugine più grandi, Lydia e Anita. Quale che ne sia il motivo, ho dedicato il mio dottorato a cos'è che fa ridere i bambini e ho trascorso ore a osservare gruppi di bambini durante il gioco; in seguito, all'inizio degli anni Novanta, ho conosciuto il dottor Stephen Mackeith, uno psichiatra con uno strano hobby: studiare i mondi immaginari inventati dai bambini. Mackeith ha raccolto più di cinquanta casi di studio di questo tipo.

Nella maggior parte dei capitoli di questo libro riporto studi compiuti da altri. In questo capitolo, però, c'è anche parte del mio lavoro.

Prima di mentire, i bambini inizieranno innanzitutto a fingere, ma considerato che gli studi sulle bugie infantili sono abbastanza semplici, comincerò proprio dalle bugie.

Le primissime bugie sono delle negazioni. Se chiedete a un bambino se ha picchiato il fratellino, lui risponderà: «No». Spesso i bambini si tradiscono perché accompagnano la bugia con una risatina nervosa. Stephen Ceci, professore presso la Cornell University, sostiene che ai bambini non piace mentire e questo fa sì che vengano traditi dal linguaggio del corpo. Accade spesso che i bimbi di tre e quattro anni si coprano la bocca con le mani quando raccontano una frottola. Atteggiamento simbolico e molto tenero, no? Una parte della coscienza dice al bimbo di tapparsi la bocca, perché la bocca non sta dicendo la verità!

La maggior parte dei cinquenni è più raffinata e si rende conto che quei furboni di mamma o papà potrebbero sgamarli. La gran parte dei bambini, tuttavia, lascia sempre trapelare un qualche segnale attraverso il linguaggio del corpo. Spesso, quando mente, il bimbo abbassa lo sguardo o evita il contatto visivo. Quando diciamo una bugia ci tradiamo perché non siamo bravi a nascondere l'ansia che accompagna l'atto del mentire.

Forza, di' una bugia per il tuo paparino!

Stephen Ceci sostiene che i bambini possono sentirsi a disagio quando devono dire una bugia, anche se si tratta di una bugia innocente o a fin di bene. Durante una conferenza da me ripresa, Ceci raccontò di quando dovette portare la sua bimba di cinque anni a trovare la mamma in ospedale. Il professore spiegò alla figlia che, se qualcuno le avesse chiesto l'età, lei avrebbe dovuto rispondere sei anni. Sotto i sei anni, i bambini non erano ammessi alle visite ai degenti.

Padre e figlia salgono su un ascensore. Un'infermiera li accoglie con un sorriso e chiede quanti anni ha la bimba.

«Ho cinque anni, ma lui mi ha detto di dire che ne ho sei», risponde la figlia del professore.

Ceci aveva anche orchestrato delle situazioni in cui la figlia avrebbe dovuto mentire per proteggerlo, per quanto non credo che il professore fosse molto convincente nel ruolo di criminale. La bimba lo aveva visto mentre rubava dei giocattoli e lui si era raccomandato con lei che non lo mettesse nei pasticci. Nel filmato di Ceci si vede come la bambina si sentisse a disagio: si muoveva nervosamente, esitava a parlare, evitava il contatto visivo, con il suo atteggiamento stava lasciando trapelare qualcosa. Però non tradì il papà, cercando coraggiosamente di mentire per lui. Secondo Ceci la lezione è chiara: i bambini mentono tanto quanto gli adulti, ma, nel complesso, sono meno bravi a dire le bugie.

E voi che credete di essere dei grandi detective perché vi accorgete quando vostro figlio vi sta mentendo! In realtà, dal lavoro di Ceci si evince che state solo reagendo a una serie di indizi e segnali platealmente evidenti. Dunque, non dovremmo illuderci di essere sempre certi di cosa stiano pensando i nostri belli di papà.

Autoanalisi 8
Ponetevi le seguenti domande:

Come reagite quando scoprite che vostro/a figlio/a vi sta mentendo?

Vi arrabbiate?

Cercate di spiegargli/le perché non si devono dire le bugie?

Pensate mai al modo in cui reagivano i vostri genitori alle vostre bugie?

Riuscite a ricordare qual è stata la vostra prima bugia?

Il signore delle mosche

Chiunque abbia letto *Il signore delle mosche* di William Golding sa quanto possano essere violenti i bambini durante il gioco. Un gruppo di ragazzini rimane bloccato su un'isola deserta; nel giro di qualche giorno, alcuni si ergono a leader e torturano i più deboli.

In un famoso «esperimento carcerario» che poi ha ispirato una serie della BBC, lo psicologo californiano Philip Zimbardo suddivise degli studenti in due gruppi, uno di prigionieri e l'altro di carcerieri, con l'intento di studiarne il comportamento. Dopo tre giorni, tuttavia, dovette interrompere l'esperimento perché le finte guardie si stavano comportando in maniera crudele nei confronti dei finti carcerati. Zimbardo mi ha confessato che oggi non potrebbe più ritentare quell'esperimento perché la ricerca è limitata da molti freni di ordine etico (Cohen, 2005). Il suo studio dimostra quanto è facile scordarsi dei confini che separano la realtà dalla finzione. Eppure è una cosa che i bambini imparano in maniera naturale, in quanto, entro i quattro anni di età, conoscono già questi limiti: quando si gioca non si possono picchiare i compagni perché colpire qualcuno tanto forte da fargli male non è più un gioco. Anche nel gioco esiste un limite da non oltrepassare.

Lo sviluppo del gioco

Trent'anni fa due psicologi americani, Curry e Arnaud, arrivarono alle seguenti conclusioni.

I bambini di due anni giocano con i giocattoli, ma non con altri bambini; spesso imitano gli altri bimbi, ma non possiedono le abilità sociali per giocarci insieme. A quell'età semplicemente non sono in grado di cooperare a sufficienza per poter giocare ai cowboy e agli indiani o a guardie e ladri.

A tre anni i bimbi cominciano a giocare insieme, ma con una certa discontinuità.

Curry e Arnaud scoprirono che i bimbi iniziano a giocare insieme una volta raggiunti i quattro anni: ormai sono sufficientemente attenti gli uni agli altri e sono in grado di giocare insieme perché consapevoli di ciò che un altro bambino può trovare gradevole o sgradevole (Curry e Arnaud, 1974).

I due ricercatori rilevarono inoltre che i bimbi di tre-quattro anni amano inseguirsi e, spesso, giocare a fare i mostri o i supereroi. Le bambine, invece, non giocano a Superman. I maschietti prediligono le armi, le femminucce le bambole. Non esistono molte prove che il modo di giocare dei bambini sia cambiato con il passare degli anni, e molti psicologi segnalano come negativo il fatto che gran parte dei giochi infantili sia troppo basato su stereotipi di tipo sessuale.

Buongiorno, buongiorno

Nel parco giochi di Greenwich ho osservato quale grado di complessità può raggiungere la finzione ludica. Ecco una scena a cui ho assistito: un bambino finge di versare qualcosa in una tazza e di offrirla a Daniel dicendo: «Certo, signore». Daniel ridacchia contento, quindi si infila sotto il tavolo nella casetta dei giochi, si rialza in piedi, si mette una tazzina in testa e dice: «Buongiorno, buongiorno». La tazza tintinna sul tavolo e Daniel ride. Un istante più tardi un altro bimbo, ridacchiando, finge di versare del tè in una tazza. A questo punto fa bere Jamie dal becco della teiera e attacca a ridere insieme a Daniel.

Un ottimo gioco sia per i bambini che per i genitori è quello in cui papà e figlio/a sgambettano sul pavimento imitando il barrito dell'elefante. È un modo eccezionale per creare un legame con vostro/a figlio/a e per scrollarvi di dosso lo stress dopo una dura giornata trascorsa nel cosiddetto mondo reale.

I giochi in cui si finge di far qualcosa o di essere qualcuno (giochi di simulazione) sono diventati un argomento molto dibattuto nell'ambito della psicologia, in quanto la capacità di fingere dà la possibilità al bambino di acquisire parecchie abilità di tipo sociale ed emozionale. È anche un modo per apprendere che non si è l'unico individuo sulla faccia della Terra.

La maggioranza dei bambini comincerà a mostrare in qualche misura di saper fingere già intorno ai quindici mesi. Alcuni psicologi, come Lorraine McCune-Nicolich, Judy Dunn e Paul Harris, si occupano dello sviluppo della simulazione nei bambini fin dagli anni Ottanta. In genere per prima cosa il bambino fingerà di compiere un'azione in cui manca però qualcosa di essenziale. Spesso fingono di mangiare anche se il cibo non c'è. Il bambino porterà il cucchiaio alle labbra facendo «gnam gnam» e aggiungendo un po' di effetto con il movimento della bocca.

Alison Gopnik, dell'università californiana di Berkeley, in certi punti usa un linguaggio quasi poetico, dote rara tra gli psicologi contemporanei. La studiosa si immagina (e perché gli psicologi non dovrebbero far ricorso alla fantasia, visto che stanno studiando proprio la facoltà immaginativa?) che il primo pensiero di un bambino di uno-tre anni possa essere: «La mamma mi ha dato questa paperella di plastica perché vuole che ci giochi». Il fatto è che una paperella può essere anche molto più di una semplice paperella, e così il piccolo si alza in volo verso un mondo fatato: «Questa paperella di plastica è un cigno fatato che mi porterà su una nuvola dove c'è un castello e io lassù sarò una principessa». Un'immagine davvero poetica.

Mimare un'azione è una facoltà che i bambini padroneggiano fin da piccolissimi. I piccoli si rendono conto che per compiere il gesto di bere non è necessario avere una tazza. L'azione mimata è spesso accompagnata dal riso, nonché da parole che denotano immaginazione. Gopnik (Gopnik *et al.*, 2001) ha osservato bambini che dicevano «mela» mentre facevano finta di mangiare una palla o «nanna» mentre sistemavano l'orsacchiotto sotto le coperte.

A diciotto mesi un bambino normodotato spesso farà finta di nutrire un'altra persona o una bambola, avvicinandole un cucchiaio vuoto alle labbra. All'inizio la bambola è soltanto un destinatario passivo; in seguito, però, la maggior parte dei bambini inizia a «dar vita» alla bambola. Il bambino adesso assume due ruoli: quello della persona che dà da mangiare e, quasi come farebbe un ventriloquo, quello della bambola stessa. Mentre dà la pappa alla bambola, il piccolo fa dei versi che stanno a esprimere le sensazioni della bambola.

Se la bambola trova gustoso ciò che sta mangiando, dice «gnam!».

Se la bambola invece non gradisce il cibo, dice «bleh!».

Non voglio sembrare un qualche filosofo francese, ma qui sono in gioco delle questioni complesse. Il bambino che porge del cibo a una bambola e fa «gnam» o «bleh» ha in qualche modo raggiunto la padronanza di una facoltà assai complessa. Cercherò di entrare nella testa del suddetto bambino. Il bimbo in questione «sa» di essere colui che offre il cibo alla bambola, ma sa anche che può essere allo stesso tempo la bambola animata che dice «gnam» o «bleh». È una capacità che denota un'enorme intelligenza e, considerato che quasi tutti fanno questo tipo di giochi, è un sollievo che i casi di sindromi da personalità multipla non siano più frequenti di quanto in effetti siano.

La prima simulazione che ho visto fare ai miei figli avvenne quando Reuben aveva diciotto mesi e si mise a correre per la stanza urlando: «Sono Batman!» Per contribuire all'effetto si era messo un mantello sulle spalle.

Mi chiesi se si rendesse conto di ciò che stava facendo. In un angolino della sua mente era perfettamente consapevole di non essere davvero Batman, come accadrebbe per un attore o per un bambino di sei anni? Non seppi rispondermi. Però non ebbi molti dubbi quando raggiunse i tre anni di età. Mentre ci correva intorno facendo Fantastic Man ero sicurissimo che non si stava identificando davvero con il supereroe di sua invenzione. Ad aiutarmi fu lo stesso

Reuben che, a una mia domanda, rispose che purtroppo tra lui e Fantastic Man c'erano delle differenze: lui non poteva volare e non possedeva i poteri magici, invece il suo supereroe sì.

A due anni Reuben era affascinato da Batman e adattava i suoi personaggi alle avventure dell'uomo Pipistrello. Due mesi più tardi era in grado di immaginarsi mentre si lanciava in un inseguimento, dicendo: «Superman... posso volare», per poi correre per il soggiorno. Spesso correva in cerchio per la stanza sostenendo di essere Aquaman o Fantastic Man. Il suo personaggio più originale era quello di un cetriolo volante; noi rimanevamo incantati dall'aerodinamico vegetale che sfrecciava avanti e indietro per la stanza.

Il prestigioso Max Planck Institute ha pubblicato uno studio sul gioco di simulazione (2005). Secondo i seguaci di Planck, i precoci esempi di giochi di simulazione da me descritti «possono essere considerati come la prima forma di effettiva intenzionalità collettiva nel processo di sviluppo ontogenetico, la quale comprende attività di cooperazione tra vari soggetti e persino una qualche forma embrionale di creazione congiunta di ruoli legati allo status». Be', sì insomma, avete presente il tipo di linguaggio che si dovrebbe usare per scrivere in maniera adeguata di psicologia dello sviluppo... Credo che questa frase significhi che quando i bambini compresi tra uno e tre anni giocano, questa è anche la prima volta che fanno qualcosa insieme, deliberatamente e con una certa misura di progettualità.

Insegnare giocando

I padri devono dedicare del tempo al gioco con i propri bambini anche quando questi non sono oggetto di uno studio scientifico. Io, se non altro, ero sempre disposto a fare la figura del perfetto idiota. Secondo Gaskins *et al.* (2007), i giochi dei bambini sono più complessi, più elaborati e più prolungati quando simulano in compagnia di un adulto che si occupa di loro piuttosto che quando lo fanno da soli. La ricerca aggiunge anche che « [i bambini] hanno utilizzato le idee suggerite dai genitori nel loro successivo gioco di simulazione ».

Un bimbo che gioca da solo magari può mettersi al volante di una macchina giocattolo, girandolo e imitando il rumore di un'automobile. Il genitore che si unisce al suo gioco può fingere di portarlo in gita, insegnandogli delle cose durante il percorso. Una cosa che i genitori fanno quando giocano insieme ai figli è introdurli alla propria cultura. I ricercatori hanno anche riscontrato delle differenze tra i cinesi di Taiwan e gli americani bianchi della classe media. Per questi ultimi i giochi di simulazione sono un'attività incentrata sul bambino. Per i genitori cinesi la consuetudine è avviare al gioco utilizzandolo per insegnare ai figli abitudini o routine sociali, come per esempio in quale modo salutare un ospite o un insegnante.

Lo studio si conclude sottolineando che per la maggior parte dei papà il prendere parte a un gioco di simulazione sembra avere « una stretta connessione con il divertimento che loro stessi ne possono trarre ». Per quasi tutte le mamme, invece, esso sembra riguardare « l'importanza che secondo loro ha per lo sviluppo del bambino ».

Alberoterapia

Molti uomini hanno difficoltà a lasciarsi andare e a fare gli scemi perché buona parte della vita ormai la passiamo a fare le persone serie. Avere un figlio ci dà la possibilità di giocare, e in più c'è l'incentivo di sapere che giocare probabilmente farà bene al nostro bambino. Imparate a rilassarvi. I bambini possono essere un modo meraviglioso per rilassarsi. Vi ho già consigliato di sdraiarvi per terra insieme ai vostri bebè e di scalciare insieme a loro. Quando vostro/a figlio/a è un po' più grande, fate con lui/lei il gioco degli alberi.

Non ci vuole molto per fare l'albero: aprite le braccia e state fermi.

A questo punto annunciate con voce teatrale: «Io sono un albero!»

Forse vostro/a figlio/a scoppierà a ridere, ma voi avvertitelo/a che anche lui/lei deve fare l'albero. Potete anche essere degli alberi parlanti che dicono cosa vedono intorno a sé. O magari degli alberi vecchissimi, così l'albero-papà, che è più vecchio e più saggio, potrà dire ogni genere di scempiaggini, come per esempio: «Con il mio occhio da albero spio i cavernicoli che stanno in mezzo alla giungla».

Guardatevi allo specchio e ripetetevi che a volte fa bene essere ridicoli.

Babbo Natale esiste, ma non del tutto

Quando una bimba ha meno di tre anni, il suo papà può tranquillamente fare il buffone con lei come farebbe con un maschietto. Prima o poi, però, vostra figlia sarà troppo grande per divertirsi quando le fate il verso dell'elefante, e forse non sapete come si gioca con le bambole... Questo potrebbe essere il momento giusto per imparare a fare cose nuove. Una cosa banale è insegnare a vostro figlio, maschio o femmina che sia, a cucinare. Potete giocare ai soldatini con vostro figlio e vestire con abiti d'epoca le bambole di vostra figlia e giocarci insieme a lei.

Rispetto a quanto si pensava un tempo, a quanto pare i

bambini comprendono molto di più di ciò che potremmo chiamare «la grammatica della simulazione». Harris faceva parte anche di una équipe che studiava la comprensione dei meccanismi di simulazione nei bambini compresi tra i 17 e i 57 mesi di età (Kavanaugh e Harris, 2003). Alcuni bambini davano segno di comprendere il concetto già a diciotto mesi.

A ventinove mesi la maggior parte dei bambini era in grado di capire la «struttura della simulazione»: se gli sperimentatori versavano per finta del tè su una papera, i bambini dicevano che la papera era bagnata anche se non era stata versata una goccia di tè e la papera era completamente asciutta. I bambini afferravano sia il gioco che la sua grammatica, e pertanto dicevano che adesso la papera era bagnata. Qualche mese più tardi i bambini si rendevano conto che, così come potevano far finta loro, anche una bambola poteva fingere che la papera fosse bagnata. I bambini potevano addirittura far fingere la bambola. Considerato che nella società la simulazione è considerata una cosa stupida, è strano che appaia come un'attività di importanza vitale per lo sviluppo socio-cognitivo. In un momento indeterminato compreso fra i tre e i quattro anni di vita, il bambino che è in grado di fare i giochi di simulazione che ho descritto fa un improvviso salto in avanti.

Di recente Harris ha condotto una simpatica ricerca in cui mostrava una scatola a un bambino di tre anni chiedendogli di immaginare che dentro vi vivesse un mostro. Il bimbo non ha avuto alcun problema nel fare ciò che gli era stato chiesto, ma sapendo che gli psicologi sono dei tipi nervosi, ha rassicurato Harris che era tutto per finta e che se avessero aperto la scatola non sarebbe saltato fuori nessun mostro. Specie con tutte le cose che vedono sui media, i bambini piccoli sono molto svegli quando si tratta di cogliere le sfumature dell'immaginazione.

Woolley e i suoi colleghi (Sharon e Woolley, 2004) sostengono che i bambini hanno una concezione sorprendentemente raffinata delle creature fantastiche. La maggioranza dei bimbi compresi fra i tre e i cinque anni crede a Babbo Natale e al coniglietto pasquale, però alcuni sono più prudenti e sostengono che non ne sono sicuri o che non sanno se esseri di fantasia come i draghi e le fate esistano davvero.

Secondo Woolley, forse i bambini piccoli possiedono una categoria del «più o meno reale» che utilizzano quando pensano agli esseri di fantasia. E apprendono anche qualcosa che gli esperti della truffa sanno da secoli.

Fateli ridere, fateli sbellicare

Senza che nessuno glielo spieghi, molti bambini scoprono un'abilità tipica degli adulti, ovvero che se riesci a far ridere qualcuno a volte puoi farla franca; certo non se hai commesso un omicidio, ma in parecchi casi in cui ti sei comportato male, sì. Ho osservato questo fenomeno anche nei miei figli, intorno ai due o tre anni. Ma non sono stato certo il primo che se ne è accorto. Lo psicologo britannico James Sully notò che suo figlio, all'età di due anni e un mese, dopo aver combinato qualche guaio tentava spesso di farla franca ridendo. Il piccolo Sully «cominciò a dimostrare di essere un autentico ribelle nei confronti dell'autorità paterna». A volte picchiava i genitori e poi «faceva seguire al gesto sacrilego una risata irriverente» (Sully, 1912). Anche Nicholas è stato uno spirito malandrino.

Quando aveva tre anni e nove mesi, sovente mio figlio si inventava dei giochi per ritardare il momento di andare a letto. Prima provava con un semplice «no». «Non voglio», diceva, e rideva. Poi si metteva il sopra del pigiama al contrario. Rideva di nuovo, indossava i pantaloni e girava su se stesso come una trottola. «Piantala» dicevo io, ma lui insisteva: «Ma è divertente».

Nicholas era capace di compiere «atti sacrileghi» proprio come il piccolo Sully. Spesso rideva quando si accorgeva che mi stavo innervosendo, oppure mi sfidava mettendosi in bocca delle monete, lavandosi i denti con lo spazzolino del fratello o compiendo altri atti di ribellione. A volte era veramente buffo e riuscivo a stento a trattenere le risate. Una volta lavò i piedini di suo fratello con lo spazzolino, convintissimo, dall'alto della saggezza dei suoi tre anni, che se la sarebbe cavata più facilmente se fosse riuscito a farmi ridere.

Il mio bambino è una persona reale... e ora che faccio?

Fra i tre e i cinque anni, i bambini scoprono che le altre persone hanno altre idee, altri sentimenti e (cosa che i filosofi chiamano «altre menti») il senso dell'esistenza di altre persone. Io non sono te, tu non sei me. Solo trentasei mesi fa erano una «confusione brulicante e ronzante», ora sono quasi una persona.

Gli psicologi hanno analizzato il momento in cui i bambini iniziano a dire di credere, di sperare, di gradire, di volere, quelli che tecnicamente sono definiti stati mentali. Non si può osservare uno stato mentale, perché è qualcosa di interno alla nostra mente. Lo stato mentale si rivela con quello che il bambino dice e fa; per esempio, quando i bambini piccoli cominciano a usare verbi che esprimono degli stati mentali. Quando un bimbo di uno-tre anni dice «voglio», «penso», «credo», «spero», «sogno», «mi piace» e via dicendo, noi ne deduciamo che il piccolo stia dando voce al fatto che sta attraversando lo stato mentale corrispondente di volontà, convinzione o desiderio.

Presso l'Università del Michigan, Henry Wellman e Karen Bartsch hanno analizzato circa duecentomila conversazioni tra bambini, genitori e altri adulti (Bartsch e Wellman, 1995). Ai genitori molte delle conversazioni con bimbi di quattro anni registrate dai due studiosi sembreranno familiari. Eccovi uno dei dialoghi. Le cifre separate dal punto (per esempio 3.10) indicano rispettivamente gli anni e i mesi di età (cioè 3 anni e 10 mesi).

Ross (3.10): Leslie mi fa arrabbiare.
Adulto: Come mai?
Ross: Lei pensa che una cosa è stupida. Ma io penso che non è stupida proprio per niente.
Adulto: Ah, non vi trovate d'accordo.
Ross: U-uh. Lei pensa che la sua collanina era stupida.
Adulto: Pensava che fosse stupida?
Ross: Sì. Ma secondo me non era stupida.

Ross capisce che Leslie ha una sua opinione, e ciò che pensa Leslie non è ciò che pensa Ross. Quando l'adulto fa delle domande difficili, Ross dà una spiegazione adeguata della situazione: lui e Leslie la pensano diversamente riguardo alla collanina.

Mi piacerebbe, voglio, mi piace, secondo me

I bambini esprimevano a parole i propri desideri già a partire dai diciotto mesi. Eve e Mark, entrambi di diciotto mesi di età, sono stati i primi a usare espressioni come «voglio». Presto, le chiacchierate crescono di complessità. Abe (2.5), dopo aver sentito la mamma che chiedeva al papà se gli era piaciuto il muffin ai mirtilli rossi, ha detto: «Voglio un muffin ai mirtilli. È buono». Naturalmente, questa rappresenta una spiegazione psicologica: Abe vuole un muffin ai mirtilli perché trova buoni i muffin ai mirtilli. La maggior parte dei bambini di tre anni è in grado di esprimere voglie e desideri in una maniera «corretta».

Circa un'espressione su 40 aveva a che fare con dei desideri, mentre solamente una su 120 riguardava pensieri o convinzioni. Ciononostante, a tre anni e cinque mesi ormai tutti i bambini avevano espresso in qualche modo i propri convincimenti.

Con sorpresa ancora maggiore, Wellman e Bartsch hanno rilevato che alcuni bambini iniziavano a parlare di ciò che pensavano già da piccolissimi, come dimostra il dialogo seguente.

Adam (2.11): Sto... pensando.
Adulto: Stai pensando?
Adam: Sì.
Adulto: E a cosa stai pensando?
Adam: Alla foglia.

Man mano che il loro linguaggio riguardo a sensazioni, pensieri e convinzioni si fa più complesso, i bambini di età compresa fra uno e due-tre anni iniziano anche a comprendere che le altre persone sono, per l'appunto, altre da loro. Io sono io e tu sei tu. Piaget diceva che i neonati non si rendono neanche conto di avere le dita dei piedi o di dove sia il confine del loro essere. Adesso il bambino sa che le altre persone provano e pensano altre cose. Freud si stupiva nel constatare quante cose, e con quale velocità, imparasse il «piccolo essere primitivo».

Bartsch e Wellman evidenziano, a proposito della teoria del «pensiero dell'altro», tre distinti stadi di sviluppo.

Prima di avere raggiunto l'età di 2.0, i bambini non dicono «vorrei», «voglio» e simili.

Entro l'età di 3.0, aumentano di molto le probabilità che il bambino esprima a parole i propri pensieri.

Entro l'età di 4.0, è assai probabile che i bambini parlino dei pensieri e dei desideri altrui, usando i termini «pensare» e «volere» in maniera appropriata per descrivere il comportamento di un altro individuo. Ciò è in contrasto con l'affermazione di Piaget secondo cui i bambini continuano a essere egocentrici fino ai sette anni. Esistono prove che dimostrano che a quattro anni il bambino inizia a vedere le cose dal punto di vista degli altri, e capisce che gli altri possiedono una testa e dei pensieri distinti dai suoi.

Se gli altri hanno ognuno la propria testa, allora queste teste produrranno dei pensieri distinti da quelli della propria, e persino un punto di vista diverso. Esattamente come è importante definire quando è che il bambino inizia a possedere una propria volontà, di cruciale rilevanza è anche sapere quando è che il bambino si rende conto dell'esistenza di altre menti pensanti intorno a lui. Esiste una ricerca che è diventata quasi uno standard: lo studio delle false credenze.

A un bambino vengono mostrati due bambolotti, John e Sally. Il bambolotto John nasconde un oggetto dietro un divano. In seguito la bambola Sally viene fatta uscire dalla stanza. Mentre Sally è fuori dalla stanza, l'oggetto viene tenuto nascosto dentro una scatola. Il bambolotto John ha visto cosa è successo, per cui sa dove si trova adesso l'oggetto: non dietro il divano, bensì dentro la scatola, fatto che la bambola Sally ignora. Logica vuole che, al suo rientro nella stanza, Sally dovrebbe essere convinta che l'oggetto si trovi ancora dietro il divano. I bambini sotto i tre anni di età non capiscono che John sa qualcosa che Sally invece ignora, cioè che l'oggetto è stato spostato. Sally, del resto, non lo sa perché l'oggetto è stato spostato mentre lei era fuori dalla stanza. I bambini con meno di tre anni a cui si chiede di dire dove cercherà Sally rispondono che la bambola guarderà dentro la scatola. Non afferrano che la bambola non ha alcun motivo di guardare dentro la scatola, dato che l'ultima cosa che ha visto è stata che l'oggetto veniva nascosto dietro il divano.

Fra i tre e i quattro anni, tuttavia, si compie un enorme cambiamento, e la maggior parte dei bambini capisce che, dal punto di vista di Sally, la cosa che ha più senso è andare a cercare l'oggetto nell'ultimo posto in cui lo ha visto (cioè dietro il divano): a tre anni il bambino comincia a «entrare» nella testa di Sally. È decisamente logico che Sally guardi dietro il divano, perché è lì che ha visto mettere l'oggetto. E non ha rilevanza il fatto che esso sia stato spostato mentre la bambola era fuori dalla stanza. Per quanto errata, la sua convinzione è logica; secondo una ricerca, questo viene capito dal 94 per cento dei bambini di quattro anni (Joseph e Tager Flusberg, 1999).

L'autismo

Niko Tinbergen, vincitore di un premio Nobel per i suoi studi sul comportamento animale, sviluppò un interesse nei confronti dell'autismo perché all'interno della sua famiglia allargata c'era un bambino affetto da questa sindrome. A Tinbergen spesso i bambini autistici davano l'impressione di comportarsi come animali impauriti. Lo scienziato scoprì che sovente questi bambini cercano rifugio in bizzarre attività di rimozione che richiamano alla mente degli uccelli su una gamba sola o uno struzzo che nasconde la testa sotto la sabbia. Tinbergen mi spiegò che un contatto visivo troppo prolungato suscita spavento in alcuni bambini vulnerabili. E, proprio come gli struzzi, reagiscono con un comportamento bizzarro, che, naturalmente, in realtà non serve a niente.

Oggi si sa molto di più dei sintomi dell'autismo. Il best-seller *Lo strano caso del cane ucciso a mezzanotte* (Haddon, 2003) ha offerto un eccellente contribuito alla comprensione del modo di ragionare e dei sentimenti dei bambini autistici. Purtroppo tra i bambini si è anche registrato un forte aumento dei casi di autismo, e di una forma più lieve di autismo, la sindrome di Asperger. Non è però chiaro se si tratti di un aumento effettivo di casi, o semplicemente se sia aumentato il numero dei genitori che riportano problemi nei loro figli. «Studi recenti suggeriscono che i bambini autistici sono sottoposti a un eccesso di stimoli; il cervello di un bambino autistico è troppo aperto agli stimoli e di conseguenza si chiude nei confronti dell'esterno» (Baron Cohen, 2008). Ciò richiama in parte le teorie di Tinbergen.

Per i genitori che hanno l'impressione che il loro bambino non abbia uno sviluppo normale il problema è cosa andare a cercare. Ho già detto come essere genitori possa essere un'esperienza terrificante. Da un po' di tempo un mio amico ha il timore che il figlio mostri dei sintomi di autismo e sta cercando di trovare una consulenza adeguata su quali siano effettivamente i sintomi con cui si manifesta questa sindrome. Lui e sua moglie si sono trovati di fronte a un problema molto particolare: la scuola del figlio non vede l'ora che al bambino venga diagnosticato l'autismo, perché questo significherebbe maggiori finanziamenti per l'istituto.

Nel luglio del 2000 il *Journal of the Royal Society of Medicine* pubblicò un elenco di diciotto sintomi riferibili a quelli che oggi vengono spesso definiti «disturbi dello spettro autistico». È importante insistere sul termine «spettro», perché alcuni bambini affetti da tali disturbi sono soggetti molto difficili da trattare, mentre altri sono gestibili molto più agevolmente. Non esiste una maniera consolante per descrivere l'autismo.

Tra i segni dell'autismo (segni è un termine più delicato del troppo medico «sintomi») compaiono difficoltà nell'instaurare un appropriato contatto oculare, posture del corpo e gesti strani quando il soggetto interagisce con altre persone. I bambini autistici hanno difficoltà a instaurare rapporti con altri bambini e possono reagire in maniera bizzarra all'espressione dei sentimenti altrui. Per esempio, non mostrano o porgono oggetti con cui altri individui potrebbero giocare. Alcuni soggetti hanno abitudini e riti compulsivi, compiono ossessivamente gesti ripetitivi, per esempio il bimbo agita o ruota le dita o le mani oppure compie dei movimenti strani col corpo.

I bambini affetti da autismo generalmente hanno problemi di linguaggio, che alcuni compensano ricorrendo ai gesti o alla mimica. Ciò può indurre le persone a tentare di instaurare una comunicazione ricorrendo alla gestualità, ma molti bambini – e parecchi genitori – non sono affatto d'accordo.

Infine, c'è quello che è diventato un settore cruciale della ricerca sull'autismo. Si ritiene che i bambini autistici non possiedano i neuroni specchio posseduti dalla maggior parte dei bimbi e che questo fatto si ripercuota sulla loro capacità di giocare, in quanto il gioco presuppone l'imitazione. Non fanno giochi di simulazione perché sovente la simulazione implica il saper anticipare le azioni dei compagni: non posso giocare agli indiani se non ho idea, oppure se non mi interessa niente, di ciò che farà il cowboy.

Tuttavia, oggi è possibile farsi aiutare, e in maniera più efficace di un tempo. Se il vostro bambino vi dà l'impressione di non rispondere in maniera normale alle situazioni sociali, rivolgetevi al medico di famiglia, ma non mancate di chiedere una consulenza anche alla National Autistic Society che gestisce un numero verde di assistenza e fornisce in tutta la Gran Bretagna un servizio di informazioni generali per i soggetti affetti dai cosiddetti «disturbi dello spettro autistico» nonché una linea di assistenza per genitori gestita in maniera volontaria da altri genitori di bambini autistici*.

Mio padre, una schiappa di elettricista

Ritengo che i genitori abbiano maggiori probabilità di aiutare in maniera intelligente i figli se ne comprendono, come ha suggerito Kagan, la particolare conformazione della mente.

Ritorno di nuovo a un caso personale. Mio padre era molto portato per le lingue. Parlava francese, inglese, ebraico, arabo, un po' di tedesco e un po' di turco. Era in grado di citare lunghi brani tratti dalla Bibbia o dal Corano. Dall'altra parte, se gli chiedevi di aggiustare una spina, non c'era verso! Ci scommetterei che non ha mai usato un cacciavite in vita sua. Non imparò mai a guidare. Uno degli episodi più comici della sua vita risale a quando gestiva un sandwich bar in Oxford Street. Era in grado di tenere un dibattito su come il conte di Sandwich aveva inventato il panino imbottito e di citare i passi di *L'importanza di chiamarsi Ernesto* in cui Oscar Wilde parlava del sandwich coi cetrioli, ma se si trattava di prepararlo, il sandwich... Non si può chiedere l'impossibile a un uomo che sa recitare i dieci comandamenti in sette lingue!

* In Italia esiste una serie di associazioni locali o nazionali ma, a quanto pare, non un coordinamento nazionale e ufficiale attraverso il ministero della Salute. [*N.d.T.*]

Ho ereditato un po' della mancanza di spirito pratico di mio padre. Mentre stavo scrivendo un libro sui test psicologici, decisi di affrontare il Columbia Driving Skills Test, uno degli esami più autorevoli che esista, la prova del nove per la valutazione delle proprie abilità alla guida. Lo superai brillantemente.

L'unico problema era che a diciassette anni ero stato bocciato all'esame di guida, fatta eccezione per il codice stradale, che avevo imparato a memoria. Stavo prendendo lezioni in attesa di affrontare il secondo test, quando feci un'esperienza di quelle che ti cambiano la vita. Il Comune di Guildford fece un frontale con la mia automobile. Evidentemente il Comune stava correndo troppo. Così abbandonai ogni ambizione di diventare un guidatore.

Sono parecchie le persone che hanno dei «buchi» nel cervello dove le sinapsi non sono ben collegate. Quasi settant'anni fa, nel suo *The Normal Child*, C.W. Valentine (1942) confessava di avere poca memoria per i nomi. Non riusciva nemmeno a leggere l'alfabeto greco, fatto considerato una vergogna per un uomo istruito a quei tempi. Citava il caso di bambini che avevano un QI di circa 150 (cioè al vertice corrispondente all'1 per cento della popolazione) che però non erano in grado di riconoscere nemmeno una melodia. Invece sapeva del caso di un bambino normalissimo che, all'età di due anni, sapeva cantare sessantatré melodie diverse.

Una delle cose gradevoli del libro di Valentine è che si capisce che si divertiva moltissimo con i suoi bambini. Si tratta di un libro ancora oggi affascinante e che vale la pena leggere. Valentine era consapevole che per essere un buon padre bisogna giocare il più possibile con i propri figli. Cercate il bambino che è dentro di voi, il bambino che è allo stato quiescente da molto tempo, il fanciullo che alberga in voi e che farà di voi dei padri migliori.

13

Il sesso e i bambini

Finora questo è stato un libro adatto a tutta la famiglia. Il prossimo paragrafo, invece, è vietato ai minori di 18 anni.

«Io so cos'è il sesso orale» dice la ragazzina sull'autobus numero 135. Ha sì e no tredici anni e indossa l'uniforme di una scuola cattolica di Stepney.

«Davvero?» le chiede una delle amiche, scettica.

«È quando si parla di sesso».

Le compagne non ridono. Sono imbarazzate, e il loro imbarazzo cresce quando si accorgono che sto sentendo tutto. Una di loro scuote la testa e fa segno all'amica di avvicinarsi. Quindi le bisbiglia la verità. Oh, quanto avrei voluto poter filmare l'espressione scioccata sul volto della ragazzina mentre si rendeva conto di, per così dire, non sapere un cazzo!

Quando Freud disse che i bambini provano delle sensazioni di tipo sessuale, la rispettabile Vienna del 1900 rimase di sasso per lo shock. Mamme e papà devono sapere cosa può dirci la psicologia sui bambini e la sessualità per un paio di motivi: ciò farà di noi un genitore migliore, più sensibile... e poi il caso vuole che sia un argomento interessante!

Il complesso di Edipo

Edipo rappresenta tutti i bambini maschi, sosteneva Freud, tutti gli uomini. La storia è sconvolgente. Edipo arriva a Tebe, città che è stata devastata dalla peste. Gli oracoli dicono che la pestilenza avrà fine solo quando qualcuno risolverà l'enigma della Sfinge, il quale recita: cos'è che prima cammina con quattro zampe, poi con due e infine con tre? La risposta è l'essere umano. Il bambino piccolo va carponi, l'adulto sta ritto sulle due gambe, mentre da anziani abbiamo bisogno del bastone e così le nostre gambe diventano tre.

Edipo risolve l'enigma, diviene il nuovo re e sposa Giocasta, la vedova del re Laio, che è stato assassinato.

Per dodici anni tutti prosperano. Poi, però, scoppia di nuovo la peste e il fratello di Giocasta, Creonte, annuncia che l'epidemia cesserà solo se l'assassino di Laio verrà esiliato. Edipo manda a chiamare l'indovino cieco Tiresia per scoprire chi sia il colpevole. Trattandosi di un mito, l'uomo cieco è destinato a vedere più degli altri, perché possiede la vista interiore.

Tiresia non vuole parlare, ma Edipo insiste. Alla fine l'indovino rivela che è stato proprio Edipo a uccidere Laio, e dunque il re è destinato all'esilio. Salta fuori l'orribile verità: in effetti Edipo aveva ucciso Laio all'incrocio di tre strade, ma solo perché convinto che il re fosse un ladro. E il peggio deve ancora arrivare: tanto tempo prima, a causa di una profezia, la regina Giocasta aveva affidato il figlio a un pastore dicendogli di portare il bimbo sulle montagne e di lasciarlo morire lì. Quando viene convocato, il pastore confessa di avere risparmiato la vita al bambino. Edipo è il figlio di Giocasta ed è stato lui a uccidere Laio, suo padre, all'incrocio di tre strade. La conseguenza è che per tutti la vicenda si conclude tragicamente. (Del resto, si tratta di una tragedia greca...)

Giocasta si impicca. Edipo si cava gli occhi, poi abbandona la sua terra. Secondo Freud il mito affrontava poeticamente una verità universale: Edipo aveva fatto ciò che inconsciamente vorrebbe fare ogni bambino.

Freud notò che i suoi pazienti si opponevano alla verità, perché le implicazioni di questa sarebbero state per loro intollerabili. Scriveva il padre della psicanalisi: «Quando io insisto con i miei pazienti sulla frequenza dei sogni edipici, in cui il sognatore ha un rapporto sessuale con la propria madre, essi rispondono spesso: 'Non ricordo di aver mai fatto un sogno simile'» .

Ma le negazioni non duravano a lungo. Il paziente tipico cominciava a quel punto a fare «qualche altro sogno poco chiaro e indifferente». Quando Freud li analizzava, presto saltava fuori che si trattava di «un sogno con lo stesso contenuto, ancora una volta un sogno edipico». Difese e negazioni non funzionavano: la mente conscia controlla, censura, smorza, mente a se stessa, falsifica, inganna, fuorvia, ma non può modificare le crude verità dell'inconscio. «I sogni mascherati di rapporti sessuali con la madre del sognatore sono molto più frequenti di quelli manifesti», sosteneva Freud.

Freud era consapevole che insinuare che uomini e donne rispettabili avessero fantasie incestuose sui propri genitori poteva rendere la psicanalisi invisa a molta gente, ma lui doveva dire la verità. Nei nostri sogni siamo tutti dei parricidi e seduttori di nostra madre. Il complesso di Edipo è stato argomento di molte polemiche. Freud sosteneva che l'unico modo che i bambini hanno per far fronte a questi conflitti inconsci è reprimere la propria sessualità: questo avviene intorno ai sei anni, dopodiché i bambini entrerebbero in quella che lui chiamava la «fase di latenza», divenendo asessuali. La fase di latenza permette ai maschietti di risolvere il complesso edipico tramite l'identificazione con il proprio padre. Il papà saggio che è consapevole di questo fenomeno passa del tempo insieme al proprio figlio. Babbo e figlio rafforzano il legame reciproco facendo delle cose insieme. Se papà è un eroe e la mamma è «sua» e io sono come lui, allora in qualche modo la mamma è anche «mia». Il prezzo che devo pagare (almeno per il momento) è smettere di essere una creatura sessuata.

Sì, ma i padri e le figlie? Sul rapporto padre-figlia Freud scrisse molto meno, in parte perché – come sospettano alcuni – il fondatore della psicanalisi si sarebbe sentito in colpa per aver analizzato anche la figlia Anna, una cosa fuori dall'ordinario e che oggi verrebbe considerata assolutamente contraria all'etica. In seguito, uno psicanalista disse che capiva la tentazione in cui era caduto Freud, perché in effetti il desiderio dei padri è spesso quello di essere, e di continuare a esserlo fino alla morte, l'uomo intorno a cui ruota la vita delle proprie figlie.

Come nel caso dei maschi, anche con le figlie femmine il trucco è amarle e poi lasciarle andare. Freud ci riuscì con due delle sue figlie, ma mai con Anna, che considerava la più intelligente. Accompagnò alla porta il primo uomo che chiese la sua mano e nessun altro ebbe nemmeno la possibilità di provarci. In quanto al rapporto padre-figlia, Freud non è esattamente l'esempio migliore.

I papà dovrebbero farsi coinvolgere in ogni genere di attività insieme alle loro bimbe. Ho già discusso di come in genere maschietti e femminucce si dedichino a giochi di tipo diverso. Poiché i bambini tendono ad assumere comportamenti sessuali sempre più precocemente, è probabile che un papà si ritrovi a dover gestire una bambina di otto anni che voglia andare a far compere o che cerchi di truccarsi. Dal momento che la maggior parte degli uomini odia ıopping, pensate ad altre cose da poter fare con vostra ng..a, e convenite con sua madre che otto anni è l'età giusta per dipingersi la faccia piuttosto che per mettersi il rossetto.

Alcuni semplici suggerimenti su cosa fare insieme a vostra figlia:

Sono sempre di più le bambine a cui piace andare a giocare a pallone.

Portatela al museo o al cinema.

Non insistete perché faccia con voi delle cose tipiche da uomo. Difficilmente la vostra bimba di dieci anni si dimostrerà interessata alle auto d'epoca, però potete arrivare a un compromesso: voi la accompagnate a vedere abiti o costumi d'epoca, dopodiché lei vi accompagnerà a vedere le vostre automobili d'epoca.

Molte bambine adorano andare a cavallo. È un'attività abbastanza costosa, ma come trattamento speciale per il suo compleanno potreste regalarle delle lezioni di equitazione e andare a vedere come se la cava.

Educazione sessuale

Non ho viaggiato abbastanza sugli autobus olandesi per sapere se anche da quelle parti i ragazzini hanno un'idea tutta sbagliata del sesso orale, ma attualmente il governo britannico sta guardando con interesse a ciò che dicono gli esperti olandesi e scandinavi riguardo all'educazione sessuale. Devo confessare che alcuni aspetti dell'educazione di stampo progressista tendono a tirare fuori lo scettico che c'è in me.

Nell'ottobre del 2008 il governo britannico annunciò che stavamo per fare «all'olandese»: nelle scuole inglesi dovrebbero essere introdotte lezioni obbligatorie sul sesso e sui rapporti amorosi. Ai bambini di cinque anni verrebbero insegnati i rudimenti della biologia. «Non intendiamo dire che ai bambini di cinque o sei anni si deve insegnare cos'è il sesso», ha dichiarato con stile impeccabile durante una conferenza stampa Jim Knight, il ministro dell'istruzione e del sistema scolastico britannico. «Stiamo dicendo che è necessario migliorare in particolare l'educazione alle relazioni, migliorare la base e la percezione della morale perché sarà su queste che in seguito, nelle fasi successive dell'educazione del bambino, si parlerà di sessualità».

Simon Blake della fondazione benefica per la salute sessuale Brook era fuori di sé per la gioia; secondo lui era «assolutamente fantastico» che il sesso entrasse a far parte del programma scolastico nazionale. In questo modo i bambini potrebbero abituarsi a trattare senza imbarazzi i fatti della vita. Tuttavia, non tutti hanno dimostrato altrettanto entusiasmo. Un sondaggio tra i genitori ha rilevato che parecchi di loro erano convinti che i bambini di cinque anni abbiamo di meglio da fare: il 64 per cento dei genitori riteneva che l'educazione sessuale dovesse essere rimandata perlomeno fino agli undici anni di età. Poco più di un terzo degli intervistati (il 36 per cento) dichiarava che a loro parere i bambini dovrebbero essere istruiti sulla contraccezione solo a partire dai tredici anni. Nessuno si azzardava a fare domande sullo scottante argomento affrontato sul bus 135.

A quanti anni il sesso orale dovrebbe entrare nei programmi di studio?

Il ministero dell'Istruzione si prefigura un magnifico programma di studi; i bambini impareranno anche a gestire le relazioni, diritti e responsabilità, metodi contraccettivi, gravidanza, infezioni a trasmissione sessuale e comportamenti a rischio. I bambini britannici diventeranno più maturi, avvicinandosi ai coetanei olandesi e svedesi. Calerebbe anche il numero delle gravidanze tra le adolescenti, problema questo che preoccupa molto il governo. È una preoccupazione giustificata, perché sembra che esista un forte legame tra le gravidanze in età adolescenziale e i problemi di salute mentale. Da una ricerca è emerso che un quarto delle adolescenti che hanno avuto un bambino soffre probabilmente di un qualche disturbo psichiatrico. Uno studio condotto su ragazze con disturbi del comportamento ha evidenziato che un terzo di esse rimaneva incinta prima dei diciassette anni.

Recentemente, è stato condotto uno studio in merito a cura del Trust for the Study of Adolescence, grazie al quale sono stati raccolti dei casi interessanti. Secondo Bethany Cole, studentessa sedicenne di Buckingham, nelle scuole si dovrebbe fare più educazione sessuale:

> «La maggior parte della gente che conosco io non ha ancora fatto sesso o non l'ha fatto prima dei sedici anni. Non si preoccupano se infrangono la legge, tanto pensano che non lo scoprirà mai nessuno. Ho degli amici che fanno battute sul sesso e dicono che 'l'hanno fatto', ma secondo me si tratta solo di sbruffonate da maschi. Sì, io e le mie amiche parliamo di sesso, per esempio se una ha fatto sesso per la prima volta con un nuovo ragazzo, oppure per chiederci se può prendersi una malattia sessualmente trasmessa per qualcosa che ha fatto nel weekend. Ma i miei amici sono molto responsabili e, per esempio, usano il preservativo».

Un'educazione sessuale adeguata servirebbe a far diminuire i casi di gravidanza fra le adolescenti e di contagio da malattie veneree.

Altrettanto importante è che i bambini abbiano nozioni sulla sessualità per la loro stessa incolumità, considerata la preoccupante piaga degli abusi sui minori.

L'abuso sui minori

Alcuni psicologi, come Carl Rogers, fondatore della psicoterapia umanistica, già negli anni Trenta del Novecento erano consapevoli dell'esistenza di casi di abuso sessuale su bambini e pertanto cercavano di far sì che dottori e assistenti sociali si accorgessero di quando ciò era avvenuto. Rogers, tuttavia, non ottenne grandi risultati. Nel 1975 la giovane assistente sociale Julia Ross rimase sbalordita quando una sua paziente quindicenne le confessò che non sopportava il fatto che suo padre volesse sempre toccarle il seno. Per molto tempo non abbiamo voluto vedere, in parte perché l'abuso sessuale su minori è un fatto scioccante, in parte perché spesso gli esperti hanno formulato nella maniera non appropriata le domande da fare ai bambini.

Nel 1980 Stephen Ceci, lo psicologo che insegnò a sua figlia a mentire con dubbi risultati, ricevette una telefonata inaspettata. A chiamarlo era un giudice di sua conoscenza che gli chiedeva un parere.

Il giudice doveva sentenziare sul caso di una donna sepolta sotto il pavimento del suo soggiorno. Le sorelle della donna sostenevano che a ucciderla era stato il marito, ma il testimone chiave era il figlio della vittima. La polizia sosteneva che il bambino ricordava di aver visto suo padre che colpiva la madre con una mazza da baseball. Ma quando aveva assistito alla scena il bambino aveva appena quattro anni.

Il giudice chiese a Ceci se il ricordo di un bambino su un episodio tanto drammatico fosse da considerarsi credibile.

Ceci mi ha spiegato che i suoi studi sulla memoria dei bambini si basavano essenzialmente sul modo in cui questi ricordano elenchi di sillabe senza senso come CIC, TOB e GUB. «Non ne avevo idea», ammise Ceci. Non aveva mai studiato come funzioni la memoria degli eventi reali nei bambini, eppure si rendeva conto che si trattava di una questione di grande importanza.

Ceci aveva scoperto che i bambini hanno una memoria ottima, talora sorprendente, ma il modo in cui gli adulti pongono le domande raramente aiuta a scoprire la verità.

«Dopo dieci anni, rimango allibito di fronte all'accuratezza con cui bambini anche di soli tre anni ricordano degli avvenimenti normalissimi», mi ha confessato Ceci. Il 95 per cento di loro è in grado di descrivere nei minimi dettagli una cosa avvenuta tre mesi prima. «Il problema sono gli adulti», ha aggiunto lo scienziato. Gli adulti pongono domande in una maniera che confonde, fuorvia e scombussola i bambini. E questo è vero soprattutto quando l'oggetto delle domande è l'abuso.

I bambini odiano dover parlare di eventi imbarazzanti e, intimiditi, cadono facilmente nel silenzio. I loro silenzi provocano molta ansia in professionisti come assistenti sociali, poliziotti, avvocati e psicologi. Se pensano che un bambino sia stato oggetto di abusi, se non riescono a ottenere delle risposte, se hanno l'impressione che il piccolo sia evasivo, allora si sentono sotto pressione. Tempestano il bambino di altre domande, finché è il bambino che si sente sotto pressione. In situazioni come queste sovente gli esperti cominciano a suggerire le risposte, risposte a cui il bambino si adegua.

Ceci ha imparato che l'atteggiamento giusto da parte di chi fa domande è avere pazienza, aspettare e sollecitare il bambino con delicatezza e obiettività. Tuttavia, animati da buone intenzioni, ovvero proteggere il bambino, spesso poliziotti e assistenti sociali fanno delle domande suggestive che intorbidano le acque. Armati delle migliori intenzioni, alcuni inquirenti le formulano in una maniera che non solo influenza la risposta del bambino, ma anche quello che il bambino comincia a credere. Le domande suggestive possono far sì che un bimbo si formi in testa delle «false convinzioni».

Ceci ha verificato le sue teorie in una classe. I piccoli, di tre, quattro e sei anni, ricevevano la visita inaspettata di un uomo, Sam Stone. Sam entrava nella stanza, faceva qualche commento sul libro che stavano leggendo, quindi usciva di nuovo dall'aula dopo forse un paio di minuti. I bambini ricordavano che Sam era entrato in classe e, correttamente, che non era successo nient'altro di rilevante.

«Se però si comincia a mettergli in testa delle cose» ha spiegato Ceci, «è possibile fargli credere che sia successo qualcosa di assai diverso». Ad alcuni bimbi si disse che Sam era goffo e che spesso rompeva le cose; ad altri furono fatte delle domande che alludevano al fatto che Sam avesse combinato dei pasticci mentre era in classe. Questo insinuare nelle loro menti modificava i loro ricordi: il 72 per cento di loro abbelliva la storia (ovvero la verità), mentre erano in parecchi ad aggiungere particolari sui danni combinati in classe da Sam. Tutto questo, però, era imputabile solo alla suggestione; in realtà, Sam non aveva né sbattuto contro i banchi né strappato libri.

Se ai bambini si fanno delle domande che instillano dubbi, inevitabilmente loro cominciano a credere che si siano verificati dei fatti in realtà mai accaduti; il 35 per cento dei seienni può elaborare delle false convinzioni di questo tipo. I più piccoli, poi, sono ancora più impressionabili.

Ceci mi mostrò un video drammatico, in cui a un bimbo di cinque anni si chiedeva di un incidente accaduto nello scantinato di casa sua. L'intervistatore parlava di un topo che stava nello scantinato, sebbene in realtà non ce ne fosse mai stato uno; quindi passò a chiedere com'era successo che il dito del bambino era rimasto nella trappola per topi e cosa aveva provato il bimbo quando lo avevano portato in ospedale. Era tutto inventato. Tuttavia, dopo qualche settimana di domande insidiose, il cinquenne di Ceci si era ormai convinto che il topo era esistito sul serio e che lui era davvero rimasto incastrato con il dito nella trappola.

Il bambino «confessò» di essere stato portato all'ospedale perché il dito gli faceva un male cane. Da questa ricerca quasi favolistica si evince come sia facile per assistenti sociali e poliziotti spinti da buone intenzioni indurre i bambini a ricordare fatti che non sono mai accaduti. E quando si ha a che fare con accuse di abusi, le conseguenze possono essere tragiche.

Alcuni degli equivoci descritti da Ceci sfociano quasi nel farsesco. Una donna chiamò la polizia perché sua figlia di tre anni aveva detto «papà ha messo la sua pipì nella mia pipì». Sembrava la prova di un abuso, ma la verità aveva a che fare con lo sciacquone del gabinetto: la bimba aveva fatto la pipì e non aveva tirato lo sciacquone; più tardi suo padre era andato al bagno, aveva orinato e in questo modo aveva «messo la sua pipì nella pipì di lei».

Dalle ricerche di Ceci c'è da imparare molto. Se genitori, poliziotti o assistenti sociali hanno troppa impazienza di ottenere dei risultati, finiranno per confondere il bambino – e, probabilmente, anche per turbarlo. Considerato quanto ci preoccupiamo della protezione dei nostri figli, sarebbe bene che i suoi studi si estendessero anche al di fuori dei circoli accademici.

Tutte scuse

Chi studia i pedofili o tenta di lavorare con loro, scopre che spesso questa categoria di persone cerca di giustificarsi sostenendo che in realtà il bambino era consenziente oppure dimostrava curiosità per il sesso. Ma sono solo idiozie, e anche molto dannose.

Se scoprite anche solo di essere attraversati dal pensiero di toccare i vostri figli in maniera non appropriata o di indurli a toccarvi in maniera inappropriata, non raccontatevi bugie e chiedete subito aiuto. Se credete che un bambino desideri davvero dell'attenzione di tipo sessuale, la vostra è solo un'illusione.

14

Disciplina: arte e furbizia

Da 2500 anni filosofi, insegnanti e sacerdoti stanno tentando di scoprire qual è il modo migliore per abituare i bambini alla disciplina e alla convivenza sociale. Quando iniziai a frequentare la scuola a Londra, gli insegnanti non solo ci prendevano a bacchettate (rito formale che ci terrorizzava) ma, informalmente, ci picchiavano con una racchetta da tennis in legno. Era un'attività molto amata dal maestro di latino. Ci menava per motivarci se andavamo male, e ci menava per insegnarci l'umiltà se prendevano ottimi voti.

Oggi la questione relativa al modo migliore per insegnare la disciplina ai ragazzi preoccupa genitori, poliziotti ed esperti, perché spesso si ha l'impressione che i giovani siano fuori controllo. Secondo Scotland Yard, a Londra sono attive 171 bande composte da minorenni. La televisione rispecchia le nostre incertezze. Ci sono quasi tanti programmi su come gestire i bambini quanti ce ne sono sul giardinaggio, e alcuni – tipo «La tata psicotica sì che se ne intende» – stanno riscuotendo un grande successo. Misura del fatto che non sappiamo più come insegnare la disciplina ai bambini sono i numerosi angosciati dibattiti che si tengono in Occidente sui motivi del pessimo comportamento dei nostri ragazzi. I sociologi sottolineano il venir meno dell'autorità genitoriale, la morte del rispetto, il sesso, le droghe e il rock 'n' roll, per non parlare poi dello strato dell'ozono.

È dagli anni Trenta dello scorso secolo che gli psicologi sanno che certi tipi di punizione non sono efficaci, eppure continuiamo a usarli. Ci attacchiamo a ciò che non funziona per ignoranza, angoscia ed esasperazione. Nemmeno la stampa ci aiuta, perché tende a demonizzare i ragazzi «cattivi». La verità è che la psicologia non è riuscita a far comprendere il suo messaggio come avrebbe dovuto.

Per tradizione in molte famiglie era il padre il principale responsabile della disciplina. Fino a pochissimo tempo fa disciplina significava anche prendere le botte. Sicuramente è un sistema che mio padre utilizzava con me. E io avevo paura di lui, cosa che detestavo.

Autoanalisi 9
Ponetevi le seguenti domande:

Tendete ad arrabbiarvi molto quando i vostri figli si comportano male?

Pensate che spesso i bambini lo facciano solo per irritare i genitori?

Capitava spesso che la vostra mamma o il vostro papà vi prendessero a ceffoni?

Venti anni fa Graziano (Graziano e Namaste, 1990) studiò 679 matricole del college scoprendo che il 93,2 per cento di essi da bambino era stato preso a sculaccioni. Lo avevano accettato come fosse la normalità; parecchi degli intervistati dichiaravano di avere l'intenzione di portare avanti la tradizione e di fare altrettanto con i propri figli. Solo il 6,8 per cento di coloro che da piccoli non avevano ricevuto sculacciate non riteneva che fosse una buona idea. Le matricole del 1990 sono i genitori di oggi.

Ratti strabilianti

I comportamentisti furono i primi psicologi a fornire dei programmi scientifici riguardanti la disciplina. Secondo il comportamentismo, ognuno di noi è condizionato dal modo in cui riceve premi e punizioni. I due comportamentisti più influenti, John B. Watson (1878-1958) e B.F. Skinner (1904-1990), si prefiggevano di adoperare la psicologia per aiutare i genitori a educare i figli nel migliore dei modi.

Skinner sosteneva che è possibile influenzare il comportamento dei bambini e dei criminali esattamente nello stesso modo in cui si può condizionare il comportamento dei ratti e dei piccioni, dosando le ricompense. Se un ratto cominciava a correre attraverso un labirinto, Skinner gli dava una palletta di cibo, continuando a concedergli con parsimonia delle ricompense finché il ratto non aveva imparato a orientarsi per l'intero percorso del labirinto; dopodiché, le ricompense più efficaci arrivavano di tanto in tanto. Un ratto che avesse imparato a premere una leva otteneva dello zucchero come ricompensa diciamo cinque volte su cento. Il roditore, in virtù di questa ricompensa «a intermittenza», imparava a premere ogni volta la leva. Usando questo schema di rinforzi, Skinner insegnò ai piccioni a giocare a ping pong e a guidare missili. (Ma il Pentagono si rifiutò di utilizzare i piccioni per bombardare la Russia perché sarebbe stato un trattamento crudele sugli animali!)

Skinner impiegò le sue teorie in istituzioni come carceri e brefotrofi, con successo, a sentire lui, a condizione che vigessero quelle che definiva «token economies», o sistemi di rinforzo a gettoni: in un sistema simile, ogni volta che ci si comporta come si deve si ottiene la ricompensa stabilita; si guadagnano tre punti se si rifà il letto al mattino e cinque se si dà una mano a preparare il pranzo. I punti sono come i programmi «frequent flyer»; con essi si guadagnano dei vantaggi, come quello di poter passare una serata fuoi cattiva condotta, invece, costa punti. Se si picchia qualcuno ce ne vengono tolti dieci.

Comunque sia, in un sistema di token economy non si subiscono mai né punizioni fisiche né umiliazioni.

Skinner sosteneva che il modo più efficace per educare un bambino è fare una selezione dei comportamenti più desiderabili e premiarli con apprezzamenti, punti e attenzione. Le ricompense sono più efficaci delle punizioni. Skinner scrisse anche un romanzo (*Walden due: utopia per una nuova società*) che descriveva una comunità basata su simili regole.

Intervistai Skinner due volte negli anni Settanta, ma quello che incontrai io non era un educatore contento. Provava rabbia per quelli che considerava dei malevoli tentativi di dipingerlo come un mostro con la mania del controllo e della punizione. Non capiva proprio perché la gente non volesse stare a sentire quello che aveva da dire, che non aveva certo niente di diabolico: i bambini non vanno puniti quando sbagliano, ma premiati quando si comportano bene.

Un settore ostile della stampa arrivò persino ad accusare lui e sua moglie di allevare la loro figlia in una delle cosiddette «scatole di Skinner», una via di mezzo tra un lettino e una gabbia, nella quale la bimba sarebbe stata rinchiusa e punita se non rispettava le regole. Era una bugia inventata di sana pianta, mi disse lo scienziato. Quando uscì il film di Kubrick *Arancia meccanica*, Skinner andò su tutte le furie perché i critici sostennero che le punizioni inflitte sul giovane teppista protagonista erano quelle che aveva suggerito lui. Al protagonista del film venivano impiantati degli elettrodi nel cervello: bastava che il giovane delinquente facesse un pensiero antisociale perché il cervello gli venisse attraversato da una scarica. Sebbene Skinner condannasse questa pratica come una forma di tortura, la stampa non smise di attribuirla totalmente alle sue teorie.

In realtà sia Skinner, sia John B. Watson ritenevano che l'atteggiamento del «chi ben ama ben castiga» non solo fosse una vera e propria crudeltà, ma che non avesse nemmeno una grande efficacia. Sostenevano che le punizioni fisiche funzionano molto raramente e che possono essere causa di seri effetti collaterali a livello neurologico. È molto più sensato indurre un bambino alla buona condotta premiandolo per il suo buon comportamento. Se proprio si intende dare un castigo, il modo «migliore» (e più sicuro) per punire un bambino è negargli attenzione e affetto.

Watson, in particolar modo, sosteneva che si dovrebbe spiegare a un bambino o a una bambina perché sì è comportato/a male. Secondo lui la famiglia si doveva riunire e discutere insieme dei problemi. Suo figlio James mi ha raccontato che è così che funzionava a casa sua, anche se, dopo la morte della moglie Rosalie, Watson iniziò a bere.

Oggi le condizioni sociali sono molto cambiate dagli anni Trenta del Novecento. Adesso i bambini mettono in discussione i propri genitori in un modo che un tempo sarebbe stato impensabile. Il rispetto e l'ubbidienza vanno scomparendo; nessuno crede più nell'autorità; chiunque può contestare qualunque cosa. Questo, però, non vuol dire che i comportamentisti avessero torto.

I genitori autoritari

Secondo Baumrind (1988) i genitori si distinguono in quattro tipi diversi: gli autoritari, gli autorevoli, quelli che esercitano un controllo attraverso le emozioni e i permissivi. Dal suo studio emerge chiaramente che lo stile genitoriale migliore era secondo lei quello autorevole, ma può comunque essere utile analizzare tutti e quattro gli stili.

Il padre autoritario crede nella ferrea disciplina, in regole chiare che non si discutono e nel diritto di poter dare un ceffone al figlio disubbidiente. I genitori che impongono una forte disciplina spesso tengono molto ai figli, ma hanno la tendenza a considerarli incapaci di ascoltare la voce della ragione. Secondo loro, i bambini devono essere educati come si fa con gli animali.

I genitori autorevoli

Appare chiaro che secondo Baumrind è questo il miglior stile che dei genitori possano adottare. I genitori autorevoli sono espansivi, affettuosi e offrono sostegno, ma ciò non significa che non fissino dei limiti. Nel suo commovente libro sulla tragedia avvenuta nel paesino inglese di Soham*, *Goodbye dearest Holly*, Kevin Wells, che adorava sua figlia, racconta che lui e sua moglie cominciarono a preoccuparsi 45 minuti dopo l'orario previsto per il rientro a casa di Holly, perché avevano stabilito delle regole tra cui quella di tornare a casa in orario, spiegando alla figlia perché fosse importante rispettarla. Se Holly era in ritardo significava che doveva esserle successo qualcosa di brutto.

I genitori autorevoli rispettano l'indipendenza dei propri figli, il loro punto di vista e la loro personalità, e parlano con loro. Quando impongono un divieto, non si limitano a emanare un editto, ma ne spiegano il motivo. Esigono un

* Nel 2002 nel Cambridgeshire due bambine di dieci anni furono trovate uccise a qualche ora dalla loro scomparsa. Del delitto furono accusati il bidello e l'insegnante di sostegno della loro scuola. [*N.d.T.*]

comportamento maturo, ma comportarsi in modo maturo non significa sempre agire secondo conformismo.

Ed essere autorevoli non significa mostrarsi freddi e anaffettivi. In un loro studio, Zahn Waxler *et al.* (1979) evidenziarono che il fatto che le madri spieghino le loro azioni ha un impatto duraturo sui figli. Normalmente le mamme fanno commenti come: «Guarda cosa hai combinato. Non vedi che hai fatto male ad Amy?» Questo è molto più efficace che picchiare il figlio o limitarsi a dirgli di smetterla. Si tratta di uno stile che, ovviamente, è l'esatto opposto dell'indifferenza. Il genitore mostra di interessarsi al figlio perché mostra la sua emotività, un'emotività che però è sufficientemente controllata da permettergli di spiegare subito al bambino in cosa consista il suo errore.

Controllo emotivo

I genitori che credono in questo approccio educativo potranno dare un ceffone al loro bambino, ma solo come *extrema ratio*. I bambini imparano se li si loda quando fanno i bravi e se li si rimprovera quando fanno i cattivi. L'espressione chiave sta nel «rimprovero»: rimproverarli implica prendere le distanze emotivamente parlando e, quasi sempre, far sentire il bambino o la bambina in colpa perché ha deluso i propri genitori. Tuttavia, per arrivare alla punizione fisica, il genitore che scelga una disciplina basata sul controllo emotivo deve proprio essere portato all'esasperazione.

Genitori permissivi

Sono quel tipo di genitori che hanno fiducia nell'intelligenza del bambino, che sono convinti che imporre il proprio volere al figlio equivalga a una sorta di violenza psicologica. Le madri e i padri permissivi non fissano limiti, si fidano (forse troppo) del bambino, specialmente quando è piccolo, e impongono pochissime regole. Di prendere a schiaffi i figli non se ne parla proprio.

Baumrind analizzò le conseguenze di ciascuno dei quattro diversi stili educativi, confrontando i bambini in età prescolare e poi al compimento dei nove anni. Baumrind chiese agli insegnanti di dare una valutazione sul loro comportamento. I bambini educati secondo autorevolezza dimostravano maggiori capacità sia dal punto di vista intellettivo che sociale; inoltre, apparivano più socievoli e collaborativi dei bambini con genitori autoritari o permissivi.

Sono proprio i risultati che avrebbero previsto Watson e Skinner. Un approccio genitoriale troppo duro a lungo termine rende i bambini più aggressivi, ma ancora è difficile accettare questa verità. E dovremmo chiederci il perché.

Nel 1990, due anni dopo la pubblicazione della ricerca di Diana Baumrind, la Corte europea dei Diritti Umani si pronunciò sul caso di un bambino di nove anni che era stato picchiato dal patrigno. La Corte non si spinse fino a sostenere che le punizioni corporali sono una violazione dell'articolo 3 della Convenzione sui diritti dell'infanzia, ma giudicò che i bambini, in virtù della loro vulnerabilità, hanno il diritto di non vedere violata la propria integrità fisica. Il patrigno del bimbo aveva contravvenuto all'articolo 3 della Convenzione.

La sentenza sul caso del piccolo A. contro il Regno Unito ha avuto molte conseguenze e ha ispirato degli studi. Ricerche condotte in Scozia nel 2002 evidenziarono che i bambini più spesso soggetti a ricevere uno schiaffo dai genitori erano quelli compresi tra uno e tre anni e i bambini in età prescolare. I genitori ammettevano di picchiare i figli solitamente in momenti di particolare stress, ma che dopo averlo fatto venivano assaliti dai sensi di colpa. Quasi tutti convenivano che sarebbe stato meglio evitare coercizioni di tipo fisico, per esempio togliendogli un oggetto gradito o un regalino (NFO System Three for Scottish Executive, 2002).

Nel 2003 la Scozia apportò delle modifiche normative, dichiarando illegale punire i bambini scrollandoli, picchiandoli sulla testa, usando verghe, ciabatte, mestoli di legno o qualsiasi altro attrezzo. La legge non ha vietato in assoluto il ricorso agli schiaffi, ma ha messo in evidenza che si tratta di una pratica potenzialmente pericolosa. Quando si è arrabbiati è facile scordarsi di quanto fragili siano i nostri figli. Un gesto che se fatto su un adulto ha l'effetto di una leggera pacca, può risultare invece dannoso e traumatico per un bambino. Ricorrere alla violenza significa inoltre offrire un cattivo esempio. Gli schiaffi insegnano a un bambino che è autorizzato a picchiare un altro individuo che stia facendo qualcosa che gli è sgradito.

Child Development, la più importante rivista del settore, pubblicò nel numero di novembre-dicembre 2005 i risultati di una serie di ricerche condotte in sette paesi diversi che avevano lo scopo di comporre le controversie sul tema del castigo dei bambini. Purtroppo la ricerca fu condotta su un campione ristretto di sole 336 famiglie sparse in sette paesi, ma dai risultati non si evidenziava alcunché a sostegno del ricorso alle punizioni corporali.

Gli psicologi intervistarono mamme statunitensi, italiane, svedesi, indiane, thailandesi, keniote e di Hong Kong, chiedendo con quale frequenza davano uno schiaffo o picchiavano i loro bambini, con quale frequenza ritenevano che i loro connazionali ricorressero ai castighi corporali nei confronti dei figli e se i loro bambini fossero ansiosi, se si picchiassero con gli altri bambini o facessero i bulli.

Le più «tenere», quelle meno propense a punire i figli picchiandoli, erano le thailandesi; le più «dure» le keniote. I loro comportamenti erano influenzati dalla cultura di appartenenza. Nei paesi in cui la pratica di picchiare i bambini era considerata ammissibile le mamme ricorrevano più spesso alle punizioni corporali, e non solamente quando i figli erano aggressivi o agitati. In quei paesi i bambini picchiati dai genitori erano meno aggressivi e meno agitati dei bimbi di altri paesi dove era raro il ricorso alle punizioni corporali. Tuttavia, in Europa e in America, dove schiaffeggiare i bambini oggi è considerata una pratica troppo severa, sembra che questo non serva a renderli né più ubbidienti né a farli stare più calmi.

Uno studio di qualche anno più tardi mostra come le questioni possano divenire più complesse. Michael Sheehan e Malcolm Watson (2008) seguirono per cinque anni 440 bambini e le rispettive madri. Quando lo studio iniziò, l'età media dei bambini era di dieci anni. L'ideale sarebbe stato che gli psicologi avessero ripreso segretamente la famiglia, in modo da giudicare in primo luogo come le mamme punivano i figli e in secondo luogo cosa stessero facendo i bambini per provocarle, nel caso stessero combinando davvero qualcosa. Invece le mamme dovevano semplicemente rispondere a un questionario sul proprio stile genitoriale e sul comportamento dei figli. Con tutte le imperfezioni della metodica scelta, la ricerca evidenziò che lo «stile» educativo dei genitori influenza il comportamento dei bambini, ma anche che quest'ultimo si riflette sulle loro mamme. Se i bambini si dimostravano prepotenti fin da piccoli, le loro mamme li castigavano di più e in maniera più aggressiva, a suon di urli e ceffoni. Nemmeno queste mamme, tuttavia, si limitavano a menar le mani, in quanto provavano anche a ragionare. Ciononostante, la conclusione di Sheenan e Watson fu che «il ricorso più frequente alla punizione dura e aggressiva da parte di una madre sembra collegato in futuro a una maggior ricorrenza di comportamenti aggressivi da parte dei suoi bambini».

Un buon riassunto delle tradizioni americane lo si può trovare in *Beating the Devil Out of Them: Corporal Punishment in American Families and Its Effects on Children* (2004) di Murray A. Straus e Denise A. Donnelly. I due studiosi sostengono che prendere a sculaccioni i bambini non ha alcun effetto positivo rilevabile, e che anzi, a lungo termine, questo atteggiamento si associa a una serie di conseguenze negative. Più i bambini ricevono punizioni corporali, più aggrediscono i fratelli e le sorelle e gli altri bambini e più mostrano un comportamento antisociale. Una volta cresciuti, tra bambini che sono stati sottoposti a punizioni corporali si riscontrano più casi di alcolismo, depressione, fantasie masochistiche, comportamenti criminali e idee suicide.

I genitori che sculacciano i propri figli hanno anche una maggiore tendenza ad abusare fisicamente di loro; inoltre, i genitori «maneschi» sono tendenzialmente più predisposti a essere violenti fisicamente l'uno con l'altro. Le prove a sfavore delle sculacciate sono come quelle a sfavore del fumo. Dobbiamo piantarla di prenderci in giro. Il fumo uccide e le punizioni corporali procurano danni ai bambini. Sono entrambe delle pratiche alle quali ci si assuefà e fumatori e genitori maneschi giustificano i loro vizi nello stesso modo. «Fumo da quarant'anni e sto benissimo!»; «I miei me le davano e questa cosa A ME non ha mai fatto alcun danno!»

Ma sono entrambe due categorie di illusi!

Io sono contrario all'uso delle maniere forti in quasi tutte le situazioni. Tuttavia, se per esasperazione arrivate al punto di dare uno schiaffo a vostro/a figlio/a, sappiate che esistono delle regole fondamentali. Primo: i neonati non vanno MAI picchiati. Secondo: in generale con i bambini:

1. Mantenete il controllo di voi stessi.
2. Ceffoni e sculaccioni non si dovrebbero mai trasformare in una vera e propria aggressione violenta, e picchiare ripetutamente un bambino è un atto di violenza.
3. Spiegate a vostro/a figlio/a per quale ragione state per dargli/le uno sculaccione o uno schiaffo. Ma non crediate di poterlo fare quando il vostro bimbo è troppo piccolo per capire cosa gli state dicendo.

L'unica giustificazione lontanamente accettabile per sculacciare o schiaffeggiare è quando si deve far comprendere in maniera persuasiva il proprio punto di vista a un bambino che ha fatto qualcosa di veramente brutto o pericoloso. Non fatelo mai per sfogare le vostre frustrazioni.

Quello che sto per raccontarvi è uno dei miei ricordi più penosi, ma di certo non perché io abbia mai alzato le mani sui miei figli.

Una brava ragazza quacchera e il bullismo

Il bullismo non solo è una cosa scontata, come picchiare un ragazzino preso a malvolere in un parco attrezzato per bambini, ma anche subdola, come dar fastidio o fare dei brutti scherzi a qualcuno, oppure escluderlo deliberatamente da un'attività o da una situazione. Spesso i bambini vittime di bullismo non solo hanno paura, ma provano anche vergogna, e così non raccontano niente. E che questo accade lo so per esperienza personale.

Quando i bambini avevano dieci e sei anni, io e Aileen ci rivolgemmo a una ragazza apparentemente a modo perché si occupasse di loro quando rientravano a casa da scuola. Annabel (si tratta di un nome di fantasia) era figlia di una coppia che frequentava la locale comunità quacchera, cosa che ci parve una garanzia del fatto che si trattasse di una ragazza gentile e responsabile. Ma non ci rendemmo conto che il nostro figlio minore si stava chiudendo in se stesso.

Dopo qualche mese Nicholas prese coraggio e ci disse che la babysitter era cattiva, e a volte anche violenta, con il nostro figlio più piccolo. Gli urlava e a volte lo picchiava anche. Noi non ci eravamo accorti di niente. In quel periodo eravamo molto presi e non parlavamo abbastanza con i nostri figli di quello che succedeva. Quando la cosa saltò fuori, la ragazza fu immediatamente licenziata, ma ormai la situazione andava avanti da troppo tempo. Se dovete affidarvi a una tata o a una babysitter, fatevi dare delle referenze attendibili e state sempre bene all'erta. Noi non eravamo riusciti assolutamente a capire come mettere i nostri figli in condizione di spiegarci ciò che non andava.

Per i genitori la lezione da imparare è chiara: prima di prendere una tata, una babysitter o una persona che si occupi dei vostri figli, chiedete informazioni ai genitori che già l'hanno fatta lavorare.

Quando sono vittime di bullismo, i bambini tendono a cambiare, e generalmente negano tutto. È a questo che dovete fare particolare attenzione. Siate pronti ad affrontare un po' di discussioni. È bene che i papà sappiano che spesso il bambino che patisce atti di bullismo ha la sensazione che i suoi genitori non abbiano il controllo della loro vita.

In Gran Bretagna l'NSPCC (Società nazionale per la protezione dell'infanzia) ha scelto il pugile Amir Khan come testimonial per la propria campagna contro il bullismo. «Se sei una vittima del bullismo non restartene zitto», dichiara il giovane pugile sul sito Internet dell'associazione (www.nspcc.org.uk), «perché se non dici niente allora il problema non si risolverà. Se fai finta di niente e stai zitto la situazione non farà che peggiorare, e noi invece vogliamo che tu metta fine a questa storia. Voglio inoltre dare alla gente questo messaggio: se siete oggetto di atti di bullismo, non abbiate paura». Il messaggio di Khan lo spiega molto chiaramente: se tu o tuo/a figlio/a siete vittime di atti di bullismo, non vergognatevene.

I consigli offerti sul sito dell'NSPCC sono dei consigli ottimi che anche i genitori possono dare ai loro figli.

- Pensate a come rispondere ai commenti dei bulli.
- Rimanete in gruppo: se sanno che non siete soli, i bulli ci penseranno due volte prima di infastidirvi.
- Cercate di scoprire perché siete stati presi di mira e vedete di capire se c'è qualcosa che potete cambiare nel vostro atteggiamento in modo da far cessare gli atti di bullismo.
- È importante cercare una persona con cui parlare del problema e che potrebbe essere in grado di aiutarvi a pensare al passo successivo da prendere.
- Allontanatevi, e fregatevene se gli altri pensano che ve la stiate dando a gambe; per un bullo sarà più difficile prendersela con una persona che non sta ferma e subisce!

Non esistono formule magiche

Sono ormai sessant'anni che gli psicologi sanno quali sono i metodi migliori per abituare alla disciplina la maggior parte dei bambini, eppure esistono ancora migliaia di bimbi che sono terrorizzati dai propri genitori. Fate che non accada ai vostri figli. Siate disponibili a dargli ascolto. Non arrivate a conclusioni affrettate. Date tempo ai vostri bimbi. Se pensate che vostro/a figlio/a abbia fatto qualcosa di sbagliato, fategli/le delle domande aperte, come per esempio «Perché lo hai fatto?», invece di «Il camioncino di Willy l'hai rubato tu o oppure no?». Se non risponde subito non fatevi prendere dal panico ed evitate di dargli/le addosso. Si tratta di strategie che possono rivelarsi particolarmente importanti nelle famiglie in cui il padre o la madre hanno un/a nuovo/a compagno/a, famiglie in cui le dinamiche possono essere molto complesse. Ricordatevi che le prove di quanto segue sono indiscutibili.

Le punizioni corporali non hanno alcuna efficacia.

Ciò non significa che non possiate fissare delle regole ferree.

Dovreste essere sempre pronti a spiegare perché un comportamento è da considerarsi sbagliato.

I fantasmi che ci portiamo dentro

Non ho certo intenzione di occuparmi di paranormale, ma è vero che la maggior parte di noi è anche sotto l'influsso di presenze invisibili, in special modo i nostri genitori, il loro atteggiamento nei confronti della disciplina e la nostra risposta al loro atteggiamento, aspetti sia consci sia inconsci.

Ho accennato a come esistano prove consistenti a sostegno delle teorie di Watson e Skinner: piuttosto che ricorrere alle mani, meglio fare complimenti, spiegare, discutere, punire per mezzo della disapprovazione. Malauguratamente, non tutti i genitori considereranno congeniali tali approcci. Per alcuni di loro queste idee «progressiste» andranno dritte a cozzare contro la natura della loro personalità. Se si vuole che i nostri figli crescano come persone a modo è necessario tracciare un confine invalicabile. Questo confine, tuttavia, non è un bastone con il quale picchiarli. Si tratta anche di vedere come misurarsi con le emozioni, soprattutto se queste danno l'impressione di avere la meglio su di voi tanto da farvi perdere il controllo emotivo.

Per essere un padre sufficientemente buono ci vuole una certa misura di sincera introspezione.

Autoanalisi 10
Ecco alcune situazioni su cui riflettere

1. *Scoprite che vostro figlio non è andato a scuola e vi ha detto una bugia. Discutete con lui sui motivi che lo hanno indotto a marinare la scuola? Discutete con sua madre su quali iniziative prendere? Oppure lo prendete a schiaffi non appena rimette piede in casa?*
2. *Siete preoccupati perché avete l'impressione di arrabbiarvi troppo?*
3. *Dopo aver mollato un ceffone a vostro/a figlio/a vi sentite meglio? Vi pare che così il problema sia stato risolto?*

Voglio dedicare la fine di questo capitolo ad alcuni fondamentali consigli su come gestire la rabbia, poiché certi papà talvolta si fanno sopraffare da questa emozione, e forse non si rendono affatto conto che può essere la paura ad alimentarla. È inevitabile che si perdano le staffe se non si riconosce ciò che ci sta accadendo nel momento in cui si è nervosi e si sente l'adrenalina che monta. Sebbene si dica che è il sangue che va alla testa, dipende invece dall'adrenalina che entra in circolo. La natura ha inventato l'adrenalina per metterci in condizione di fuggire di fronte ai predatori ai tempi in cui eravamo dei cavernicoli.

La gestione della rabbia

Sono molti i fattori che influenzano il nostro umore. Il lavoro, le preoccupazioni economiche, l'insoddisfazione nel ménage familiare, l'ansia, e così finiamo per stressarci. Come ho già scritto, nel 2009 il mondo sta affrontando, secondo quanto afferma Ed Balls, segretario di stato britannico per l'infanzia e l'istruzione, la peggiore recessione degli ultimi cento anni. Per affrontarla è facile scegliere cose che in realtà non ci aiutano, come l'alcol, la negazione, il maltrattamento delle persone che ci sono più vicine. Come padri non potete solo vivere per i vostri figli, ma dovete essere consapevoli dei vostri stati d'animo ed essere pronti a chiedere aiuto se non siete più in grado di controllare i cambiamenti d'umore.

Può essere utile individuare con esattezza cos'è che fa scatenare la rabbia e che, nei casi peggiori, vi fa venire la voglia di prendervela con vostro/a figlio/a. Secondo alcuni papà le situazioni che innescano la rabbia sono le seguenti:

- le crisi di pianto
- i piagnucolii
- il lancio di cibo od oggetti e il combinare pasticci
- richieste insistenti di cibo
- richieste insistenti di attenzione
- la madre che dedica eccessive attenzioni al bambino
- le critiche della madre nei confronti del padre
- la disperazione e la frustrazione per il fatto che il bimbo non vuol smettere di frignare, accompagnata dalla sensazione che la smetterà se gli mollerete un paio di ceffoni.

Un neonato, o un bambino di pochi anni, è una creatura inerme, indifesa, che per voi non può costituire una minaccia. Non state ragionando nella maniera giusta o giudicando bene le cose se ingaggiate una lotta per il potere con un esserino che pesa nemmeno cinque o dieci chili. Gli uomini violenti hanno bisogno dell'aiuto di uno specialista, ma le tecniche che vado a illustrarvi possono essere utili a riguadagnare la giusta prospettiva e il controllo di voi stessi, nel caso vi accorgeste di essere tentati di ricorrere alla violenza.

Secondo alcuni papà può essere utile fare pratiche di rilassamento ed esercizi di respirazione profonda. In questo modo imparano a non innervosirsi, a controllarsi e a tenere a freno l'impulso di compiere un gesto violento quando il loro bambino attacca a urlare. Respirano, si rilassano, cercano di analizzare la situazione e di capire perché il bambino stia piangendo.

È un momento di pausa che dà a questi uomini il tempo di respirare, di ragionare, il tempo di trattenersi dal fare una cosa di cui si pentiranno.

I demoni dell'alcol

L'alcol esaspera sempre i problemi. Degli studi condotti in Gran Bretagna e in Australia mostrano che l'80 per cento dei casi di violenza domestica è legato all'abuso di alcol. Un padre ubriaco è un padre pericoloso (Elliott, 1995).

Molti uomini sono restii all'idea di cercare un aiuto psicologico. Preferiscono promettere che non lo faranno più e che controlleranno l'ira. È una cosa possibile, ma rara. Ammettere di aver bisogno di aiuto fa sentire impotenti, sensazione che molti uomini detestano. Mi spiace se do l'impressione di buttarla sul melodrammatico, ma la cosa da fare se volete dimostrare il vostro coraggio e la vostra virilità è:

Ammettere che avete bisogno di aiuto.

La prima cosa difficile è ammetterlo.

Poi c'è un altro momento duro da affrontare: andare a cercarselo.

Abraham e sua figlia

Quando sua figlia era un'adolescente, Abraham le ruppe un braccio. Abraham è un professionista e per molti anni è stato violento nei confronti della moglie e dei figli. Diceva di non sapere cosa fosse a fargli perdere le staffe. Per anni rifiutò qualsiasi aiuto; quando sua moglie gli diceva che aveva bisogno di una psicoterapia, lui andava su tutte le furie. Ci risiamo, quella stronza pensa sempre di sapere cosa si deve fare!, pensava Abraham. I loro vicini non si erano mai accorti di quello che succedeva in casa loro.

Una sera Abraham picchiò la figlia in maniera molto violenta. Accettò di farsi seguire da uno psicoterapeuta, ottenendo però degli esiti imprevisti. Grazie alla terapia Abraham si convinse di sapere come mai picchiava la moglie e i figli: sua moglie, che aveva un titolo di studio superiore al suo, lo punzecchiava in continuazione, come aveva sempre fatto sua madre. Prima di entrare in terapia Abraham si vergognava sempre moltissimo dopo aver perso le staffe; ora, invece, poteva fornire una spiegazione al fatto di perdere il controllo.

Qualche mese più tardi l'uomo perse di nuovo la testa e ruppe il braccio alla figlia. Ma la ragazza ebbe il coraggio di imporre un limite alla violenza del padre e gli urlò che non gli avrebbe mai più rivolto la parola finché non avesse risolto una volta per tutte il suo problema. Questa volta Abraham trovò un altro terapeuta che lo fornì di metodi alternativi per affrontare le situazioni, e che, soprattutto, insistette con molta fermezza su un punto: la violenza è inaccettabile, assolutamente inaccettabile.

Abraham si allontanò per un po' da casa sua. L'evento decisivo fu quando capì che, se non fosse riuscito a cambiare, avrebbe perso tutto quanto. Sotto la forte pressione della situazione, la psicoterapia alla fine ebbe successo. Abraham si è riunito alla sua famiglia e oggi è un nonno orgoglioso. «Con i nipoti si sente più a suo agio di quanto non si sentisse coi figli», ha commentato sua moglie.

In precedenza ho sottolineato come dagli studi sugli abusi sui bambini emerga che un terzo degli adulti che commettono violenze sui minori è stato a sua volta vittima di abusi. È molto difficile indurre queste persone a parlare onestamente di quali siano le cause che le spingono a un tale comportamento. Alcuni sentono di avere il pieno diritto di spadroneggiare sui propri figli ricorrendo alla bruta forza fisica.

Se siete violenti nei confronti di vostro/a figlio/a o se più volte vi viene la tentazione di esserlo quando siete molto stressati, dovreste prendere in considerazione l'opportunità di farvi aiutare. Dovete affrontare il problema. Se non lo fate, la vostra famiglia ne subirà le conseguenze, e dal punto di vista psicologico e da quello fisico. La buona notizia è che è dimostrato che gli uomini possono imparare a gestire la propria rabbia. Ed è molto più semplice che darsi alle droghe o agli antidepressivi.

Capita a tutti i genitori, ogni tanto, di avere l'impressione di sbagliare quando si tratta di usare la disciplina coi propri figli. Non picchiate i vostri bambini, e non sentitevi esageratamente in colpa con voi stessi. Così come non è possibile essere un padre perfetto, non è possibile neppure essere un perfetto educatore. Tuttavia, un educatore accettabile impone dei limiti, non perde la calma ed è pronto a spiegare perché un certo comportamento è sbagliato.

Forse l'unica regola è non dire mai: «Zitto e fa' come dico io». Be', magari proprio mai no... ma almeno dirlo il meno possibile!

15

La scuola

È assolutamente normale che un padre desideri che i suoi figli eccellano in qualcosa, però tenete a mente che la storia è piena di uomini e di donne che si sono sviluppati tardi. Winston Churchill detestava la scuola e veniva considerato una specie di idiota, eppure per salvare il mondo fece più di chiunque altro. La principessa Diana non era esattamente la prima della classe, eppure divenne la protagonista di campagne a favore dei diritti per i malati di HIV e per il bando delle mine antiuomo.

La storia abbonda di genitori che hanno tentato di trasformare i loro amati figlioletti in geni, riuscendo però solo a farne delle vittime. Judy Garland debuttò sul palcoscenico a due anni perché sua madre non era riuscita a diventare attrice ed era determinata a fare di sua figlia una star. Persino Mozart si ribellò alla pressione di un padre invadente. Se non siete riusciti a diventare un avvocato, un attore, un politico, un industriale, un magnate di successo, non sperate che siano i vostri figli a diventarlo al posto vostro.

I papà devono trovare un giusto, delicato compromesso. Il padre che controlla i compiti fatti dal figlio, il papà che parla dei gusti musicali che aveva da giovane, il papà che commenta le notizie sentite alla tv stanno aiutando i propri figli. Il padre che pretende di capire perché non siete arrivati primi, razza di vagabondi che non siete altro, non è di nessun aiuto. Bisogna trovare un equilibrio, incoraggiare, dare il proprio sostegno ma senza mettere pressione.

Dare il proprio sostegno significa ascoltare. Una buona abitudine è chiedere come è andata a scuola fin dal primo giorno che il figlio inizia a frequentarla. A volte i ragazzi non avranno voglia di parlare, ma se cominciate fin da subito diventerà un'abitudine quotidiana.

Informatevi sempre su cosa fanno a scuola. Capiterà che non vogliano starvi a sentire, ma voi insistete.

Se vostro/a figlio/a vi chiede di fare i compiti al suo posto, spiegategli/le che i compiti non servono a niente se siete voi a farli per lui/lei. Aggiungete che vi farà piacere dare un'occhiata al loro lavoro dopo che lo avranno fatto, e che siete disposti anche a discuterne insieme. Esistono testi per il ripasso e siti Internet che consentono ai genitori di rinfrescarsi un po' la memoria sulle materie che si studiano a scuola, di cui probabilmente ora hanno dei ricordi molto vaghi. Può servire a dare una mano ai vostri figli.

Quando si tratta di istruzione, i genitori britannici si trovano a dover affrontare anche uno strano problema di ordine culturale.

Salami troppo intelligenti

Nel suo libro *Inglesi in pantofole: manuale per principianti e scolari abbastanza eruditi*, lo scrittore umorista ungherese Georges Mikes notava che la Gran Bretagna è l'unico paese del mondo in cui si può essere criticati se si è troppo intelligenti. L'Ungheria è celebre per il suo salame, da cui il titolo di questo paragrafo. Mikes a memoria non si ricordava di nessun francese, tedesco o ungherese che fosse stato rimproverato perché «eccessivamente bravo». Eppure, si tratta di una critica tipicamente britannica. Mr. Smith non è affidabile: è troppo bravo. Nelle scuole private i secchioni venivano guardati con sospetto. Un adolescente suscitava ammirazione se era un asso del cricket e se passava gli esami senza eccessivi sforzi. Fino agli anni Settanta, a Oxford per essere rispettabili bisognava laurearsi con il «Gentlemen's Degree», che equivaleva a una votazione pari alla sufficienza. Laurearsi con il Third degree, ovvero con «il più che sufficiente», era deplorevole, ma aggiudicarsi la votazione minima dimostrava che non ci si era nemmeno presi la pena di provarci. Grande! Erano dei gentleman, e senza fare alcuno sforzo!

Oggi l'atteggiamento generale sta cambiando, seppur lentamente. Possibile che questa diffidenza nei confronti delle facoltà intellettuali non abbia un nesso con il fatto che in Europa la Gran Bretagna è ancora oggi la più malmessa in quanto a livelli di alfabetizzazione? Nella maggior parte dei paesi europei probabilmente un ministro dell'Istruzione che avesse problemi a rispondere a un quesito come «quanto fa 9 x 12?» sarebbe costretto alle dimissioni. Ma non nel Regno Unito. Quando l'allora segretario di stato per l'Istruzione, David Blunkett, impiegò 13 secondi (tempo in cui un olimpionico della velocità avrebbe percorso 140 metri) a calcolare 9 x 12, nessuno propose di metterlo in punizione di fronte alla House of Commons con indosso un cappello da asino.

Negli ultimi venti anni i genitori sono stati incoraggiati a interessarsi di più alle attività scolastiche dei figli. I rappresentanti dei genitori contribuiscono alla gestione degli istituti e ciò significa che i papà devono tornare a scuola più spesso di prima. Partecipate sempre alle riunioni tra insegnanti e genitori. Ai vostri figli farà piacere che vi presentiate con un aspetto curato, così il giorno dopo i loro compagni di classe non faranno commenti del tipo «Il mio papà ha detto che il tuo papà è uno sciattone».

I rapporti tra insegnanti e genitori

Tenete a mente che i colloqui tra insegnanti e genitori sono organizzati secondo le esigenze della scuola. Se non c'è abbastanza tempo per discutere di una questione che vi sta molto a cuore non fate storie, ma piuttosto prendete un appuntamento in modo da tornare quando l'insegnante avrà più tempo da dedicarvi.

Per quanto sia importante incoraggiarli e garantirgli sostegno, non potete pretendere che i vostri figli siano i primi in tutte le materie, né dare la colpa alla scuola se questo non accade.

In Gran Bretagna ogni giorno più o meno ventiduemila ragazzi marinano la scuola senza giustificazione. Come ho raccontato, negli anni Sessanta lo facevo anch'io, per evitare di marciare avanti e indietro insieme al Corpo dei cadetti.

Se scoprite che vostro/a figlio/a bigia la scuola, non arrabbiatevi. Cercate di mantenere la calma e parlatene con lui/lei, chiedendogli/le una spiegazione. È per pigrizia? Per paura? Come sempre, il dialogo è importantissimo. Chiedetegli/le cosa è che lo/la induce a marinare le lezioni. Per caso c'è un insegnante che non sopporta? Le soluzioni esistono. Potete chiedere alla scuola di spostare vostro figlio/a in un'altra classe. Potete anche prendere in considerazione di fargli/le cambiare scuola.

In ogni caso, non fate finta di niente. L'assenteismo scolastico spesso sfocia in problemi più gravi. Dalle statistiche ufficiali emerge che ogni anno nel Regno Unito all'incirca uno studente su 1000 viene sospeso e lascia per sempre la scuola.

In casi estremi, ci sono molti libri che vale la pena leggere per aiutare i vostri figli sia alle scuole elementari che alle medie. Dal punto di vista psicologico, non fatevi prendere dal panico. Se vostro figlio/a fa fatica a scuola non perdete la calma. Parlatene con la vostra compagna, con vostro/a figlio/a e con gli insegnanti. Non dovete sconvolgervi se vi consigliano di far vedere vostro/a figlio/a da uno psicopedagogista, che in molti casi vi potrà offrire dei suggerimenti molto pratici. Esistono anche delle associazioni che offrono consigli su come farsi aiutare quando i ragazzi hanno problemi con la scuola.

Lo zen e l'arte di superare gli esami

I ragazzi sono messi alla prova fin dall'inizio della carriera scolastica. A certi piace, ma per la maggior parte di loro è una cosa odiosa. I consigli qui di seguito valgono dai setteotto anni in poi. Immaginate di essere un allenatore. Dovete creare, senza metterli troppo sotto pressione, un'atmosfera tale che permetta ai vostri figli di prepararsi con fiducia alla dura prova che li aspetta. Assicuratevi che i vostri bambini possano fare i compiti in un ambiente calmo e silenzioso e, quando sono più grandi, fate in modo di offrirgli un posto comodo dove ripassare.

Sono quasi tutti consigli basati sul buon senso. I ragazzi ci mettono poco ad agitarsi e ad andare in confusione. Assicuratevi che sappiano su quali argomenti verranno esaminati e che abbiano le penne, le matite e le gomme di cui avranno bisogno. Se un particolare esame li terrorizza, parlatene con chi di dovere a scuola.

Quella degli esami è un'esperienza che accomuna gli adolescenti di quasi tutti i paesi del mondo. Durante la preparazione, i genitori sufficientemente buoni devono lusingarli e saper gestire la situazione, preparargli uno spuntino, ripetergli che possono contare su di loro e che il giorno dell'esame andrà tutto bene. L'esame è una prova molto dura, da affrontare armati di penna e calcolatrice.

Eccovi alcuni semplici consigli. Assicuratevi che i ragazzi comincino il ripasso con un certo anticipo. Pianificate con loro un programma che sia realistico, flessibile e che abbia un nesso con l'argomento della prova.

Non esiste un metodo «giusto» per ripassare e le cose saranno cambiate dall'epoca in cui eravate voi a sostenere gli esami, per cui non insistete perché i vostri figli seguano il metodo che seguivate voi. Un consiglio utile è però che gli facciate far pratica con questionari e prove scritte a tempo, in modo che si possano fare un'idea di come sarà l'esame vero e proprio.

Se vostro/a figlio/a è stressato/a, potete parlare con lui/lei dei punti che seguono, esercitandovi insieme a lui/lei. Troverete delle analogie con le procedure da seguire nel caso che siate soggetti ad accessi d'ira.

Metodi di rilassamento per padri e figli

- Chiudete gli occhi e fate respiri lenti e profondi.
- Individuate le aree in cui si accumula la tensione e cercate di rilassare la muscolatura corrispondente; immaginate di sentire che la tensione svanisce.
- Rilassate tutto il corpo, dai piedi alla punta dei capelli.
- Mentre vi concentrate su ciascuna parte del vostro corpo, immaginatevi una sensazione di calore, di pesantezza e rilassatezza.
- Dopo una ventina di minuti fate alcuni respiri profondi e stiracchiatevi.

Se vivete in un paese di cultura buddista la respirazione zen vi dovrebbe venire spontaneamente.

Lo zen non si dimostrerà utile in caso di parecchi altri errori. Uno piuttosto comune è non leggere bene le domande. Invece di rispondere alla domanda *Perché Enrico VIII propugnava con tanta fermezza la dissoluzione dei monasteri?*, gli studenti rispondono alla domanda *Perché Enrico propugnava con tanta fermezza la dissolutezza?*. Divertitevi a porre ai vostri figli delle domande stupide che evidenzino quanto sia importante, prima di rispondere in maniera dettagliata, leggere bene e capire il succo della domanda che viene posta durante l'esame.

Una volta finito l'esame, date a vostro/a figlio/a la possibilità di commentare le sue risposte, ma non state a piangere sul latte versato. Ciò servirà solo a stressarlo/la nel caso abbia l'impressione di aver fatto meno bene di quanto avrebbe potuto.

Restate con i piedi per terra, e aiutate vostro/a figlio/a fare altrettanto. Ognuno di noi è diverso dagli altri; tenete a mente cosa evidenziavano gli studi condotti sul quoziente intellettivo. Riuscire bene negli esami non è tutto nella vita. Se alla fine vostro/a figlio/a non se la caverà bene, non sarà la fine del mondo. Affrontare il peggio li renderà capaci di riflettere su come comportarsi la prossima volta. Quasi sicuramente ci sarà l'occasione di ritentare l'esame, o in alternativa si potrà aprire un'altra strada.

Ricordatevi sempre che i vostri figli stanno studiando per se stessi e non per recuperare quelli che giudicate essere i vostri fallimenti personali. Al termine di questo libro parlo degli effetti disastrosi che possono verificarsi quando un padre vuole trasformare un figlio in una copia di se stesso, fare di lui o di lei la persona di successo che lui non è riuscito a diventare.

16

Vita in famiglia in versione moderna: la famiglia ricostituita

L'antico termine inglese *steop-* significa «orbare», «privare». E ciò coglie una realtà importante, ovvero che ogni famiglia ricostituita da una madre o un padre che hanno un nuovo compagno o una nuova compagna (quella che gli inglesi chiamano per l'appunto *stepfamily*) ha dovuto affrontare un trauma, una morte o un divorzio, le grandi perdite della vita. È dunque presumibile che non sia facile farne parte. In passato era anche uno stigma. Il matrimonio era per sempre, il divorzio una vergogna, e se tuo padre moriva in qualche modo la colpa era attribuita a te.

Oggigiorno le famiglie ricostituite sono un ulteriore aspetto della trama multiculturale e multisessuale in cui viviamo. Be', almeno in teoria. Negli Stati Uniti una famiglia su tre appartiene a questa categoria e ogni giorno si formano 1300 nuove famiglie di questo genere. Nel Regno Unito l'associazione nazionale Stepfamily stima che nel paese esistano tra i 2,5 e i 3 milioni di famiglie ricostituite. Mamme e papà «acquisiti» non sono più una rarità, ma ciò non rende le cose più semplici per i bambini. Alcuni studi evidenziano che il 50 per cento dei bambini all'interno di una famiglia ricostituita odia il «patrigno».

Lo stress da famiglia ricostituita non è frutto di immaginazione. Innumerevoli sono i miti e le favole che narrano di matrigne e patrigni malvagi. Poi c'è la storia, quella «vera». Nel 1831, la madre di Charles Baudelaire presentò al figlio, che aveva dieci anni, il suo nuovo «padre», il generale Aupick. Il padre di Baudelaire era morto e sua madre si era innamorata ma non lo aveva detto al figlio. Lo fece solo appena prima del matrimonio. Secondo alcuni biografi, Aupick era un uomo stimabile ma malavveduto; altri gli affibbiano il tradizionale ruolo del patrigno crudele. Il generale portò il figliastro sui Pirenei, fatto che ispirò a Baudelaire la prima poesia pubblicata, *Incompatibilità*. La gita fu orribile, ma la poesia no. Il generale, tuttavia, in preda alla rabbia spedì il ragazzo in India a fare un viaggio che ne corroborasse il carattere. Per protesta Baudelaire si chiuse in cabina (era bravo a protestare), accusando il generale di aver rovinato il suo rapporto con la madre e di averlo escluso con l'inganno da un'eredità di ben 75.000 franchi.

Per fortuna sua il generale Aupick non è vissuto ai giorni nostri. Oggi Baudelaire avrebbe pagato un avvocato e lo avrebbe spogliato di tutte le sue medaglie, e anche delle braghe. Il problema della famiglia Baudelaire era che i suoi membri non avevano trovato una nuova armonia tra di loro, che invece è ciò che accadde nella famiglia di Sigmund Freud. Freud aveva due fratellastri dal primo matrimonio del padre ed era molto affezionato ad almeno uno dei due. I Freud «fusero» o «rimescolarono» (a proposito di metafore culinarie ardite) le loro famiglie.

Secondo alcuni studiosi l'uso di questi termini sembra alludere al fatto che i membri di una famiglia ricostituita si rimescolano a formare una nuova unità familiare venendo meno alla fedeltà nei confronti degli altri membri della famiglia che ne rimangono esclusi. La parola «fusione» suscita aspettative irrealistiche quando invece la famiglia ricostituita è spesso fatta di confusione, conflitti e sofferenza per i bambini, per i padri e per le madri. E, per dirla tutta sulla terminologia, per essere mescolati, la frutta, la verdura e altri cibi non cotti devono essere messi nel frullatore che, prima di trasformarli in qualcosa di gustoso e morbido, li sbatte, li tritura e li frulla.

Nel frullatore metrosexual postmoderno è possibile che un patrigno viva insieme a una nuova compagna e ai figli di lei, ma magari vedendo i suoi figli biologici part-time perché questi vivono con la loro mamma. All'ora di andare a dormire l'uomo sa che a mettere i suoi bimbi a letto è il nuovo compagno dell'ex compagna, mentre lui si occupa di mettere a letto i figli di qualche altro uomo. Non è facile.

Sotto lo stesso tetto si possono trovare le seguenti combinazioni:

padre biologico-figlio biologico; patrigno-figliastro; madre biologica-figlio biologico; matrigna-figliastro; fratello-sorella; fratellastro-sorellastra.

Per avere a che fare con un tale mix di rapporti bisogna possedere delle grandi, raffinate capacità dal punto di vista sociale ed emotivo, soprattutto quando parecchie delle persone coinvolte ne usciranno danneggiate. Probabilmente i bambini avranno la sensazione di essere stati abbandonati dal vero padre e ne sentiranno la mancanza. I conflitti possono essere traumatici, comici, ma anche tutte e due le cose insieme.

E non provate a rifugiarvi nell'alcol per tirarvi fuori dagli impicci. Cari papà, anche se siete dentro un frullatore, che non vi frulli in testa l'idea di alzare il gomito!

In virtù della mia stessa esperienza di «patrigno», ho girato una commedia, dal titolo *Dead Cool*, sulle discussioni tra un ragazzo adolescente e il nuovo fidanzato della mamma. Il ragazzo odia il potenziale patrigno e non sopporta l'idea che la madre faccia l'amore con lui; a giudizio del ragazzo fanno un casino tale da far tintinnare il Canary Wharf. Il ragazzo escogita una tattica brillante per far soffrire il patrigno, stringendo amicizia con l'ex moglie dell'uomo. Ma la realtà è più triste della finzione.

Famiglia ricostituita e infelicità

Uno degli studi più seri sulle famiglie ricostituite è ancora quello di Gill Gorell Barnes. La scienziata pubblicò una ricerca condotta su 444 bambini nati nel 1958, cinquanta dei quali cresciuti all'interno di una famiglia ricostituita (Gorell Barnes *et al.*, 1998). Spesso i bambini erano confusi. Talvolta, quando un genitore se ne andava, loro non sapevano nemmeno cosa fosse successo alla vera mamma o al vero padre, né quando (o se) li avrebbero mai rivisti. Come raccontò un bambino, la sua mamma «un giorno ci presentò quest'uomo dicendo che sarebbe venuto a vivere da noi». Erano gli adulti a dettare le regole. In barba all'intelligenza emotiva.

Le madri erano più brave dei padri nel preparare i figli alla loro nuova relazione, ma spesso anche loro erano reticenti. I bambini non amano pensare ai propri genitori come esseri sessuati e i genitori ne sono consapevoli. Alcuni dei soggetti studiati da Gorell Barnes confessavano di non sopportare di assistere a manifestazioni di affetto fisico tra la loro mamma e il nuovo patrigno. I genitori lo sanno e non vogliono che i figli rimangano sconvolti. Per risparmiargli la sofferenza e l'imbarazzo nessuno dice niente del nuovo compagno o della nuova compagna finché non è assolutamente indispensabile.

In generale non ci si aspettava molto dal patrigno. Di norma i bambini non lo chiamavano «papà» e per molti era «più come uno zio». Il patrigno si lasciava coinvolgere, ma non più di tanto. Magari dava un'occhiata veloce ai compiti o per premio portava tutta la famiglia a fare un giro con la macchina. Ma non era come un vero padre.

Gorell Barnes e le sue colleghe rilevarono che molti bambini di famiglie ricostituite dicevano di odiare il proprio patrigno, pur ammettendo che la loro mamma era meno nervosa e più contenta di prima. Se ne accorgevano anche bambini di soli otto anni. Il tipo non è granché, ma la mamma è più allegra. Alcuni ragazzi, invece, scappavano non appena ne avevano la possibilità.

Parecchi dei soggetti studiati da Gorell Barnes se ne sono andati presto di casa o si sono sposati molto giovani. Ciò che desideravano era un po' di stabilità emotiva, cosa che però solitamente non trovavano, e infatti avevano la tendenza a divorziare più della media. In loro si era instaurato un circolo vizioso di infelicità.

Oggi le famiglie ricostituite sono meno stigmatizzate di un tempo perché sono più diffuse; tuttavia, gli studi dimostrano che vivere in una famiglia di questo tipo sta diventando, semmai, persino più difficile.

Quando un adolescente esterna la sua rabbia

Una delle descrizioni più commoventi dei problemi mentali nell'adolescenza è contenuta in *I'll Love You If* (2009) di Matthew Huggins. La mamma di Huggins lo partorì quando aveva sedici anni e di lì a poco ebbe altri due figli. Per la donna era dura fronteggiare la situazione e il bimbo più grande ricevette meno amore e meno attenzione del necessario. Suo padre, inoltre, si faceva vedere poco e niente.

A sei anni il bimbo mostrava segni di depressione. Ogni volta che la madre portava a casa un nuovo compagno, la depressione – e la frustrazione – crescevano. A undici anni

Huggins diede fuoco al soggiorno e alla fine se ne scappò a Southend, perché pensava che il suo vero padre vivesse lì. A Southend il ragazzo si arrampicò sul pontile minacciando di buttarsi di sotto. Furono i poliziotti a convincerlo a scendere. Di lì a qualche settimana fu affidato ai servizi sociali.

Mentre era sotto tutela, in due istituti per l'infanzia e in una comunità terapeutica, Huggins fu vittima di atti di bullismo e di abusi. Per un periodo fu anche messo in affidamento d'urgenza. In un caso la madre affidataria insisteva per fargli prendere dei farmaci, perché aveva l'idea balzana che così avrebbe risolto tutti i problemi e poi lo avrebbe portato a fare una vacanza a New York. Huggins, che non voleva saperne di assumere farmaci, finì per scappare di nuovo. La comunità terapeutica fu più utile delle altre sistemazioni, se non altro per un po' di tempo. Lì il ragazzo fu sottoposto a una valutazione psichiatrica, fatto che migliorò la sua situazione. Ciononostante, Huggins continuò a soffrire di depressione e, occasionalmente, di attacchi di iperattività patologica.

Leggendo il libro si capisce chiaramente una cosa: avere a che fare con un adolescente problematico è un inferno, ma anche essere un adolescente con problemi è un inferno. E il libro suggerisce di ricorrere alla sincerità. Dite sempre la verità. Mentre era sotto tutela, Huggins scoprì che l'uomo che credeva fosse suo padre in realtà non lo era, il che esacerbò la sua depressione e la sua rabbia. Il libro ha anche una connotazione ottimistica, ovvero che gli adolescenti possono superare i problemi di natura mentale. A ventun anni Huggins diventò il consigliere comunale più giovane della Gran Bretagna. Ciononostante, il lieto fine era di là da venire: messo sotto pressione da ogni genere di politica, il ragazzo divenne dipendente dalle droghe e dall'alcol.

Alla fine Huggins ha ripreso il controllo della propria

vita. Vi rivelerò cosa ne è stato di lui alla fine di questo capitolo.

Violenza

Secondo l'NSPCC gli abusi fisici sui bambini da parte dei patrigni sono un fatto frequente. Ogni giorno in Inghilterra e nel Galles sono 600 i bambini che entrano a far parte del registro ufficiale dei programmi di protezione dell'infanzia; il 26 per cento delle violenze sessuali è subito da bambini, spesso all'interno di famiglie ricostituite. Uno studio canadese evidenzia che gli uomini hanno un atteggiamento molto diverso nei confronti dei figli biologici e dei figliastri. Nelle stragi familiari, di cui ho parlato nel capitolo 3, i figliastri rischiano quattro volte di più di morire per mano dei patrigni rispetto ai figli biologici per mano dei «veri» padri.

Gli uomini che sentono di non saper fronteggiare le tensioni che sorgono all'interno di una famiglia ricostituita dovrebbero farsi aiutare da qualcuno.

In una famiglia ricostituita tutti devono fare i conti con persone nuove e abitudini nuove. In teoria si dovrebbe essere in grado di prenderla come un'avventura. Gli autori di libri per ragazzi sono ben consapevoli di come funzionino le dinamiche della diffidenza. Nel campo editoriale si è creato un mercato di nicchia sul tema della «fusione» delle famiglie. In questi libri i membri di una famiglia ricostituita non appaiono come gli sciroccati malvagi delle favole. *Living with My Stepfather is Like Living with a Moose* (ovvero «Vivere con il mio patrigno è come vivere con un alce»; bel titolo, come dice Christopher Marlowe a Shakespeare in *Shakespeare in Love* quando questi gli dice di avere una commedia intitolata *Romeo e Ethel, la figlia del pirata*) e

The Stepman hanno una trama simile. I bambini odiano il proprio patrigno ma alla fine imparano a capire che non è un mostro. Ha delle strane abitudini, però vuole davvero bene alla mamma. Abbracci, cioccolata calda e felicità per tutti!

Guadagnarsi la fiducia dei bambini non è semplice, soprattutto se i ragazzi sono feriti o confusi. Spesso anche i patrigni hanno avuto delle esperienze che li hanno resi diffidenti. Imporre delle regole potrà sembrare un segno di arroganza, ma secondo me ce ne sono due che i patrigni dovrebbero seguire.

Non parlate male del padre biologico, anche se a farlo è la madre dei bambini; con un'unica importante eccezione: se il loro vero papà ha un comportamento violento o maltratta i familiari.

Anche se non è facile, cercate di essere coerenti rispetto alla quantità di sentimenti e affetto che offrite ai vostri figliastri: evitate di fare il patrigno tutto sollecito un fine settimana e la settimana dopo comportarvi come se voi non aveste nulla a che fare con loro. Questo è il modo più sicuro per deludere un bambino.

Ovviamente può anche darsi che con i vostri figliastri vi divertiate, e allora sorge un vero dilemma. Fino a che punto diventate per loro una figura paterna? È una questione complessa, soprattutto quando i bambini sono molto piccoli. Spesso gli uomini si ritrovano a cercare un difficile equilibrio tra il non far finta di essere il vero padre e, contemporaneamente, l'essere un genitore decente per la gran parte del tempo.

Quando i bambini sono piccoli, spesso le battaglie all'interno delle «nuove famiglie» sono sia di ordine pratico che psicologico. Può darsi il caso che voi e la vostra nuova compagna abbiate degli approcci educativi diversi. Magari voi siete un babbo autoritario, di quelli che «quello che dico io è legge», mentre i figli della vostra nuova compagna sono abituati a un padre permissivo. Se non insistete perché i suoi figli vadano a letto alle nove, cosa accadrà quando avrete ospiti i vostri figli? Se i figli della vostra compagna rimangono alzati, come farete a dire ai vostri di filare a letto?

Autoanalisi 11
Ecco alcuni spunti di riflessione per i patrigni tratti dalla vita reale

Cosa succede se per cena c'è la zuppa di pesce? Fred odia la zuppa di pesce. Gli cucinate qualcos'altro?

Chi è che alla fine decide quale programma si guarderà alla tele?

Quali sono le regole riguardanti i compiti?

Quali sono le regole sull'orario di andare a letto? In una famiglia i bambini di sei anni vanno a letto alle nove e non gli viene mai permesso di restare alzati oltre quell'orario. In un'altra famiglia vanno a letto alle 20.30, ma possono stare alzati un po' di più se alla televisione c'è qualcosa di carino.

Come è regolato l'accesso alla camera dei genitori?

Quando si cerca di mettere insieme due famiglie, sia per gli adulti che per i bambini è necessario che sulle cose ci sia il massimo della chiarezza possibile. Il che non è mai facile, ed è ancora più complicato nelle fasi iniziali della «ricostituzione» di una famiglia, in quanto si tratta di un momento che chiama in causa le emozioni. Uno studio dell'NHI (National Institute of Health) ha evidenziato che una famiglia ricostituita ci mette parecchi anni a diventare un vero e proprio nucleo familiare. I rischi di fallimento sono più alti durante i primi due anni a causa della confusione sul comportamento che dovrebbero tenere matrigne e patrigni e all'autorità che possiedono, e per via dei conflitti tra il genitore che convive con il ragazzo e l'altro genitore. Per non parlare poi delle tensioni emotive ed economiche.

Gelosia

Per il bambino si tratta di una situazione disorientante. I bambini vogliono attenzione; i bambini diventano gelosi. Voi, il patrigno, siete l'uomo che adesso trascorre la notte nel letto della loro mamma? Dove un tempo dormiva il loro papà? Il luogo che, secondo Freud, il bambino nutre la fantasia inconscia di occupare? Se non si uccide il proprio padre è perché lui è più grande e si è cominciato a identificarsi con lui, ma dal momento che probabilmente il proprio padre desidera la morte del patrigno (mi riferisco a impulsi inconsci), in parecchi casi il bambino ha tutti i motivi (inconsci) per essere arrabbiato, e persino per essere violento.

Dopo la separazione o il divorzio, il buon senso impone che i genitori continuino a cooperare all'educazione dei figli. Nel 2000 il professor Jackie Walker dell'università di Newcastle, che era a capo di un programma di ricerca per conto del dipartimento del Lord Cancelliere, mise in guardia avvocati e lavoratori del settore sociale dal facile ottimismo: una simile collaborazione tra genitori divorziati è un risultato molto difficile da raggiungere.

Naturalmente è utile che i genitori acquisiti e quelli biologici comunichino senza rancore in modo da dimostrarsi coerenti e sostenersi a vicenda quando si occupano dei bambini. Un'idea utile per le famiglie ricostituite è tenere quella che io definisco la «Consulta domestica con pizza».

State «comprando» i bambini, ma per una buona ragione: hanno necessità di ascoltare e di avere la possibilità di parlare. L'unica soluzione sta nel dialogo. Ordinate delle pizze, oppure mettetevi d'accordo con la vostra compagna e cucinate qualcosa di speciale. È un'occasione speciale. Lasciate rilassare tutti quanti, quindi spiegate quali sono le regole della Consulta domestica con pizza; John B. Watson avrebbe approvato. Non definitelo un consiglio di famiglia, perché ciò metterebbe i figli della vostra compagna nella condizione di chiedere «dov'è il mio vero papà?» e i vostri di protestare «dov'è la mia vera mamma?».

Spiegate che tutti dovete comprendere quali sono le regole per la convivenza nella nuova casa. In ogni casa c'è bisogno di regole. Per iniziare il discorso non sarebbe male usare le questioni trattate nel punto Autoanalisi 11. Se non riuscite a raggiungere un accordo, finirete solo tra lacrime e discussioni. Se i bambini sono piccoli, un modo per prevenire un finale disastroso è giocare con delle bambole.

A questo punto spiegate ai bambini quali, secondo voi, sono delle regole eque per il genere di situazioni descritte in Autoanalisi 11, che riguarderanno la tv, i compiti, i pasti, i momenti fondamentali della vita quotidiana. Altre questioni di rilievo sono:

- Quali sono i tipi di comportamento che dovrebbero essere puniti?
- Quanto severe saranno queste punizioni?
- Quali comportamenti dovrebbero prevedere un premio o una ricompensa?

La Consulta domestica con pizza offre ai bambini l'opportunità di contestare e agli adulti di capire cosa pensano i bambini e dunque cambiare idea. Se i piccoli suggeriscono qualcosa di assurdo, ridete. Niente, tuttavia, dovrebbe essere tabù. Esistono persone brillantissime che si scordano di decisioni già prese di buon accordo. Fate anche voi così.

Una volta che le «Regole della casa» sono state approvate, scrivetele su una lavagnetta e fatele sottoscrivere a tutti.

Sembra stupido, ma significa che i ragazzi sono costretti a prendersi un impegno.

Ciò contribuirà a creare un'atmosfera nella quale i bambini sanno che il dialogo e la negoziazione sono possibili. Ripromettetevi di convocare la Consulta una volta al mese perché nella vita di una famiglia ricostituita si verificano immancabilmente degli scoppi d'ira. Un adulto di buonsenso assumerà una posizione coerente almeno su alcune questioni.

I problemi peggiori nelle famiglie ricostituite arrivano (e non c'è da meravigliarsene) quando la famiglia non è stabile, la mamma cambia in continuazione fidanzato e i bambini devono vedersela con un uomo dietro l'altro. A quanto pare nessuno ha studiato come se la cavino i papà singoli con i figli quando pratichino un ricambio continuo di fidanzate, ma qualcuno dovrebbe farlo!

Siccome i motivi di attrito sono tanti, non c'è da sorprendersi se alcuni padri acquisiti escogitano delle strategie per la sopravvivenza. Uno dei miei preferiti è Brian che ha un sito che si chiama *How to survive as a stepdad* («Vita da patrigni: suggerimenti per la sopravvivenza»).

Brian spiega che, per quanto continui ad amare i figli biologici, la sua lealtà va innanzitutto alla sua nuova compagna. Ormai è abbastanza maturo da fare l'egoista. Brian riesce a vedere il suo bambino solo nel fine settimana, mentre dal lunedì al venerdì sta con la nuova compagna e il figlio di lei. Almeno a detta di Brian, ciò giustifica il fatto di dare la priorità alle esigenze del suo nuovo amore invece che a quelle di suo figlio.

Comportatevi lealmente

Piaget e Kohlberg (Kohlberg, 1984) constatarono che i bambini hanno il senso della giustizia. Le Consulte domestiche con pizza dovrebbero offrirgli almeno l'opportunità di porre all'attenzione quelli che sono i loro problemi.

Se la vostra Harriet si becca un ceffone quando è sgarbata con la sua nuova «mamma» mentre Tina, la figlia della vostra compagna, se la cava solo con un rimprovero quando vi risponde male, alla fine scorreranno le lacrime. I bambini si sentiranno molto peggio che confusi, perché avrete sollevato le più dolorose tra le questioni, espresse o inespresse che siano, tipiche della condizione della famiglia ricostituita.

- Vuoi bene anche a me?
- Vuoi più bene a lui/lei?
- Perché a me vuoi meno bene?

Spesso queste domande generano angoscia. Per scongiurare l'angoscia siate affettuosi ed equi.

In una famiglia ricostituita i bambini devono sentire di essere tutti uguali e di essere trattati alla stessa maniera. Le ingiustizie non aiutano l'amore a crescere. La teoria è ottima, ma per metterla in pratica (far sì che all'interno di una famiglia ricostituita tutti i bambini si sentano amati, e amati nello stesso modo, e amati a dispetto del fatto che sono diversi come il giorno e la notte) occorrono pazienza, abilità e, certamente, affetto sincero. La verità è che quasi sicuramente non amerete i vostri figliastri nello stesso modo in cui amate i vostri figli. Tuttavia potete infondergli sicurezza, e assicurarvi che la loro madre gli dimostri quanto gli vuole bene.

Per alleviare le tensioni, ancora una volta vi suggerisco di ricorrere all'umorismo. Se i bambini sono piccoli, utilizzate delle bambole per imitare i membri di una famiglia che litigano. Se i bambini sono un po' più grandi, inventatevi una famiglia ricostituita un po' surreale che si riunisce a consiglio e parlate dei casini che i suoi membri hanno da risolvere.

Autoanalisi 12
Riflettete sulle seguenti domande:

In quale tipo di situazione favorite i vostri figli?

Che cosa vi dà fastidio nei figli della vostra compagna?

Avete la tendenza ad arrabbiarvi più facilmente con i suoi figli che con i vostri?

Se è così, cosa potete fare per risolvere il problema?

Che cosa vi piace dei figli della vostra compagna?

Esiste un hobby o un'attività che potete condividere con uno o più di loro?

Preferireste una situazione in cui loro non fossero sempre presenti, sempre in mezzo fra voi e la vostra compagna?

Mettervi nella condizione di dover decidere fra la vostra compagna e i vostri figli può portare alla disperazione. Per quanto non possiate evitare i conflitti, potete sempre essere un buon padre, un buon patrigno e un buon nuovo marito o compagno. Io ho imparato che ciò che serve sono amore, pazienza, capacità diplomatiche, ogni tanto imporre la propria volontà e, sempre ogni tanto, correre in aiuto. Non ce la potrete fare se non sarete disposti a essere onesti con voi stessi, e fate attenzione a come vi comportate.

Le persone non si trasformano in santi dalla sera alla mattina, però è necessario che analizziate molto attentamente il vostro comportamento per capire cosa potete fare per cambiarlo. Se avete un buon rapporto con la vostra nuova compagna dovreste essere in grado di parlare con lei di questi problemi, dato che probabilmente anche lei incontrerà le stesse difficoltà nel confrontarsi con i vostri figli.

Il «papà una volta a settimana»

Associazioni come la britannica Families Need Fathers sottolineano come i padri «a tempo parziale» debbano essere trattati con equità dalla giurisprudenza quando si tratta delle visite ai figli, del sostegno e dell'educazione dei figli. Il mio libro non è un manuale legale e gli uomini che stanno affrontando un divorzio o una separazione devono ricorrere alla consulenza di un buon avvocato.

È possibile che il papà part-time si senta isolato e amareggiato. Il divorzio gli ha rovinato la vita; vede i figli solamente una volta o due al mese; se durante le visite alza la voce con la figlia, non ha modo di superare la cosa in maniera spontanea nel corso della vita quotidiana.

Mi sono ritrovato nel bel mezzo di una guerra sui giorni da passare in compagnia dei figli quando un mio parente si separò dalla sua compagna. Il giovanotto beveva troppo, andava a prendere il bambino in ritardo e una volta tentò di sfondare la porta perché la madre non voleva farlo entrare. Diceva che era ubriaco e in ritardo. La questione finì inevitabilmente in tribunale.

Julia Ross e io offrimmo la nostra casa come luogo sicuro per gli incontri. Dato che Julia era una direttrice dei servizi sociali, il giudice ci permise di fare da supervisori delle visite. All'inizio ci fu parecchio imbarazzo. Padre e madre non si rivolgevano la parola. Lei insisteva a rimanere dietro la porta, e l'atmosfera di tensione turbava il bimbo di quattro anni. La cosa migliorava quando la madre se ne andava, ma il mio parente si sentiva bloccato dal fatto di avere come supervisori dei membri della sua famiglia. Non ha mai picchiato suo figlio. Si lamentava che nel nostro soggiorno non riusciva a comportarsi in maniera spontanea, ma noi avevamo assicurato al giudice che avremmo fatto da supervisori agli incontri.

Piano piano il rapporto tra padre e figlio andò migliorando, e oggi non c'è più bisogno di soprintendere agli incontri. Se la vostra ex ha ottenuto la custodia dei figli siate disposti a fare delle concessioni se volete evitare di finire nelle pastoie del ricorso ai giudici.

Spesso le mamme alla fine rinsaviscono, perché sono consapevoli che i bambini hanno bisogno di mantenere i rapporti con il padre, ma anche per un motivo più egoistico: necessitano di un po' di tempo per se stesse. Non perdete il controllo, mettete da parte i rancori e i pensieri su ciò che sarebbe potuto succedere e cercate di trovare la forza per essere generosi in situazioni di tensione come queste. Fate in modo di non rimanere isolati. Ci sono molti altri papà nella stessa difficile situazione in cui vi trovate voi.

Si tratta di un quadro piuttosto deprimente, ma molte famiglie ricostituite alla fine ce la fanno. C'è bisogno di studiare molto di più il modo di far funzionare meglio le famiglie di questo tipo, perché in futuro saranno sempre più numerose. Esistono delle statistiche secondo cui entro il 2030 nessuno vivrà più in una famiglia normale formata da una mamma, un papà e dai bambini che i due hanno concepito insieme.

Vi ho promesso che vi avrei raccontato cosa ne è stato di Matthew Huggins: attualmente gestisce un'associazione che ha come scopo quello di migliorare i servizi che gli enti locali dedicano ai bambini affidati ai servizi sociali.

17

È possibile leggere nella mente dei teenager?

Siamo portati a pensare che i teenager siano un fenomeno del ventesimo secolo ma, secondo l'Oxford Dictionary, il termine *teens* era utilizzato nella lingua inglese già nel 1611, con il significato di «irritare, contrariare, causare angoscia». Nel 1973, comunque, la parola teenager aveva già assunto il significato moderno, indicando i ragazzi fra i tredici e i diciannove anni di età.

E se *teens* non è una parola nuova, nemmeno i capricci dei teenager sono una novità. In un bestseller della tarda età vittoriana, *Diario di un nessuno*, Mr. Pooter, il nessuno del titolo, se la deve vedere con il figlio Loomis, che ha diciotto anni. Loomis combina pasticci con le ragazze, pasticci coi soldi e pasticci perché ha in progetto di diventar ricco in fretta. Loomis sarebbe un perfetto adolescente del ventunesimo secolo, visto che quando è al verde è bravo ad arruffianarsi la mamma e a vivere alle spalle del papà. Per il resto, se ne frega altamente. Quando Pooter gli trova un impiego nella banca in cui lavora, Loomis commette degli errori, risponde male al capo e taglia la corda.

Molti genitori ammettono di guardare con terrore all'adolescenza dei figli perché si aspettano delle battaglie senza fine (Herbert, 1987): battaglie sulla scuola, sull'abbigliamento, sul denaro, sul sesso, sulle bollette telefoniche, perché vogliono rimanere fuori fino a tardi ed essere lasciati in pace: problemi di controllo e privacy. Fino a dove si estende il vostro diritto, in qualità di genitore, di farvi gli affari dei vostri figli? Di solito i genitori pensano che i figli siano di loro proprietà, e pertanto di possedere il diritto assoluto su di loro. Quando hanno otto anni è una pretesa ragionevole; non lo è per niente quando ne hanno venti. Qual è il punto oltre il quale la protezione del proprio figlio diventa oppressione? Su questo i papà devono riflettere, dato che molti genitori non sopportano di non sapere tutto dei propri figli.

Pooter si sarebbe meravigliato se avesse conosciuto Piaget. A detta dello psicopedagogista svizzero, a quattordici anni il giovane umano è un modello di logica. Considerato che Piaget ebbe tre figli, posso solo presumere che:

1. Piaget non li vedesse mai. Falso.
2. I suoi ragazzi fossero sotto ipnosi. Falso.
3. Una fata avesse sparso della polvere magica su Neuchâtel, la città dove vivevano i Piaget, oppure che ci fosse un ingrediente segreto nella ricetta del cioccolato svizzero. Chissà?

All'età di quattordici anni il bambino di Piaget, il bambino con capacità operazionale concreta, diventa un piccolo Einstein! Un maestro di logica o di operazioni formali. Ponete il vostro ragazzo adolescente di fronte a un'equazione come: «Cosa consegue dalla condizione se P allora Q?» «E che ci vuole!» vi canzona il teenager. «Q, col cavolo!» Ho già sostenuto come Piaget sottovalutasse le facoltà dei bambini piccoli, ma anche come poi si sia rifatto con gli adolescenti, che considerava come dei campioni di razionalità. In effetti solo una persona su 76 riesce a raggiungere lo stadio piagetiano delle operazioni formali, e quasi tutte diventano matematici o filosofi.

Questo capitolo si occupa degli adolescenti normali, i restanti 75 del campione di 76 individui. Fino a poco tempo fa immaginavo che, se si fosse chiesto a un normale teenager cosa consegue dalla condizione «Se P allora Q», il suddetto teenager avrebbe risposto a Piaget di andarsi a impalare sulla vetta del monte più vicino.

Ma poi mi sono imbattuto negli studi di Frank Farley e colleghi della Temple University, che sanno tutto ciò che c'è da sapere sugli adolescenti, sulla logica e sui rischi. La loro ricerca inizia con delle statistiche preoccupanti.

Incidenti stradali: maschi e femmine tra i sedici e i venti anni hanno almeno il doppio delle probabilità di essere coinvolti in un incidente d'auto rispetto agli automobilisti della fascia compresa tra i venti e i cinquanta anni. Gli incidenti stradali sono la prima causa di morte nella fascia di età compresa fra i quindici e i venti anni. Il 30 per cento circa dei conducenti più giovani che muoiono in un incidente aveva bevuto.

Malattie a trasmissione sessuale: oltre la metà di tutti i nuovi casi di infezione da HIV riguarda i giovani sotto i venticinque anni. L'AIDS è la settima causa di morte nella fascia di età compresa fra i tredici e i ventiquattro anni. Ogni ora, due adolescenti circa contraggono l'HIV. Ogni anno a tre milioni di giovani viene diagnosticata una malattia sessualmente trasmessa.

Alcolismo: il 40 per cento degli alcolisti adulti ha raccontato di aver avuto i primi problemi con l'alcol negli anni dell'adolescenza.

Gioco d'azzardo: un teenager su dieci è un forte giocatore d'azzardo (e, naturalmente, di solito utilizza i soldi dei genitori).

In base alla diagnostica con risonanza magnetica, la

struttura cerebrale cambia verso la fine della seconda decade di vita. Contraddicendo le statistiche da loro citate, secondo Farley e i suoi colleghi questi cambiamenti nella struttura del cervello aiutano gli adolescenti a diventare più logici. Il teenager medio non è uno scapestrato libero come l'aria; al contrario, ha la tendenza a sopravvalutare il rischio ed è prudente come un direttore di banca vecchio stile. Sono gli adulti che si illudono di essere più invulnerabili ai rischi. Farley e i suoi collaboratori (Reyna e Farley, 2006) pongono una domanda provocatoria: è proprio vero che sono gli adolescenti i meno bravi a valutare il rischio in situazioni di pericolo? No. Piaget aveva ragione. Un applauso per l'adolescente logico!

Julie Goldberg dell'università di Chicago ha rilevato che i teenager ritengono che le gioie dell'alcol prevalgano sui rischi associati all'ubriachezza. I ragazzi sanno che mentre sono sbronzi non riusciranno a reggersi in piedi, che saranno arrestati o addirittura che potrebbero essere picchiati o violentati, ma secondo il loro «calcolo» bere è fonte di troppe soddisfazioni per convincersi a rimanere sobri!

Secondo Farley e colleghi, la maggior parte degli adolescenti sarebbero soggetti che scelgono deliberatamente il rischio affidandosi a un ragionamento logico e adeguato alla loro età. Prima di fare qualcosa di pericoloso gli adolescenti calcolano rischi e benefici. Se un amico propone di rubare dei giochi per computer in un negozio, il soggetto che affronta deliberatamente il rischio non lo fa senza riflettere. È un Einstein del crimine e prende in considerazione le probabilità di essere preso e arrestato, però decide che i giochi per computer sono così divertenti che vale la pena rischiare. I ragazzi calcolano anche che probabilmente la polizia non li beccherà perché i poliziotti hanno troppe scartoffie di cui occuparsi.

Secondo Farley, in realtà sono gli adulti che ragionano

meno logicamente degli adolescenti e che fanno più spesso ricorso all'intuito quando devono prendere una decisione!

Autoanalisi 13
Ponetevi le seguenti domande:
Pretendete che vostro figlio di dodici anni vi dica 1) che sta uscendo, 2) dove sta andando, 3) a che ora rientrerà?
I vostri genitori si aspettavano le stesse cose da voi?
Come vi comportate se i vostri figli adolescenti non vogliono confidarsi con voi?

Tendiamo a credere che tutti questi problemi sfocino in continue discussioni. Può succedere, ma le prove dimostrano anche che la maggior parte dei teenager va d'accordo con i genitori. Negli anni Settanta la percentuale di adolescenti che ammetteva di avere un buon rapporto con i propri genitori era del 75 per cento circa (Coleman, 1974). Una piccola ricerca condotta trent'anni dopo suggerisce che non si tratta di un fatto poi tanto improbabile. Smetana e Metzger (Smetana *et al.*, 2004) hanno studiato un gruppo di 95 adolescenti afroamericani della classe media nel periodo compreso fra i tredici e i diciotto anni, analizzando le «transizioni dello sviluppo». Il fatto di frequentare il college e di vivere in maniera semi-autonoma lontano da casa si rifletteva sui rapporti con i genitori?

I ragazzi più grandi dichiaravano di avere più confidenza con le madri che con i padri. Le ragazze più grandi dichiaravano più spesso di essere in conflitto con la madre rispetto ai maschi coetanei, ma i litigi non impedivano alle figlie e alle madri di mantenere un rapporto stretto. Le discussioni riguardavano le cose da fare in casa, l'abbigliamento, l'orario di rientro delle ragazze, quello che indossavano e i ragazzi. Malgrado i conflitti, madri e figlie erano legate da un forte affetto. La presenza del padre negli anni dell'adolescenza favoriva i rapporti genitori-figli all'avvicinarsi dei vent'anni.

La conclusione più interessante di questo studio è che i genitori dei teenager non dovrebbero avere troppa paura del conflitto. Gli scontri con i figli di età compresa fra i tredici e i sedici anni non aprivano la strada a «disgregazioni» (questo il termine usato dai ricercatori) o a cattivi rapporti negli anni successivi. Molti padri si preoccupano della disciplina e di perdere i propri figli, ma Smetana e Metzger concludevano in questo modo:

> «I genitori non si dovrebbero preoccupare dei piccoli scontri che si verificano negli anni iniziali e intermedi dell'adolescenza (o almeno di quelli non particolarmente violenti), in quanto essi non hanno conseguenze negative a lungo termine sulla relazione figli-genitori. A ogni modo, i genitori dovrebbero cercare di mantenere un rapporto stretto con i figli adolescenti, senza mai smettere di offrirgli il loro sostegno, poiché una relazione di buona qualità nei primi anni dell'adolescenza condiziona i rapporti nel periodo finale dell'adolescenza e nei primi anni della età adulta».

Si tratta di un ottimo consiglio, non sempre semplice da seguire, specialmente quando la vostra signorina si è vestita in maniera molto provocante per uscire con un ragazzo.

Ma ricordate sempre: i teenager sono fatti di ormoni.

Gli ormoni non sanno cosa sia la logica

Talvolta gli adolescenti hanno l'impressione di non sapere cosa sta per combinare il loro corpo. I cambiamenti ormonali causano crescite improvvise, lo spuntare della barba, l'acne; i maschi cambiano anche la voce. Parecchi di noi si ricorderanno di come ci sentivamo goffi e sgraziati da adolescenti. Oggi le pressioni per apparire «troppo giusto» sono persino più forti di un tempo, anzi il termine troppo giusto non va più di moda, per cui diciamo «per essere figo». Nei Paesi Bassi fra i bambini e i teenager va molto di moda la chirurgia plastica. Tuttavia, puntualmente, vi sono casi e casi. Ci sono tredicenni che vanno orgogliose del loro seno prosperoso, mentre altre lo vivono come un imbarazzo. Il mercato dei prodotti contro l'acne è enorme, e i ragazzi si preoccupano di foruncoli e brufoli tanto quanto le ragazze. I genitori devono imparare a dimostrare sensibilità, preparandosi al seguente genere di dialoghi:

Genitore: Stai benissimo così.
Adolescente: E tu che ne sai? E poi chi se ne frega di cosa pensi tu?

I papà devono essere pronti al compromesso. Ricordatevi che voi ne avete fatti più dei vostri figli. In questo dovreste essere avvantaggiati.

Papà, io dormo fuori

Andrew e Cathy hanno cinque figli. Lui è un funzionario di polizia, lei una dirigente nel settore dei servizi sociali. La loro figlia maggiore ha tredici anni. La famiglia vive in campagna alla periferia nord di Londra. «In questo periodo Emma è molto presa dai cavalli, perciò la vediamo poco», mi ha raccontato Andrew. Lui e sua moglie di recente hanno dovuto essere perentori. La coppia era stata invitata a una festa, mentre Emma doveva uscire con gli amici. Andrew e Cathy ignoravano che la loro figlia avrebbe cambiato i suoi piani.

Nel bel mezzo della festa Emma chiamò i genitori sul cellulare. Quella notte non aveva intenzione di rientrare a casa; voleva passare la notte in tenda in mezzo a un campo con degli amici. Dopo qualche domanda (dopo tutto, Andrew è un poliziotto...) saltò fuori che tra questi «amici» c'era anche qualche ragazzo più grande. Andrew e sua moglie non la giudicavano una buona idea, la loro preoccupazione riguardava alcuni di questi ragazzi, così dissero a Emma che loro sarebbero rientrati per le 23.30 e che per quell'ora si aspettavano di trovarla già in casa. «È importante dare il buon esempio», è stato il commento di Andrew. Non si fecero problemi a sacrificare la propria vita sociale per rendere chiaro che anche Emma sarebbe dovuta rientrare per le undici e mezzo.

Ho chiesto ad Andrew se secondo lui si sarebbe comportato nello stesso modo quando Emma avrebbe avuto quindici o sedici anni. Lui rispose di non esserne sicuro. Gli ho chiesto anche se si sarebbe comportato nella stessa maniera se Emma fosse stata un maschio. Andrew ci ha riflettuto un po', poi ha risposto di sì, perché per lui la questione era potersi fidare dei propri figli.

Il compromesso raggiunto da Emma e dai suoi genitori è solo uno delle migliaia che si dovranno raggiungere nel corso dell'adolescenza dei vostri figli. A quindici o sedici anni solitamente i ragazzi vivono con fastidio queste forme di controllo, che eludono limitandosi a non telefonare ai genitori per avvertirli che hanno cambiato programma. E quando si trovano di fronte un adolescente arrabbiato, ai genitori serve una pazienza infinita.

Nessuno batte la furia di un'adolescente chiacchierona

Josie (nome fittizio) preoccupa sia la madre sia i suoi insegnanti fin dall'età di dieci anni, da quando fu colta da un accesso d'ira. Josie non seppe spiegare perché. Era stata ricoverata nel reparto pediatrico dell'ospedale di Prestwich. Quando l'ho incontrata ho trovato una tredicenne ormai piena fin sopra ai capelli delle «chiacchiere» del reparto. Sua madre era in forte sovrappeso, non aveva un compagno e nemmeno un lavoro; era una donna anche lei con i suoi problemi, affidata ai programmi di sostegno.

Talvolta gli psicologi dicono che il problema è che i bambini non riescono a esprimere quello che provano. Questo non era però il problema di Josie, che era in grado di dire a voce alta, di spiegare bene e chiaramente, cosa era che le dava fastidio. Era arrabbiata e stanca, piena di noia e rabbia.

Josie si lamentava (e avrebbe potuto aggiudicarsi il Festival europeo della lamentela) di non avere una vita degna di questo nome. Per lei il momento più eccitante della settimana era fare un giro al supermercato. Ma del resto a che serve visitare un negozio se non hai soldi da spendere? Quando sua madre andava a trovarla, finivano per discutere sempre delle stesse cose. Josie voleva due sterline e 79 per comprarsi le sigarette, e la madre gliele rifiutava. Josie cominciava a strapparsi i vestiti; sua madre le diceva di smetterla.

Josie continuava a farsi a brandelli i vestiti; sua madre diceva che tanto era inutile, i soldi non li avrebbe mai avuti.

Secondo i calcoli di Josie, la madre le doveva dei soldi e, in ogni caso, la donna stava mettendo da parte qualcosa, visto che mentre la ragazza era ricoverata, la sua mamma spendeva meno per il cibo. Josie sosteneva che sua madre voleva più bene alle altre tre sorelle. Mi domando cosa avrebbe pensato Piaget di una reazione di questo tipo. Dal punto di vista logico è assurdo, ma molto astuto dal punto di vista psicologico: io ti faccio risparmiare dei soldi, tu mi vuoi meno bene.

La madre diceva che non ne poteva più di Josie e che voleva solo capire quale fosse il suo problema.

Josie e sua madre stanno affrontando una forma esasperata di guerra adolescenziale. Josie è «fortunata» per il fatto di non essere stata sottoposta a una terapia farmacologica, probabilmente grazie al fatto che si esprime molto e perché assume un atteggiamento provocatorio. E la persona che provoca di più non è qualcuno del personale del reparto, ma sua madre.

Adolescenza, sesso e vanità

L'insicurezza degli adolescenti spesso è il preludio alla loro vanità. Quando avevo quattordici anni, stufo di assomigliare al cugino di Frankenstein, mi portai via i foruncoli col rasoio, dopodiché dovetti coprirmi la cicatrice perché il taglio non smetteva più di sanguinare. Mi convinsi inoltre di stare diventando calvo. Nessuna ragazza avrebbe mai fatto sesso con me se fossi stato senza capelli e tutto butterato in faccia.

Per i papà la sessualità dei propri figli, specialmente quella delle figlie femmine, non è cosa semplice. I bambini cominciano lo sviluppo sessuale molto prima che in passato. Alle ragazze il seno comincia a spuntare fra gli otto e i nove anni; a molte spuntano i primi peli pubici all'età di nove anni. L'età media in cui fa la comparsa il primo ciclo mestruale è di dodici-tredici anni, contro i quindici-sedici della metà dell'Ottocento. Gli esperti sostengono che dobbiamo ringraziare i progressi nell'igiene e nella nutrizione. Oggi esistono nonne di circa trentacinque anni, ragazze che hanno avuto un figlio a sedici anni e le cui figlie seguono le loro orme alla stessa età. In una famiglia una donna può ritrovarsi bisnonna a 48 anni e, grazie alle cure per la fertilità, avere pure lei un altro figlio!

Per i maschi la pubertà inizia più tardi che per le ragazze, ma anche per loro avviene con molta più precocità rispetto a un secolo fa.

Autoanalisi 14
Ponetevi le seguenti domande:

Parlavate mai di sesso con i vostri genitori?

Vi sareste confidati con loro?

Se la risposta è no (cosa che si applica alla maggior parte della popolazione), perché i vostri figli si dovrebbero confidare con voi?

Esistono molti studi sui comportamenti sessuali degli adolescenti, condotti in Gran Bretagna, Stati Uniti, Giappone e altri paesi, ma i soggetti intervistati hanno la tendenza a esagerare. Vogliono fare una buona impressione, compiacere l'intervistatore, non fare la figura dello stupido ingenuo. È pertanto necessario analizzare le cifre con molta prudenza, soprattutto considerando che Londra non è rappresentativa di tutta la Gran Bretagna.

Studi risalenti agli anni Settanta evidenziavano che dal 15 al 18 per cento dei teenager dichiarava di aver fatto sesso prima dei sedici anni. Trent'anni più tardi un sondaggio condotto dal Trust for the Study of Adolescence (Fondazione per gli studi sull'adolescenza) su 3000 adolescenti londinesi concluse che le cose non erano poi cambiate molto: il 18 per cento dei ragazzi diceva di aver fatto sesso prima dei sedici anni, che in Gran Bretagna è considerata l'età minima per avere rapporti consenzienti.

Altre conclusioni ci svelano una realtà preoccupante, perché indicano che sulla sessualità dei giovani ci sono troppe pressioni: il 39 per cento dei ragazzi dice di aver fatto sesso per la prima volta anche se uno dei due partner non era altrettanto propenso a farlo. Perlomeno tre ragazze su dieci hanno perso la verginità per «motivazioni negative», come per esempio per far piacere al proprio ragazzo.

Il 51 per cento delle femmine e il 37 per cento dei maschi hanno dichiarato di aver avuto rapporti sessuali non protetti.

Il 58 per cento delle ragazze e il 39 per cento dei ragazzi almeno una volta hanno fatto sesso senza usare il preservativo.

Secondo due adolescenti su cinque sarebbe stato meglio aspettare un po' di più.

Solo il 20 per cento di chi fa l'amore per la prima volta prende delle precauzioni, ha una relazione stabile o sente che è arrivato il momento giusto.

Anche la rivista per ragazze *CosmoGirl* ha appoggiato il rapporto sugli adolescenti e la sessualità sostenendo un appello affinché nelle scuole venga introdotto un insegnamento obbligatorio sui temi del sesso e delle relazioni amorose, in quanto questo contrasterebbe le «diffuse lacune conoscitive» dei giovani.

Una ricerca del 1994 intitolata *Sex and America's Teenagers* («Gli adolescenti americani e il sesso») rivelò che il 53 per cento dei maschi aveva avuto dei rapporti completi entro il diciottesimo compleanno, contro il 26 per cento degli intervistati negli anni Sessanta (Hine, 1999); il 54 per cento delle ragazze aveva perso la verginità prima dei diciotto anni, contro il 23 per cento degli anni Sessanta. Dopo il 1994, tuttavia, l'incidenza del sesso tra adolescenti è andata calando, cosa che alcuni attribuiscono alla sempre più forte influenza della religione. Nel 2007 la percentuale degli studenti delle scuole superiori che avevano avuto rapporti sessuali era diminuita del 12 per cento rispetto al 1991, mentre gli individui che avevano fatto sesso con quattro o più partner erano scesi del 20 per cento. Il numero degli adolescenti sessualmente attivi ha subito un calo del 7 per cento (Centers for Disease Control and Prevention, 2005).

Padri e figlie

Freud non si occupò del motivo per cui alcuni padri diventano troppo possessivi con le proprie figlie, forse a causa della sua stessa dipendenza affettiva nei confronti dell'ultimogenita, Anna. È normale che un padre si preoccupi quando la sua cocca comincia a frequentare i ragazzi, comportamento assolutamente naturale per degli adolescenti. E la preoccupazione può innescare delle discussioni. Quando i papà si lamentano che le proprie figlie si truccano troppo e si vestono troppo poco, le figlie si rivoltano, continuando a ribadire che loro stanno fuori tutto il tempo che vogliono e con chi più gli aggrada. Per molti padri si tratta di un problema di difficile gestione, per ragioni giuste e per ragioni sbagliate. La giusta motivazione è che volete che vostra figlia sia felice e che non le succeda nulla; la motivazione sbagliata è rappresentata dalla gelosia e dal desiderio di avere il controllo assoluto sulla sua vita. Anche in questo caso dovete essere disponibili a parlare della questione.

Comunque, l'unico studio esistente su questo argomento non lo affronta direttamente, in quanto chiede alle ragazze vittime di abusi di giudicare se secondo loro il padre era geloso dei loro fidanzati. Non c'è da sorprendersi della risposta: oltre l'80 per cento delle intervistate aveva avuto l'impressione che il padre fosse geloso. Sfortunatamente il campione considerato non è «normale», perché le ragazze erano state vittime di abusi.

È un segno dei tempi che una delle commedie di maggior successo degli ultimi vent'anni sia stata *Insonnia d'amore*. È la storia di un giovane padre che ha perso l'adorata moglie. L'uomo deve occuparsi da solo del figlio, ma il bimbo decide che il padre ha bisogno di una nuova moglie. Un tempo nessun figlio avrebbe mai osato pensare una cosa simile o intervenire in una faccenda del genere, soprattutto considerando che si tratta di un bambino di otto anni...

Mi scuso se insisto sul tema capelli, ma nel 2009 in Gran Bretagna è andato in onda uno spot pubblicitario in cui due ragazzine insistono perché il loro papà si tinga i capelli in modo da trovarsi una fidanzata. «Vedrai che ti correranno tutte dietro!» commentano con un gran sorriso. Si presume che il papà sia stato lasciato dalla loro madre. Lo spot è all'insegna della prudenza: vi compaiono due bambine, perché se a dire una cosa del genere al papà fosse una figlia sola si sarebbero sollevati sospetti di abuso sessuale su minori.

Come migliorare il vostro papà

Mi piace *Insonnia d'amore* perché, come padre, anch'io ho avuto a che fare con la gentilezza dei miei figli, anche se – ringraziando il cielo! – i miei ragazzi non mi hanno mai organizzato alcun incontro galante. I figli maschi non si occupano di questo tipo di cose. Mi sono reso conto che durante l'adolescenza figli e figliastri mi hanno fatto varie ramanzine per via delle mie tante mancanze. Su questa irritante evoluzione non sono stati fatti degli studi. Ecco alcuni argomenti dei predicozzi filiali:

Papà, ti rendi conto che stai mangiando troppa carne rossa?

Ma non calcoli mai quanto alcol consumi?

Papà, sto pensando di riprendere il karate. Non credi che il karate farebbe bene anche a te? Non mi sto riferendo alla pancia che hai... alla tua trippa. Ma una corsetta prima di colazione non ti farebbe mica male.

Papà, sono così preoccupato per te!

E sono tutte parole dettate da affetto sincero.

Non ho motivo di dubitare dell'amore dei miei figli, e sono certo che desiderano tutto il meglio per me. A quanto pare ciò gli dà il diritto di anatomizzare le mie manchevolezze. Malgrado tutto li amo da morire, e pertanto li ascolto, almeno con un orecchio solo.

L'adolescenza: il punto di svolta

Lo psicoanalista Erik Erikson sosteneva che l'adolescenza segna un momento di svolta. Tra i dodici e i venti anni un individuo dovrebbe riuscire a risolvere problemi di identità in contrapposizione alla confusione dei ruoli. Se non attraversa varie identità, l'adolescente si trova ad affrontare il rischio di restare immobilizzato, di rimanere con una «personalità immatura». Il bambino che a dodici anni decide che farà il pilota, oppure l'insegnante, come papà, potrebbe cessare di maturare dal punto di vista psicologico, finendo per sempre per vivere all'ombra dei propri genitori. È il tipo di bambino che diventa un uomo come Tom, un tassista piuttosto in carne che ha continuato a vivere insieme alla madre fino alla sua morte. La donna morì all'età di 83 anni, Tom ne aveva 62. Non se ne era mai andato a vivere da solo, non aveva mai avuto una relazione in età adulta e la morte della madre fu per lui devastante.

Erikson riteneva che entro i venti anni il giovane ben adattato avrebbe dovuto fare le scelte decisive, sul proprio orientamento sessuale, sugli studi, sugli obiettivi da dare alla propria vita. In questo processo, gli adolescenti spesso sperimentano identità e ruoli differenti. Proprio come succedeva all'asilo!

Vorrei approfondire questa analogia forse un po' azzardata e che, siccome gli scrittori sono vanitosi quanto gli adolescenti, è solo e assolutamente farina del mio sacco. Abbiamo visto come i bimbi piccoli passino tranquillamente dal fingere di essere Batman al giocare in una casetta mostrando e presentando le proprie cose. Giocando e facendo finta, i bambini in età prescolare imparano varie cose: a collaborare, a capire quali sono i limiti di un comportamento «decoroso», cosa pensano gli altri e molte altre cose ancora. Erikson parlava di risoluzione della confusione dei ruoli, e difatti esiste una vaga somiglianza fra i vari tentativi dei teenager di capire chi sono e il gioco dei bambini che fingono di essere Batman e Supergirl. Gli adolescenti, tuttavia, non ritengono di stare giocando; per loro si tratta di un fatto serio e spesso di questo sono assolutamente consapevoli.

Un modo per definire ciò che si è consiste nel chiarire ciò che si disapprova. Se non si è sicuri contro che cosa si è, si possono sperimentare varie alternative. Corre però un'enorme differenza fra il bambino di pochi anni e l'adolescente. Come notò anche Montaigne, i genitori adorano i bambini piccoli e le loro «moine» da scimmiette. Papà e mamma vanno in brodo di giuggiole quando il loro piccolo di tre anni fa turbinare la mantella nera intorno alle loro spalle annunciando «Sono Matrix Minx». Incredibile come un cervello così piccolo possa contenere tanta immaginativa. Ma non si otterrà la stessa adorante reazione se si è un quattordicenne con la maglietta della GRUB* che cerca di indottrinare i propri genitori sui vantaggi di una dieta vegana, spiegandogli per quali motivi dovrebbero combattere il riscaldamento globale e smettere di usare la macchina per evitare che la Terra venga soffocata dallo smog.

Si tratta in parte di un problema di controllo. Gli adolescenti sono capaci di uscire di casa sbattendo la porta, di sparire per l'intera nottata insieme ai loro amici e farvi morire di angoscia. E pregate che vostro/a figlio/a non studi giurisprudenza. Secondo la legge britannica, a sedici anni i ragazzi diventano adulti sotto moltissimi aspetti. Si possono sposare senza il consenso dei genitori; papà e mamma non hanno il diritto di leggere la loro posta né di ascoltare le loro conversazioni telefoniche. L'unico diritto che avete è quello di pagargli vestiti, cibo, divertimenti e ammennicoli vari.

All'inizio di questo libro ho parlato del caso di Umberto, che ha fatto causa al padre perché non voleva pagargli il corso da parrucchiere. Con un'altra storica sentenza, la Corte europea dei Diritti Umani ha stabilito che i genitori che rivolgono a un tredicenne domande come «Stasera dove stai andando e come ritorni a casa?» stanno commettendo una violazione dei diritti del minore.

Album di famiglia

Tra le foto della mia famiglia ce n'è una di mia madre insieme ai suoi genitori. Mia madre, che doveva avere tra i venticinque e i trent'anni, sorride e tiene la testa appoggiata

* Associazione che promuove la produzione e il consumo di alimenti naturali e prodotti in loco e che sensibilizza su vari altri temi legati all'ecologia. [*N.d.T.*]

sulla spalla di suo padre. Rappresenta la foto commovente di una figlia piena d'affetto. Ciò che disturba è lo spazio che c'è tra di loro, la coppia padre-figlia e la madre di lei, Teresa. L'affetto fisico, la testa appoggiata sulla spalla, appartiene tutto a mia madre. Teresa ha lo sguardo rivolto altrove, e non guarda né il marito né la figlia, è una donna totalmente separata dalle altre due persone. Quando guardo quella foto sovente mi commuovo, ma mi vengono anche in mente le accuse di mio padre a mia madre, che secondo lui era troppo attaccata ai genitori. Urlava che non era mai riuscita a essere una buona moglie perché non si era mai davvero distaccata emotivamente dalla sua famiglia. Mia madre è sempre stata la cocca di papà, persino anni dopo la morte di lui. Era come tutte le recriminazioni che si fanno all'interno di un matrimonio: in parte vere e in parte non vere.

Fissare dei confini è importante a tutte le età e in tutte le fasi della vita, ma lo è soprattutto negli anni dell'adolescenza. I limiti, tuttavia, non possono essere fissati arbitrariamente, e ci vuole sempre molto tatto.

Lasciatemi in pace: Greta Garbo

C'è un motivo di discussione che mi sembra incredibilmente difficile da sostenere e mi pare strano che nelle ricerche non se ne parli mai. Sono le discussioni che io ho ribattezzato «alla Garbo», in omaggio alla sua celebre frase «Voglio stare da sola». La sua richiesta di solitudine è rilevante alla luce dei risultati di una ricerca condotta nel 2008, secondo cui un terzo dei teenager britannici non sta praticamente mai in compagnia dei propri genitori. I genitori vorrebbero che l'adolescente passasse il suo tempo insieme a loro, e invece quei mostri sotto forma di teenager trascorrono delle ore rinchiusi a chiave dentro le proprie stanze ad ascoltare musica, a guardare la tele, a guardare Mtv, a chattare su Internet o a fare giochini al computer.

Molto prima che si navigasse in Internet con l'iPod o che si mandassero gli sms, Gunter e McAleer (1990) rilevarono che, nel Regno Unito, gli adolescenti passavano in media più di venti ore alla settimana davanti al televisore. Finito di guardare la tele, i teenager più socievoli escono insieme agli amici o alle amiche, o al loro «gruppo». L'adolescentologia non è una scienza esatta. Un terzo dei teenager non vede mai i propri genitori, gli altri due terzi sono sempre pronti a fare la predica a papà e a mamma rinfacciandogli gli sbagli che hanno commesso.

Autoanalisi 15
Ponetevi le seguenti domande:
Eravate un adolescente solitario?

Vi eravate isolati?

Lo facevate per timidezza? Oppure vi sentivate sostanzialmente incompresi?

Durante l'adolescenza chi erano i vostri eroi o le vostre eroine?

In quale modo potete sfruttare la vostra esperienza per dialogare con i vostri figli adolescenti?

Perché i ragazzi vogliono starsene da soli? Questo è uno dei tanti misteri della vita al quale gli psicologi devono ancora trovare una risposta.

Le uniche due cose che potete fare è fargli sapere che voi ci siete ed evitare di assillarli.

Genitore: Devo parlarti.

L'adolescente non apre bocca. Vi fissa con il suo sguardo muto, con il suo broncio silenzioso, la testa bassa sul computer portatile, le sue porte sbattute, quella sua espressione da drago nella tana e guai a te se osi chiedermi dove vado, dopodiché scappa via di casa come una furia.

Voi però, non siete completamente impotenti. E se davvero volete far irritare i vostri figli adolescenti, vi consiglio di cantargli una cosa come:

Non sei per niente figo
Papà non è un besugo
E ora basta fare il muso.

18

Stress e problemi psichici

Vi ricordate *Guerre stellari* e la principessa con la strana acconciatura che sembrava un'accoppiata di ciambelle? A impersonarla era l'attrice Carrie Fisher, figlia di Debbie Reynolds, a sua volta star del cinema. Carrie Fisher divenne schiava delle droghe e alla fine dovette trascorrere un periodo in un centro di recupero. A quei tempi nessuno aveva mai sentito parlare di cliniche di riabilitazione per vip, ovvero cliniche speciali per persone dalla fama speciale. Nel primo decennio del ventunesimo secolo si è assistito a un boom di ricoveri in cliniche per vip. Tra i diplomati del cosiddetto «celebrity rehab» (be', secondo alcuni maligni forse il diploma ancora non lo hanno conseguito...) figurano anche Amy Winehouse e Britney Spears.

Essere il padre di una rockstar può apparire affascinante, ma per esserlo sembra che occorra una forte vocazione per il mestiere di crocerossino. Potrà anche avere degli aspetti divertenti, ma nella maggior parte dei casi si rivelerà un incubo.

La dipendenza dalle droghe è solo uno dei tanti incubi che possono capitare a un genitore. Molti papà non tollerano l'idea di non essere in grado di proteggere i propri figli da qualunque evenienza, e ciò porta a delle conseguenze negative. Non esistono risposte facili se vostro/a figlio/a è gravemente ammalato, se mostra segni di disagio psichico o di dipendenza da sostanze, oppure se è entrato a far parte di una gang che vi dà di che preoccuparvi. E chiunque pretenda di fornirvene è solo un superficiale.

Baby gang e salute mentale

Nel settembre 2008 Channel 4 mostrò un reportage sulle gang presenti nei quartieri a sud di Londra. Secondo gli esperti dei servizi sociali e la polizia tra i giovani neri molti erano quelli che vivevano in condizioni di disagio e privi di figure di riferimento positive. I loro papà si erano volatilizzati oppure si trovavano in prigione e pertanto quei ragazzi non avevano nessuno che gli insegnasse come comportarsi da uomini. In America sono 27 milioni i ragazzi che soffrono per l'assenza del padre.

Anche David Carr Brown nella sua *A Chronicle of Violence*, una serie sulle gang delle *banlieue* parigine, è giunto pressoché alla stessa conclusione.

Le baby gang sono un problema molto serio a Londra. Nel 2007 si è registrato il numero massimo di morti tra gli adolescenti: gli omicidi sono stati 26, quasi il doppio rispetto al 2006. Prima ancora di questi episodi, Lemos (2004) rilevò che un ragazzino su dieci di età compresa tra gli undici e i dodici anni andava in giro armato di coltello o di altri tipi di arma, e di questi l'8 per cento ammetteva di farlo con l'intenzione di ferire gravemente qualcuno. Secondo la sezione di Scotland Yard che si occupa dei crimini violenti, a Londra sono attive almeno 171 gang, alcune formate da oltre un centinaio di individui.

È opportuno che i papà non ignorino questi problemi e cerchino di affrontare il discorso con i propri ragazzi.

Questa è la testimonianza di Giles (nome di fantasia), che è un avvocato:

> «Scoprire che mia figlia marinava la scuola è stato uno shock. Ero preoccupato per lei, ma anche in colpa per il fatto di non essermene accorto. Malgrado mia madre, che invece di dimostrare più buonsenso le aveva in parte coperto le spalle, venni a sapere che mia figlia faceva uso di droghe e che beveva decisamente troppo. Non sapevo se affrontarla o se reggerle il gioco. Le davo un po' di soldi e lei li spendeva per le droghe e l'alcol, cosa che non migliorava affatto la sua situazione. Nonostante riuscisse a incantare con i suoi modi di fare, spesso non riusciva a ottenere le sostanze che desiderava. Io non ho certo fatto finta di non vedere, ma l'unica cosa che potevo fare era ripeterle che io per lei c'ero sempre. È stato un periodo molto brutto. Avevo paura. Quando usciva spesso mi ritrovavo ad aspettarla, e stavo con l'orecchio teso a cogliere il rumore della porta che si richiudeva quando rientrava a casa».

In situazioni tremende come questa, i padri devono cercare un equilibrio tra la preoccupazione e il panico. Il papà noncurante («Io non sono tipo da farmi sfiorare dall'angoscia») potrebbe farsi sfuggire dei segnali di pericolo. A ogni modo, non serve a niente nemmeno farsi prendere dal panico. Bisogna continuare a combattere con energia, speranza, intelligenza, buonsenso e affetto.

Dopo svariati tentativi, la figlia di Giles smise di bere. Adesso è dimagrita di oltre sei chili ed è più serena. Giles tende ancora a preoccuparsi troppo e sua figlia si lamenta che le capita troppo spesso di essere trattata come fosse ancora una tredicenne, invece che una diciottenne. Giles sa che questo fatto la infastidisce, ma per lui non è semplice liberarsi dell'ansia.

Alcol e droghe

Ci sono genitori che si sconvolgono se i loro figli si fumano ogni tanto uno spinello, ma quasi non ci fanno caso se si scolano due litri di birra. Secondo il ministero degli Interni britannico, nel 2000 il 50 per cento dei ragazzini sotto i quindici anni aveva provato la cannabis, mentre il 15 per cento aveva fatto uso di ecstasy.

Da un'indagine condotta su 2000 adolescenti dall'ESPAD (European School Survey Project on Alcohol and Other Drugs), nel 2004 è emerso che il 42 per cento dei maschi e il 35 per cento delle femmine ammetteva di aver provato perlomeno una volta una droga illegale. Le cifre riguardano l'Europa presa nel suo complesso.

Il British Crime Survey, l'Osservatorio nazionale sul crimine che fa capo al ministero degli Interni, per il 2005/2006 ha stimato che il 34,9 per cento degli individui compresi fra i 16 e i 59 anni di età ha fatto uso di una o più droghe illegali; il 10,5 per cento ne aveva fatto uso nel corso dell'ultimo anno, mentre il 6,3 per cento nel corso del mese precedente. La droga più diffusa è la cannabis: nella stessa fascia di età, l'8,7 per cento degli intervistati affermava di averne fatto uso nel corso dell'anno precedente. In America dalle statistiche emerge che il 36 per cento dei diciassettenni ha fatto uso di cannabis nel corso dell'anno precedente. Il British Crime Survey rivela che una persona su 40 ammette di aver fatto uso di cocaina nell'anno precedente.

Dal punto di vista etico non ho alcun problema con la cannabis. Non ho mai avuto discussioni con i miei figli per il fatto che ne avessero fumate (occasionalmente) delle piccole quantità, ma con il crack, la cocaina e l'eroina la questione è stata diversa. Quello che mi preoccupa è la spavalderia ostentata dagli adolescenti: «Ma certo che posso assumere droghe, papà, su queste sostanze so tutto quello che c'è da sapere!»

A partire dagli anni Settanta i governi di tutti i paesi hanno tentato – invano – di tenere sotto controllo la «qualità» delle droghe vendute nelle strade, con l'eccezione – forse – dell'Olanda. La gran parte dei trafficanti vuole guadagnare il più possibile dal commercio delle droghe e per questo motivo le taglia con altre sostanze, per esempio col detersivo in polvere. Nel mercato nero l'acquirente difficilmente può protestare se gli è stata venduta dell'eroina di scarsa qualità.

Sul *Liverpool Daily Post* del 27 ottobre 2007 si leggeva che i genitori «dimostrano una certa ingenuità e noncuranza riguardo alla forte diffusione dell'uso di cannabis tra gli adolescenti». Simon Byrne, vicequestore della contea di Merseyside, denuncia il fatto che «va detto che esiste una tipologia di genitori che di fronte all'uso di droga fa finta di non vedere, come a dire che 'occhio non vede, cuore non duole', e ignorando volutamente il problema peggiorano la situazione; in effetti, siamo molto preoccupati per la diffusione nelle strade di un tipo di cannabis più potente». Il governo britannico gli ha dato ragione, tanto che nel 2009 la cannabis è stata riclassificata come droga di «classe B» e non più di «classe C».

Trovo che il rapporto riguardante Liverpool sia allo stesso tempo triste e ironico. Nel 1985 ho girato un documentario per Itv dal titolo *Kicking The Habit* («Perdere il vizio») che parlava del lavoro svolto da un gruppo di genitori nella penisola del Wirral, sempre nella contea di Merseyside. I genitori, preoccupatissimi per i loro figli adolescenti, si erano attivati in una campagna contro l'uso delle droghe, spingendo i propri ragazzi ad affrontare un percorso di psicoterapia. A più di venti anni di distanza, nonostante la loro iniziativa, il problema nel Merseyside non è stato risolto.

Fare un uso occasionale di cannabis è un conto, farne uso regolarmente è tutta un'altra cosa. In effetti è provato che un uso continuativo di cannabinoidi finisce per avere effetti sulle performance cognitive. Qualunque tipo di dipendenza abbia vostro/a figlio/a (dalla cannabis, dalla cocaina, dall'eroina o dall'alcol), c'è di che essere seriamente preoccupati.

Dovete essere pronti a parlare di voi stessi. Oggigiorno accade spesso che anche i papà abbiano provato qualche droga. Io, ai miei figli, l'ho confessato. Alcune sostanze hanno avuto degli effetti gradevoli (la mescalina, per esempio, mi faceva vedere il mondo attraverso un piacevole schermo sfocato), altre invece mi hanno messo il terrore addosso. Una volta mi convinsi che dal water stavano uscendo dei poliziotti in miniatura che mi volevano arrestare. Qualche strada più in là c'era un posto di blocco. Non sono mai stato un consumatore abituale, ma ritengo non sia stata una cattiva idea quella di far sapere ai miei ragazzi che avevo qualche cognizione di quelli che sono le attrattive e i pericoli legati alle droghe. La mia decisione potrà essere discutibile, ma io ho la convinzione che si debba essere onesti con i propri figli.

Se siete preoccupati, cercate di persuaderli a cercare aiuto insieme a voi. Il mio defunto suocero mi offrì un buon esempio in questo senso: quando scoprì che uno dei suoi figli aveva un problema di droga rimase sconvolto, però lo accompagnò a numerose sedute di psicoterapia. La sua strategia non ebbe un effetto immediato, ma sono convinto che abbia contribuito a convincere il ragazzo a risolvere il proprio problema. Si trattò di un processo dolorosissimo per mio suocero che, sfortunatamente, morì prima che il figlio riuscisse a tirarsi fuori dai guai e dalla disperazione in cui la tossicodipendenza lo aveva sprofondato. Oggi mio cognato è un ottimo avvocato ed è papà amorevole di due bambini.

Alcol, alcol e ancora alcol

Nel 1998 un terzo dei ragazzi sotto i quattordici anni faceva uso di alcol. Nove anni più tardi, a detta di due diversi studi condotti in Gran Bretagna, la situazione era peggiorata. Nel 2006 la SALSUS (Scottish Schools Adolescent Lifestyle and Substance Survey, Studio sugli stili di vita e l'uso di sostanze tra gli studenti adolescenti delle scuole scozzesi) diffuse dei risultati allarmanti: il 35 per cento dei quindicenni maschi e il 37 per cento delle ragazze loro coetanee ammettevano di aver bevuto nel corso della settimana precedente. Fra i tredicenni, nella settimana precedente avevano bevuto il 13 per cento dei maschi e il 15 per cento delle femmine; i maschi quindicenni sostenevano di aver consumato una media di 18 dosi di alcol nella settimana precedente; nello stesso periodo i tredicenni, sia maschi che femmine, confessavano di averne consumate 13. La maggior parte degli intervistati diceva di essersi ubriacata almeno dieci volte nel corso della sua pur breve vita.

«Il fatto è che non stiamo facendo abbastanza per proteggere i nostri figli dall'alcol», dichiarava nell'aprile del 2007 Srabani Sen, direttore generale dell'associazione britannica Alcohol Concern. Attualmente nelle case inglesi è lecito somministrare alcol a un bambino di appena cinque anni. L'obiettivo di Sen era alzare questo limite ai quindici anni. Una ricerca promossa dal ministero degli Interni mostra che un terzo dei ragazzi e delle ragazze minorenni può comprare alcolici nei pub e in altri locali pubblici.

L'uso di alcol compromette le performance scolastiche dei ragazzi, ma fa anche di peggio. Circa il 14 per cento degli studenti che sono stati espulsi da scuola è stato sospeso per aver bevuto. Eppure, lamenta Sen, a scuola si insegna molto poco su questa serissima problematica.

Accorgersi che il proprio figlio beve troppo è sempre un'esperienza scioccante, per cui tanto meglio rendersi conto dell'esistenza del problema prima di vederselo rientrare a casa puzzolente d'alcol. Oltre che alle bottiglie che spariscono dal bar della credenza e al fatto che puzza d'alcol, fate caso anche:

- al malumore eccessivo
- ai modi di fare bruschi e sgarbati
- agli sbalzi di umore
- al denaro che sparisce misteriosamente.

La sensazione più deprimente è quella di capire che non si conosce più il proprio ragazzo o che si è perso il dialogo con lui.

Se avete il sospetto che vostro/a figlio/a beva nella solitudine della sua cameretta, provate a chiederglielo. Meglio non fare irruzione nella sua stanza per costringerlo/la a discuterne, ma nemmeno si può ignorare il problema: ci vuole un equilibrio che non è semplice raggiungere. È sempre difficile convincere un adolescente intrattabile e chiuso in sé a mettere il naso fuori dalla sua stanza, ma, con un po' di pazienza mista a un pizzico di ironia e di insistenza, ci si può riuscire.

Una cosa da non fare, mai e poi mai, è perdere le staffe e urlare cose come «se lo fai un'altra volta ti butto fuori di casa». A volte capita che dopo una discussione di questo tenore i ragazzi escano di casa per non rientrare mai più.

Chili di troppo? Non è più un problema esclusivamente femminile...

Secondo il National Institute for Eating Disorders, nel Regno Unito sono circa 60.000 le persone che soffrono di una qualche forma di disturbo alimentare, di anoressia o bulimia. Il modello glamour rappresentato da modelle magrissime contribuisce ad aggravare la situazione, perché incoraggia le ragazze a non mangiare. Sulle ragioni di questo comportamento le discussioni sono accese. La psicoterapeuta Susie Orbach nel suo *Noi e il nostro grasso* ha sostenuto che la causa principale dei disordini alimentari è una bassa autostima. In una società in cui la ricerca della fama è diventata un'ossessione e in cui nessuno può più permettersi di avere un aspetto sgradevole, anche i maschi adolescenti hanno iniziato a soffrire di disturbi alimentari.

In America i pessimisti sostengono che siano 15.000 le persone che muoiono ogni anno a causa di questo tipo di disturbi, mentre gli ottimisti si fermano a quota 950. Quali che siano i dati reali, si tratta di un problema molto serio.

Tony (nome di fantasia) lavora come poliziotto nel Nord dell'Inghilterra ed è divorziato. Spesso, al ritorno dalla visita alla madre, sua figlia, che ha quattordici anni, si rifiuta di mangiare. Tony è molto preoccupato e si prende delle giornate di permesso per stare un po' insieme a lei. Non è stato facile per lui trovare aiuto. I servizi sociali gli hanno mandato a casa una persona, che però non era nemmeno un assistente sociale professionista. Essendo poliziotto, Tony sa bene quali siano le risorse delle amministrazioni locali, eppure una volta in cui la situazione gli apparve di estrema urgenza passarono due giorni prima di ottenere che la figlia fosse visitata da un medico.

La ragazza, come accade con gli adolescenti affetti da

disturbi alimentari, faceva storie e non voleva assolutamente farsi pesare. Tony era disperato.

Se vostro/a figlio/a soffre di anoressia o bulimia è il caso di rivolgersi il prima possibile a uno specialista, assicurandovi anche che sia quello adatto al vostro caso. Sono migliaia i ragazzi e le ragazze che guariscono grazie alla psicoterapia. State però attenti a non peggiorare il problema ripetendo in continuazione a vostro/a figlio/a che deve mangiare. Gli anoressici hanno una forza di volontà ferrea e se si tratta di arrivare allo scontro fra opposte volontà è facile che siano loro a vincerla, per quanto ciò li porti all'autodistruzione. Fatevi aiutare.

I bambini e i farmaci

Secondo un trend sempre più preoccupante, è in continuo aumento il numero dei bambini a cui vengono somministrati dei farmaci. Forse ciò avviene in parte perché nessuno, a quanto pare, ha una soluzione migliore da offrire. Joseph Biedermann, professore di psichiatria a Harvard, è stato criticato per aver fatto diagnosi di disordine bipolare su bambini di appena due anni di età, consigliando per loro una cura a base di un cocktail di farmaci. Su questa tendenza è stata condotta una ricerca per iniziativa del senatore repubblicano Charles Greely e con la collaborazione di una apprezzata giornalista americana, Alison Bass. Ciò che preoccupa di più è il fatto che a dei bambini piccoli siano somministrati dei farmaci che sono stati pensati per gli adulti e che non sono mai stati testati sui bambini, e il cui uso sui minori non è mai stato approvato (*New York Review of Books*, 15 gennaio 2009). Detto per inciso, si tratta di una pratica non illegale, ma sono in pochi a sapere che è un fenomeno diffuso sia negli Stati Uniti sia in Gran Bretagna.

Sono sempre di più anche i bambini britannici che vengono sottoposti a cure farmacologiche. Talvolta gli psichiatri ammettono che uno dei motivi per cui si prescrivono farmaci è che il ragazzo o la ragazza preoccupano molto i propri genitori. Evidentemente, non esistono altri modi per affrontare il problema. La psichiatria infantile ha a disposizione poche risorse: in Gran Bretagna nei reparti psichiatrici esistono solamente 600 letti destinati specificamente ai minori di sedici anni. Nel 2008 sono stati moltissimi i bambini ricoverati in strutture psichiatriche per adulti. Tutti concordano nel ritenere che il sistema sia da migliorare e il governo ha promesso di stanziare maggiori risorse, ma intanto continuano a essere numerosi i bambini che non ricevono un'assistenza adeguata. Secondo una stima (e sottolineo il termine stima, poiché le statistiche non sono mai precise), nel Regno Unito ottantamila ragazzi sotto i sedici anni fanno cure a base di antidepressivi e antipsicotici.

Nel caso di una crisi passeggera, una cura a base di farmaci può aiutare e persino salvare una vita. Tuttavia, accade troppo di frequente che i medici di famiglia ripetano le prescrizioni perché «tutti» temono che, una volta sospesa la cura, il bambino o la bambina risulteranno ingestibili. I medicinali, anche quando regolarmente prescritti, possono dare dipendenza al pari delle droghe illegali.

Pensateci bene prima di consentire che vostro/a figlio/a inizi una cura farmacologica. Prima parlatene sempre con lui/lei, perché anche i ragazzi hanno dei diritti. Se è necessario, rivolgetevi a una qualche associazione che offra aiuto e consulenza riguardo alle malattie psichiatriche. Prima, meglio chiedere un secondo parere.

Non stancatevi mai di parlare

Se vi accorgete che vostro/a figlio/a è triste, parlategli/le. Forse non sarà facile, vi respingerà, ma voi insistete. La speranza è che, una volta entrato/a nell'adolescenza, vostro/a figlio/a saprà che lo/la amate tantissimo e che desiderate tutto il meglio per lui/lei.

Se avete l'impressione che vostro/a figlio/a non sia più la stessa persona, dovreste prendere in considerazione i seguenti aspetti:

Vostro/a figlio/a si sta nutrendo in maniera adeguata?
C'è motivo di temere che mostri dei sintomi riconducibili a un disturbo di ordine alimentare?
È forse vittima di bullismo a scuola?
Ha paura di prendere brutti voti?
Teme che possiate essere prossimi al divorzio?
Vi dà l'impressione di essere depresso/a?
Avete motivo di sospettare che abbia dei comportamenti autolesionistici?
Uno dei vostri figli ha l'impressione di essere meno amato dell'altro?
Per qualche motivo ce l'ha con suo fratello/sorella/fratellastro o sorellastra?
Se è una femmina: ha paura di essere incinta?
Ha iniziato a fare uso di droghe?

John B. Watson aveva ragione: i bambini hanno bisogno di parlare, e sono in grado di farlo. I papà e le mamme li devono abituare fin da piccoli, facendo il possibile perché continuino a dialogare. Se si presenta un momento di difficoltà, ovviamente sarà più facile parlarne se siete una famiglia abituata a dialogare. Se invece siete una di quelle famiglie in cui i ragazzi si chiudono a chiave in camera, prima di affrontare la vera e propria difficoltà bisognerà superare innanzitutto quella di farli aprire con voi. Difficilmente vi ritroverete in una simile situazione di stallo se siete una famiglia abituata da sempre a parlare e discutere di tutto.

Portate pazienza. Date a vostro/a figlio/a il tempo di cui ha bisogno prima di rispondere.

Se fate domande, fate delle domande aperte.

Mantenete sempre la calma, non perdete le staffe, non fate scenate.

Non abbiate la presunzione di sapere qual è il problema di vostro/a figlio/a. È un individuo autonomo, con le sue peculiarità. Certamente non è una regola a cui risulti facile attenersi, soprattutto perché magari temete che alla fine il vostro ragazzo possa trovarsi nei guai con la giustizia.

I sensi di colpa e le doti di intuito di un padre

Se avete il sentore che vostro/a figlio/a sia in difficoltà, il senso di colpa aggiunge problema a problema. Se avete la tendenza a sentirvi in colpa, probabilmente non è grazie ai consigli che vi può dare un libro che cambierete il vostro atteggiamento. Tuttavia, dovreste domandarvi perché vi sentite in colpa e se credete che questo vi possa essere d'aiuto. Spesso il senso di colpa non fa che peggiorare la situazione, perché chi ne è vittima può covare risentimento e sviluppare un atteggiamento «passivo aggressivo».

Suggerirvi di non crogiolarvi nei sensi di colpa non significa però evitare di porvi delle domande se vedete che vostro/a figlio/a è in difficoltà. Si tratta di domande che a volte nemmeno io mi sono posto volentieri.

Autoanalisi 16
Ponetevi le seguenti domande:
Forse ho fatto qualcosa che fa stare male mio/a figlio/a? Cercate di parlare molto apertamente con lui/lei e analizzate quello che è il vostro comportamento.

Sono stato troppo duro, non sono stato abbastanza paziente?

Mi sono fatto prendere così tanto dal lavoro o da altre questioni che non ho dedicato abbastanza tempo a mio/a figlio/a e ai suoi problemi?

Dimostro mai a mio/a figlio/a tutto il bene che gli/le voglio?

Cosa potrei fare per farlo/a sentire meglio?

Potrebbero essere d'aiuto le idee dello psicoanalista Carl Rogers, che era convinto che i pazienti si meritassero la sua totale attenzione e il suo incondizionato sostegno, ciò che lui stesso ribattezzò «accettazione incondizionata dell'individuo». Ma una cosa è farlo durante l'ora di terapia e un'altra farlo ogni santo giorno; voi potreste concederlo a vostro/a figlio/a per un'ora al giorno due o tre volte a settimana (e se il ragazzo, o la ragazza, è abbastanza grande, spiegategli/le perché lo fate. Nel vostro rapporto dovete essere aiutati entrambi). Una delle prime regole della medicina è non procurare danni. Difficile pensare che concedendo un'ora di totale attenzione a un ragazzo si possa fargli del male.

Per nessun papà sarà semplice mettere in discussione il proprio modo di fare il padre, ma se volete aiutare vostro/a figlio/a a superare un momento difficile, sarà indispensabile che vi interroghiate sulle domande che vi ho suggerito.

19

Il peggio che si possa immaginare: depressione, tentativi di suicidio, suicidio

Sdraiata per terra in un ambulatorio dello Stanford University Medical Center c'è una bimba di otto anni che strilla. Si divincola e prende a calci dottori e infermiere perché non vuole essere toccata. Sta per essere sottoposta a una visita dolorosa indispensabile dal punto di vista medico ma decisamente umiliante.

La bambina presenta un raro difetto congenito del tratto urinario. Ogni anno i medici devono controllare che l'urina non risalga verso i reni. Ciò che stanno cercando di fare è inserire nell'uretra della bimba un catetere in modo da raggiungere la vescica e iniettarvi un liquido di contrasto colorato, quindi farle una radiografia mentre la piccola fa la pipì.

Ricordo come mi sentissi impotente ogni volta che io, il papà, dovevo accompagnare uno dei miei figli dal dottore.

Del Medical Center della Stanford University torneremo a occuparci più tardi, dopo aver parlato di altri problemi, ancora più gravi, che un padre si può trovare a dover affrontare.

Nel 2001 James Lawson uccise la figlia. La ragazza era caduta in una depressione dalla quale non riusciva più a uscire. Fu lei a pregarlo di ucciderla perché, dopo anni e anni di sofferenze, non ce la faceva più. Il padre la soffocò e fu condannato, ma ottenne la sospensione della pena per seminfermità mentale. Nel pronunciare la sentenza, il giudice ammise che non avrebbe potuto immaginare un delitto più tragico.

La piccola Dijendra, dieci anni, si è impiccata dopo esser stata vittima di atti di bullismo a scuola. Per i familiari si è trattata di una tragica sorpresa; secondo loro, la colpa è da attribuirsi alla scuola, che non aveva protetto la bambina. L'inchiesta condotta a Southwark non è riuscita a individuare i responsabili. Ma quello di Dijendra non è stato un caso isolato: altri ragazzini hanno perso la vita.

Nel 2005 in Inghilterra e nel Galles sono stati 28 i bambini sotto i quattordici anni (dieci femmine e diciotto maschi) che si sono tolti la vita e 71 i suicidi tra i minori di diciotto anni. L'anno precedente erano stati 92. Secondo il Child and Adolescent Mental Health Survey («Ricerca sulla salute mentale del bambino e dell'adolescente», 2004) un bambino o ragazzo ogni dodici compie intenzionalmente degli atti di autolesionismo. Secondo l'associazione Samaritans, ogni anno nel Regno Unito vengono ricoverati in ospedale più di 24.000 adolescenti per atti o comportamenti autolesionistici (Samaritans e Centre for Suicide, Università di Oxford, 2002).

La tragedia del suicidio fra i bambini e gli adolescenti colpisce tutte le culture. Nel 2003 si svolse una conferenza internazionale sul tema del suicidio in età infantile e adolescenziale. A Singapore, che è una società molto orientata alla competizione e al successo, nel 2001 si erano tolti la vita 28 ragazzini, quasi tutti gettandosi dal balcone di un alto palazzo. La più piccola delle vittime era stata una bambina di nove anni.

Il dottor Daniel Fung dell'Università di Singapore ammise di aver ipotizzato che i giovani suicidi si fossero tolti la vita per i brutti voti presi a scuola. Con sorpresa, tuttavia, il dottor Fung e i suoi colleghi scoprirono che il motivo principale non riguardava la scuola: era stato per lo stress accumulato nelle relazioni con i genitori, il fidanzatino o la fidanzatina. La scuola era stata probabilmente la causa scatenante solamente in tre casi di suicidio. La sezione di Samaritans di Singapore riportò che i due terzi dei minori di diciannove anni che si erano rivolti all'associazione avevano problemi con un qualche familiare.

Un aspetto tragico che nelle famiglie suscita rimpianti quando è troppo tardi è che spesso chi si suicida lancia prima un «grido d'aiuto». David Shaeffer della Columbia University, che è un esperto del fenomeno dei suicidi in età adolescenziale, evidenzia che molti ragazzi soffrono di depressione per un periodo compreso tra i sei mesi e i due anni prima della morte. Shaeffer ha rilevato che sono due i fattori scatenanti del suicidio nell'adolescente: il trovarsi nei pasticci, come per esempio dopo aver raccontato una bugia, e l'abbandono da parte del ragazzo o della ragazza.

I continui tentativi di attirare l'attenzione attraverso comportamenti irriverenti o ribelli possono portare allo sfinimento i genitori. Venti anni fa intervistai Rebecca, che allora aveva diciassette o diciotto anni. Aveva tentato il suicidio 13 volte. Dopo essersi tagliata le vene si sentiva meglio. Uno dei suoi tentativi ebbe un risvolto tragicomico. Rebecca, a seno nudo, era entrata in acqua nel mare di Clacton, urlando: «Jimmy, ti sto per raggiungere!» Jimmy era suo marito, il quale, come commentava acidamente sua madre, era riuscito ad ammazzarsi al primo tentativo, buttandosi con tempismo perfetto sotto un convoglio della metropolitana. Rebecca, invece, dava l'impressione di assicurarsi che ogni volta ci fosse qualcosa a salvarla.

Sulla spiaggia di Clacton la saga del muoio-non-muoio di Rebecca richiamò la polizia e la guardia costiera e, di fronte a un pubblico di esterrefatti spettatori, la ragazza fu trascinata fuori dalle acque. Pur non uscendone benissimo, Rebecca mi raccontò la sua storia con una certa autoironia. Sua madre, però, nell'accaduto non trovava niente di cui ridere. Era troppo stanca. Rebecca aveva ottenuto ciò che voleva, come al solito, anzi, questa volta aveva ottenuto più attenzione di tutte le altre volte.

In Gran Bretagna quasi 850.000 bambini e ragazzi, ovvero un ragazzo su dieci, soffrono di disturbi psichiatrici (Office for National Statistics Child and Adolescent Mental Health Survey, 2004).

Secondo Peter Wilson, fondatore dell'ente di beneficenza Young Minds, dedicato alla salute mentale dei ragazzi, i giovani affrontano «problemi che sono più complicati, più estremi, più urgenti, e i ragazzi appaiono più agitati, più irritabili, più disorganizzati, insicuri di sé».

Molti specialisti di psichiatria infantile concordano con Wilson. Ecco ciò che mi ha dichiarato il dottor Andrew Clark, uno dei consulenti del reparto adolescenti di Prestwich:

> «Già a otto anni un bambino è in grado di descrivere un episodio di depressione. Stanno malissimo, hanno l'impressione che i loro amici non li apprezzino per niente, non vogliono più alzarsi dal letto la mattina, pensano che non valga la pena vivere. L'unico modo per farsi raccontare cose come queste è parlare con loro. I genitori e gli insegnanti sono molto bravi a dirgli cosa devono e cosa non devono fare, ma quando si tratta di dire cosa provano questi ragazzi, proprio non ne sono capaci».

Poi ci sono degli adolescenti che, non sentendosi ascoltati, si fanno del male. Non si tratta solo di un modo forte per richiamare l'attenzione, perché alcuni muoiono davvero. Scrivono Cromwell e i suoi colleghi (2004): «Non esiste indicatore più esatto del suicidio che i precedenti tentativi di suicidio». I ricercatori discutono su una scoperta secondo cui la chimica del cervello può esasperare il problema. Il ricorso all'autolesionismo sembra essere favorito da un calo nel livello di un neurotrasmettitore cerebrale chiamato serotonina.

Crowell e Beauchaine hanno esaminato venti adolescenti con comportamenti autolesionistici (età media: quindici anni), mettendoli a confronto con ventuno esperimenti di verifica. Ai ragazzi è stato chiesto di rispondere a un questionario riguardante la loro salute mentale, i comportamenti autolesionistici e i conflitti familiari; quindi i ricercatori hanno scelto un argomento fonte di stress: le faccende domestiche. Una delle questioni che si rivelava più conflittuale era il lavaggio dei piatti, dato che «nel giro di cinque minuti alcuni dei soggetti in esame cominciavano a litigare». E la stessa cosa quando si trattava di stirare, far la lavatrice e pulire il bagno! Dopo una decina di minuti di parapiglia, ai ragazzi veniva fatto un prelievo di sangue, in modo che i ricercatori potessero analizzarlo per controllare gli ormoni e, in particolar modo, il livello di serotonina. Il risultato è stato sorprendente.

Si registrava una forte correlazione tra i bassi livelli di serotonina e il comportamento autolesionistico nelle ragazze, ma di correlazioni ce n'erano anche altre che non avevano nulla a che vedere con la biochimica. Gli adolescenti mostrano molte più probabilità di farsi del male se vivono un forte conflitto con la propria madre. E il comportamento distruttivo può diventare una sorta di dipendenza. «Una volta che sono iniziati, è difficile fermare i comportamenti autolesionistici», spiegano Crowell e Beauchaine. «Col passare del tempo, la reazione dell'organismo di un ragazzo che, per esempio, si tagliuzza è tale da ridurre la sofferenza fisica e biologica. Ecco perché bisogna prevenire questo genere di comportamento prima ancora che si instauri».

Ma la prevenzione non è una cosa semplice. Prima di tutto i servizi di assistenza sono insufficienti, e poi, anche quando il ragazzo o la ragazza entrano in terapia, la depressione è una condizione non facile da curare. Nel reparto psichiatrico di Prestwich, mentre stavo girando un documentario per Channel 4 dal titolo *The Madness of Children* («Bambini e follia»), intervistai Judy e Susan. Diciottenne dall'ottima dialettica, Judy era stata ricoverata per aver tentato di togliersi la vita. Registrai una discussione che ebbe luogo tra lei, Kate Kellett, l'esperta di arte terapia, e altre due ragazze sull'argomento autolesionismo:

Judy: Se lo faccio è perché mi odio e penso di meritarmelo.
Kate: Che vuol dire, che ti meriti una punizione?
Judy: Esatto.
Kate: Per te, invece, non è così.

Kate pronunciò questa frase guardando Susan. Susan non sembrava depressa come Kate, ma aveva polsi e avambracci deturpati dalle cicatrici, era piena di segni, tagli e squarci. Diceva che a scatenare i suoi episodi di autolesionismo erano ogni volta le voci che sentiva. Qualche giorno prima aveva chiesto a Kate di procurarle dei rasoi, ma la terapeuta si era rifiutata. Judy sottolineò ciò che era ovvio: «Lei è qui per aiutarci, per cui come ti sentiresti se ti dicesse: 'Ok, fa' pure?'»

Susan: A lungo andare lo so che è una cosa brutta, ma nell'immediato, visto come mi sento adesso, penserei «Oh, meno male che c'è qualcuno che capisce cosa sta succedendo!»
Judy: Sì, certo, è una soluzione, ma di certo non ti farà sentir meglio.

Kate: E tu lo sai, vero?

Susan: Da qualche parte dentro di me lo so che non dovrei farlo, ma poi le voci cominciano a parlarmi e la parte più importante di me dice, «lo sai, no, che devi farlo?» È una situazione assurda. E una volta che inizi è difficile fermarti. Se anche non lo facessi più per anni, alla fine ci ricascherei.

Più tardi Susan modellò una statuetta d'argilla bitorzoluta e sorrise. La ragazza spiegò che per lei quella figurina rappresentava «una specie di protettore... In giro ci sono così tanti individui cattivi... Mi ci vorrebbero delle persone buone che mi aiutassero a combattere le voci. Il fatto di contribuire alla creazione di qualcuno che mi può aiutare mi fa sentire meglio. So che in realtà non serve a niente, ma ho l'impressione che invece mi faccia bene».

Voci angoscianti

Udire voci è uno dei sintomi principali di schizofrenia. Un tempo gli psichiatri ritenevano che prima dei sedici anni i casi di schizofrenia fossero rarissimi. Invece, i bambini soffrono di crisi psicotiche anche in tenera età.

Quando la quattordicenne Sarah arrivò a Brookside, una comunità terapeutica nell'immediata periferia di Romford, la ragazzina presentava i classici sintomi della schizofrenia, comprese delle voci angoscianti di cui si rifiutava di parlare. I medici un po' alla volta portarono alla luce una storia personale traumatica e complessa.

Sarah aveva assistito alla morte del padre, e se ne sentiva responsabile. Non era chiaro se anche la mamma la incolpasse della morte del marito. Sarah cominciò a sentire le voci in quel periodo. Sua madre per un po' pianse il lutto, ma alla fine riuscì a trovare un nuovo compagno. La relazione, però, non funzionava, perché l'uomo era violento. Sarah aveva assistito alle percosse del patrigno sulla madre, assumendosi la responsabilità anche di questi avvenimenti. Sebbene alla ragazzina quell'uomo non piacesse per niente, non c'era motivo di ritenere che lui la avesse in antipatia o che abusasse di lei.

Paul Caviston, primario di psichiatria a Brookside, mi spiegò che naturalmente erano molti i bambini che avevano assistito a episodi di violenza sulle madri da parte dei compagni, ma che la maggior parte di essi, malgrado l'esperienza traumatica, riesce a superarla senza cominciare a sentire voci. Cosa sia a fare la differenza resta un mistero.

Sulla base dello stato d'animo di Susan si giunse a una diagnosi di depressione. La sua disperazione, la sua rabbia, il suo bisogno di trovare sollievo sono facili da descrivere, ma terribili da viversi. Sono migliaia gli adolescenti vittime di pensieri tanto foschi e cupi, e molti di loro non sono nemmeno in grado di individuare quale ne sia la causa scatenante.

La conferenza di Singapore offrì ai ricercatori provenienti dell'Estremo Oriente l'opportunità di raccomandare il ricorso a misure di prevenzione. La causa scatenante, la goccia che spinge un adolescente oltre il limite, non è facilmente identificabile, ma se i genitori non la riconoscono probabilmente lo rimpiangeranno amaramente. A ogni modo, quando un adolescente è sull'orlo del baratro esistono dei segnali rivelatori nei confronti dei quali i genitori devono tenere le antenne ben dritte, specie se hanno l'impressione che il loro ragazzo, o la loro ragazza, sia vulnerabile. Tra questi segnali, cambiamenti improvvisi nei modi di fare, la perdita di interesse in attività prima molto amate, dei brutti voti a scuola. Dalla conferenza di Singapore non emerse nulla che non si sapesse già, come dichiarò durante un intervento il dottor Daniel Fung: «I segnali che assolutamente non si possono ignorare sono i biglietti di addio, le telefonate di congedo agli amici, il regalare oggetti a cui sono molto attaccati, l'isolamento e il silenzio». Tenersi tutto dentro, senza parlare con nessuno, spesso era uno dei problemi peggiori. Fung sottolineò l'importanza di insegnare ai ragazzi come accorgersi di quando un loro amico ha dei problemi seri. «Educare i coetanei è una cosa fondamentale» aggiunse Fung, «perché nessuno capisce un adolescente come un altro adolescente. Si tratta dei loro amici».

Siamo all'altezza oppure no?

La Gran Bretagna è stata tra i primi paesi a praticare l'assistenza infantile e la terapia familiare, a partire dagli anni Venti del Novecento in cliniche come Tavistock, nell'area nord di Londra. Nella gran parte di questi istituti i problemi del bambino non erano affrontati come un fatto a se stante. Non si trattava quindi di bambini cattivi e ingestibili contrapposti alla famiglia «normale» e «buona». Molti psicoterapeuti richiedevano la partecipazione alle sedute di tutta la famiglia. Questo approccio sensibile e ragionevole è stato in gran parte abbandonato.

Eppure, focalizzarsi esclusivamente sul bambino malato è un modo per negare la complessità delle dinamiche familiari. Lo stress non nasce in uno spazio vuoto. Persino nel caso che la depressione di un ragazzo sia attribuibile al bullismo di cui è vittima a scuola, bisogna comunque chiedersi perché i genitori si sentano così impotenti e incapaci di aiutare il proprio figlio.

I genitori devono dare sicurezza, fornendo un luogo libero da stress e tensioni. Una volta Margaret Thatcher disse che la famiglia è l'unico luogo dove non si contratta. E ci fu chi la accusò di ingenuità. Forse si tratta di un raro esempio di idealismo da parte della Lady di Ferro. Capita con troppa frequenza che le famiglie siano sconquassate dalla gelosia e dalla competizione.

Autoanalisi 17
Vedere vostro/a figlio/a sotto stress è a sua volta una fonte di stress, e spesso si finisce per cadere in silenzi che non aiutano per niente.

Vi spaventa l'idea di sollevare questioni serie con vostro/a figlio/a?

Quale ne è il motivo?

Con chi potreste parlare di questo problema?

Delle questioni che riporto qui di seguito ho già trattato in precedenza, ma poiché sono della massima importanza, vi ripeto quelli che secondo me sono gli aspetti fondamentali e che dovreste indagare una volta che vi sarete fatti forza.

Autoanalisi 18
Ponetevi le seguenti domande:

Vostro/a figlio/a è vittima degli atti di bullismo dei compagni di scuola?

Teme di prendere brutti voti e di essere bocciato/a?

C'è motivo di temere che siate sul punto di separarvi o divorziare?

Vostro/a figlio/a teme di deludervi? E se sì, perché?

Uno dei vostri figli ha l'impressione che abbiate delle preferenze per il fratello/la sorella?

Per qualche motivo odia il fratello/la sorella/il fratellastro/la sorellastra?

Vostra figlia è preoccupata perché teme di essere incinta?

Vostro/a figlio/a ha cominciato a fare uso di droghe?

Come aiutare i nostri ragazzi?

Cosa si può fare se ci rende conto che il/la proprio/a figlio/a attraversa un periodo difficile? La regola fondamentale è dialogare, fargli/le sentire che lo/la amate e che si può fidare di voi, invogliandolo/a a confidarsi con voi. Per non farsi scoraggiare, spesso ci vogliono una forte determinazione e un amore sincero, ma vedrete che sarà valsa la pena di sforzarsi tanto.

Tuttavia, nel caso la situazione sia seria, fatevi aiutare, cercando innanzitutto l'assistenza di un esperto di counseling o di uno psicologo. A volte è necessario curare i ragazzi con i farmaci, ma da soli questi non guariranno le loro pene e le loro angosce più profonde. È di assoluta importanza parlare con cuore e mente aperti.

I giochi che fanno a Prestwich, foggiando statuette, mi riportano al paragrafo iniziale di questo capitolo. A volte la fantasia può aiutare. Di fronte alla bambina urlante, quelli della Stanford Clinic chiesero aiuto a uno psichiatra, David Spiegel, che non si presentò né per prescriverle dei farmaci né per psicoanalizzarla, bensì per giocare insieme a lei. La prese da una parte e le propose di fare uno scherzo ai dottori, immaginandosi innanzitutto di avere legato al polso un palloncino che la portava dovunque desiderasse, quindi di immaginarsi in quel posto che giocava e si divertiva con i suoi amichetti. La bimba di otto anni capì cosa fare. Rientrò nell'ambulatorio e sopportò pazientemente il fastidioso esame medico.

Spiegel e la sua équipe hanno registrato lo stesso risultato positivo nel caso di ventuno bambini che dovevano subire una cateterizzazione. Secondo Cindy Dell Clark della Pennsylvania State University, questo tipo di terapia basata sull'immaginazione si è dimostrata utile anche nel caso di bambini diabetici e asmatici. Dell Clark ha intervistato quarantasei bambini di età compresa fra i cinque e gli otto anni e sofferenti di asma o diabete, e i loro genitori; per farsi coraggio quarantacinque avevano inventato dei rituali in cui giocavano con degli amici immaginari. Un bambino diabetico sopportava le iniezioni d'insulina quotidiane cantando a squarciagola «Alleluja!» sulla melodia del coro dell'Alleluja del *Messiah* di Händel mentre l'ago gli affondava nella carne. Un bambino asmatico durante gli attacchi si calmava immaginando che una delle Tartarughe Ninja avesse spiccato il volo per andare a chiamare il dottore.

20

I bambini scaltri costano un sacco di soldi

Nel 1983 furono spesi cento milioni di dollari in pubblicità televisiva che aveva come target i bambini. Oggi, per convincere i ragazzini a spendere soldi che non sono i loro, i pubblicitari investono, tra tv, internet e altri mezzi di comunicazione, all'incirca centocinquanta volte tanto. Ma sì, martelliamoli senza posa purché si ricoprano di gioielli e cose stilose!

Le statistiche in Cina parlano di un mercato di prodotti per bambini del valore di dodici miliardi di dollari; negli Stati Uniti lo stesso mercato ammonta a oltre quaranta miliardi di dollari. A quanto pare, oggigiorno l'80 per cento delle griffe internazionali ha una sua particolare «*tween strategy*». Nel gergo del marketing, il termine *tweeners* indica i bambini non più piccolissimi ma non ancora adolescenti, più o meno a partire dai sette anni di età. Gli esperti di marketing organizzano workshop su argomenti quali «cosa funziona con i bambini e perché», «peer group marketing», o su come «entrare nella testa di un bambino». Povero Piaget! Si starà rivoltando nella tomba! A che cosa aspira il bambino della razza umana nel ventunesimo secolo? A diventare un piccolo Einstein? No: a diventare un consumatore di prima categoria. È per questo, devono imparare i nostri ragazzi, che siamo al mondo: per consumare.

Per spendere, sperperare, scialacquare. La stretta creditizia registrata nel 2009, secondo la speranza di molti, è solo un piccolo intoppo nell'ascesa verso il paradiso consumista.

I soldi di mamma e papà

Gli svedesi sono stati i primi a protestare contro la mercificazione dell'infanzia. Nel 1994 il sociologo Erling Bjurström denunciò gli effetti provocati dagli spot pubblicitari in tv. Alcuni bambini erano in grado di distinguere tra programmi e pubblicità, però, aggiungeva Bjurström, «i bambini sviluppano la capacità di comprendere quale sia lo scopo della pubblicità solo intorno agli otto-dieci anni. Ulteriori ricerche mostrano che è solo intorno ai dodici anni di età che possiamo dire con maggiore certezza che la maggior parte dei bambini abbia acquisito una piena consapevolezza». Grazie allo studio di Bjurström, la Svezia ha giudicato opportuno vietare gli spot televisivi rivolti ai bambini.

Ma nel resto del mondo non si è badato molto al problema. Si stima che, in media, ogni anno un bambino americano sia esposto a 40.000 spot pubblicitari, ovvero più di cento al giorno. Una ricerca condotta di recente ha evidenziato come il 27 per cento della pubblicità rivolta ai bambini e ai più giovani reclamizza cibo spazzatura. Seguivano poi, con il 10 per cento, i messaggi pubblicitari che invitavano a entrare nell'esercito. In soldoni, il messaggio dovrebbe essere: va' in Iraq, mangiati una merendina al cioccolato e combatti per lo zio Sam!

L'American Psychological Association, solitamente non orientata politicamente a sinistra, ha deciso di ispirarsi agli svedesi e si batte per introdurre delle limitazioni alla pubblicità mirata ai bambini sotto gli otto anni di età. Secondo l'associazione americana, infatti, i bambini più piccoli credono che tali messaggi dicano la verità, li ritengono affidabili e disinteressati. I bimbi, povere stelline, sono convinti che sia una specie di pubblicità progresso...

Si tratta di un argomento controverso, perché secondo alcuni psicologi l'esercito degli anti-pubblicità soffre un po' del complesso di Piaget e sottovaluta l'intelligenza dei bambini. L'opinione di Brian Young, professore di psicologia alla Exeter University, è che il bambino, che di mezzi di comunicazione se ne intende, sia in grado di cogliere i messaggi fondamentali che fanno di un annuncio un annuncio pubblicitario. Young ha mostrato a un gruppo di sessantasei bambini compresi fra i quattro e gli otto anni due tipi distinti di pubblicità: quella originale e delle versioni modificate, queste ultime corredate da frasi finali alquanto curiose. Una delle pubblicità riguardava una crema per il viso. Nella versione originale si tessevano le lodi del prodotto, chiudendo con l'affermazione che faceva apparire più belli; la versione modificata, invece, diceva tutto il bene possibile della crema, ma la battuta finale era che faceva spuntare dei foruncoli orribili.

Ai bimbi di quattro-cinque anni piacevano molto di più le battute finali più divertenti, ma non riuscivano a distinguere se tali battute avessero o meno un senso dal punto di vista commerciale. La risposta dei bambini di sei anni era differente: oltre la metà di loro capiva che c'era qualcosa di strano nelle frasi che concludevano la réclame, ma il più delle volte non sapevano spiegare cosa.

Al contrario, tutti i bambini di otto anni avevano capito il giochetto della pubblicità. Gli annunci modificati li facevano ridere, non solo perché in effetti erano divertenti, ma anche perché come pubblicità erano penose. Una crema per il viso che ti fa riempire di brufoli, facevano notare i piccoli spettatori, non è un prodotto vendibile.

L'avvento dei nuovi mezzi di comunicazione (ma il mio

BlackBerry si può connettere con il tuo iPod?) accresce la vulnerabilità dei bambini. Una ricerca condotta dalla Kaiser Family Foundation, un'organizzazione americana operante nel settore del no-profit per la tutela della salute pubblica, evidenzia come ogni giorno, grazie al multitasking, i giovani si orientino attraverso un labirinto di mezzi di comunicazione elettronici diversi, armeggiando contemporaneamente con gli iPod, l'instant messaging, la televisione e i telefoni cellulari. Questi ragazzini perennemente connessi a un qualche marchingegno multimediale riescono a condensare 8,5 ore di utilizzo dei media in 6,5 ore giornaliere, sette giorni su sette.

Più navigano in internet e più accedono ai pod cast, più i ragazzi assimilano il santo Graal degli americani: convincete i vostri genitori a comprare la nostra roba; se non ve la comprano, vuol dire che non vi vogliono bene. «Di cose non ne ho mai abbastanza, datemene ancora!» potrebbe essere il leitmotiv che fa da accompagnamento musicale all'esistenza dell'adolescente moderno.

All'età di tre anni i bambini americani riconoscono già più di cento loghi corrispondenti ad altrettante marche. Il lettore attento si ricorderà dei saggi olandesi che parlavano del papà-salvadanaio. Generalmente i papà si vergognano del fatto di non riuscire a sganciare soldi. Secondo una ricerca commissionata dal Center for a New American Dream, un'associazione americana no-profit a difesa dell'ambiente e della giustizia sociale, i ragazzi tra i dodici e i diciassette anni chiedono ai genitori di comprargli prodotti che hanno visto nella pubblicità una media di nove volte prima che i genitori cedano alla loro richiesta. Oltre il 10 per cento dei dodicenni e dei tredicenni ripete la sua ossessiva richiesta ai genitori più di cinquanta volte. Il modo più corretto per affrontare questa forma di terrorismo consumistico è recarvi insieme a vostro/a figlio/a nel centro commerciale più vicino e minacciare di spogliarvi nudi se non la pianta.

Sfortunatamente pochi papà hanno il coraggio morale – o l'avvenenza – per fare questa cosa, ma indubbiamente sarebbe una forma di protesta fantastica. Non fatevi prendere per il naso dall'idea che i ragazzini non si intendano di merce. Se ne intendono abbastanza da negare di essere avidi come porci. Hanno imparato qualche scempiaggine psicologica: si tratta di shopping-terapia, papà. E se non mi compri l'ultimo modello dei Transformers, i miei amici non mi rivolgeranno più la parola!

Più della metà dei bambini sotto i dodici anni intervistati (il 53 per cento) ha dichiarato che acquistare certi prodotti ha contribuito a una maggiore sensazione di benessere. E nel caso dei dodicenni e dei tredicenni la situazione è ancora più deprimente: il 62 per cento sostiene che comprare certi prodotti è un modo per rafforzare l'autostima. Ancora non è dato sapere se la crisi dei subprime abbia influenzato le loro opinioni.

I genitori, tuttavia, hanno modo di ribattere. Ti voglio un bene dell'anima anche se non hai l'ultima versione del Paroliere o Auto Theft 9, per cui facciamoci una partita a scacchi. Oppure una passeggiata ai giardinetti. Oppure chiacchieriamo di ortaggi e di cronaca rosa.

Occupa un posto centrale nel dibattito sui media la domanda a quale età i bambini cominciano a capire che una pubblicità non è un programma come tutti gli altri, bensì un messaggio che ha un unico scopo, quello di spingere una persona a comprare dei prodotti.

La professoressa Karen Pine dell'università dell'Hertfordshire concorda con gli svedesi, secondo i quali prima dei sei anni i bambini non hanno alcuna comprensione di quale sia lo scopo della pubblicità. Pine ha avuto l'eccellente idea di controllare quali giocattoli chiedono i bambini nelle loro letterine a Babbo Natale. La professoressa e i membri della sua équipe hanno anche passato al vaglio le pubblicità di giocattoli trasmesse alla tv nelle sei settimane precedenti il Natale. I risultati del loro studio non sono certo sorprendenti: il numero di giocattoli richiesti a Babbo Natale era direttamente proporzionale al tempo passato davanti alla televisione. I bambini di quattro o cinque anni solitamente non facevano riferimento a marchi commerciali, chiedendo genericamente «una bambola», e non, per esempio «la Baby Annabell».

Fra i sei e gli otto anni i bambini sanno ormai tutto dei marchi commerciali, di cui diventano maniaci, al punto che potrebbero benissimo essere assunti in un'agenzia di pubblicità. Non solo chiedono i giocattoli promossi dagli spot indicandone il nome e la marca, ma sono persino in grado di spiegare a Babbo Natale in quali negozi può andarli a comprare e quanto costano. Pine ha rilevato uno strettissimo legame tra la quantità di pubblicità vista in tv dai bambini di sei-otto anni e il numero di richieste che questi facevano a Babbo Natale.

Ciononostante, secondo Pine i bambini che dicono a Babbo Natale dove andargli a comprare l'ultima versione di Smash Bros non hanno ancora capito che chi fa pubblicità è mosso da un unico obiettivo: i nostri soldi. Pine si dimostra più svedese degli svedesi, sostenendo che i bambini diventano dei consumatori consapevoli solo più in là, intorno ai dieci-dodici anni. Raggiungono la pubertà prima ancora di comprendere la pubblicità. Aggiunge Pine: «Quando glielo si domanda, questi bambini sono davvero convinti che gli spot pubblicitari siano una forma di servizio di 'pubblica informazione'. Credono che gli spot servano per fornire dei momenti di pausa e ristoro fra un programma e l'altro, oppure semplicemente per informarci di cosa possiamo trovare nei negozi». Solo un bambino su un campione di 180 di età compresa fra i quattro e gli otto anni parla del fatto che chi fa pubblicità vuole indurti a comprare qualcosa.

Nelle loro letterine a Babbo Natale le bambine facevano più richieste dei maschietti. La spiegazione, suggerisce Pine, potrebbe risiedere nel fatto che «a quell'età le femmine hanno maggiori abilità verbali rispetto ai maschi. Oppure dipende dal fatto che sono più brave nell'emettere e nel ricevere messaggi di contenuto emotivo, e pertanto anche maggiormente in grado di elaborare il contenuto persuasivo delle pubblicità. Un'altra spiegazione potrebbe essere che fin da piccolissime le bambine sono educate a fare compere e portate a credere che la nostra identità si costruisca su ciò che possediamo».

Dall'analisi della professoressa Pine emerge inoltre che le inserzioni pubblicitarie suggeriscono ai bambini che saranno più popolari tra gli amichetti se possiederanno l'oggetto che viene promosso. Se ti compri la bambola Stupendissima, ecco che nello spot ti si vede giocare in allegria attorniata da un gruppo di amichette. Spesso negli spot il bambino che gioca con il giocattolo è un pochino più grande del target del prodotto: questo perché i bambini guardano con ammirazione a quelli un po' più grandi di loro.

Occhio allo spot

Partendo da quelle che sono le sue idee, Pine consiglia ai genitori un gioco da fare con i figli: «Occhio allo spot». Mentre guardano *Il postino Pat* insieme ai figli, i genitori dovrebbero spiegare ai più piccoli la verità che sta dietro alla pubblicità, ovvero che «la gente che fa gli spot vuole i soldi di mamma e di papà; è per questo che esiste la pubblicità» (aggiungendo però che saranno mamma e papà a decidere come spenderli, i propri soldi). A questo punto i genitori dovrebbero confessare che anche loro sono caduti nel tranello dei malvagi inserzionisti; il consiglio di Pine è che dovrebbero insistere su quello che è successo a loro quando si sono fatti convincere dalla pubblicità di quel certo detergente per la casa: «Non è che i pavimenti siano venuti poi così puliti come dicevano.»

Aggiunge Pine: «La nostra intenzione non è dire ai bambini che la televisione racconta bugie, (ma) semplicemente renderli un po' più critici nei confronti delle dichiarazioni troppo roboanti». Un altro consiglio che la studiosa dà ai genitori è di tener duro quando i figli li tormentano. Ciò introduce anche la faccenda della resistenza. «Se riuscirete a non cedere, i vostri ragazzi impareranno che assillarvi non serve a niente». Buona fortuna!

Infine, secondo Pine un aiuto ai genitori sotto assedio può arrivare dalla tecnologia: una buona idea potrebbe essere quella di registrare i programmi e insegnare ai ragazzi a mandare avanti la registrazione quando c'è la pubblicità (o, se lo avete, potete utilizzare il dispositivo che permette di registrare omettendo gli spot pubblicitari). Un altro consiglio che dà ai genitori è coinvolgere i figli nelle decisioni sugli acquisti.

Quando dovete comprare qualcosa fissate un budget di spesa preciso e insegnate ai vostri figli ad acquistare beni con un buon rapporto qualità prezzo. Incoraggiate i bambini in tutte le attività che non siano guardare la televisione, invitandoli a uscire, a trovarsi un passatempo, come per esempio cucinare, costruire oggetti, o svolgendo attività insieme a loro.

Alcune delle conclusioni della professoressa Pine, tuttavia, non mi trovano d'accordo. Nel 2000 scrissi un soggetto per *New Scientist* nel quale intervistavo ricercatori di tutto il mondo sull'argomento del marketing rivolto ai bambini.

Secondo Glen Smith della Children's Research Unit di Londra, non è vero che i bambini sono così vulnerabili come sostenuto dagli svedesi.

Smith sosteneva che i bambini capiscono il senso della pubblicità già in tenera età. Nel corso di una sua ricerca aveva mostrato degli spot pubblicitari a dei bimbi di quattro anni. «Gli abbiamo messo a disposizione delle bambole che rappresentavano i bambini, la mamma, il papà e via dicendo e gli abbiamo detto di mostrarci la bambola a cui si stava rivolgendo lo spot. Abbiamo scoperto che se lo spot reclamizzava i piselli surgelati ci mostravano la bambola raffigurante la mamma, se invece il prodotto reclamizzato era un giocattolo ci mostravano la bambola raffigurante il bambino». Erano cioè in grado di individuare il destinatario del messaggio.

Pine, inoltre, sembra sottovalutare anche la creatività del bambino. Nel 2000 e nel 2001 partecipai a due progetti (la nuova mostra al Victoria and Albert's Museum e una serie della BBC intitolata *Shopology*). Da entrambi questi due lavori emerse che almeno i bambini della classe media si intendono sia di marchi commerciali che di mezzi di comunicazione. Filmai dei focus group organizzati da alcune agenzie di pubblicità. Dai discorsi che facevano, emergeva chiaramente che in genere i bambini, persino a sette anni, sono piuttosto «sgamati» quando si tratta di vestiti, di moda e di spendere soldi per fare acquisti.

Durante uno di questi focus group Harry, un ragazzino di dieci anni molto sveglio, disse che una delle sue marche preferite era la Reebok. Quando gli feci notare che le camerette dei bambini sono tutte uguali in ogni parte del mondo (che è poi uno slogan utilizzato dalla Coca-Cola), suggerendogli che quello era un modo per proporre il prodotto come un toccasana, che se si beve una Coca ogni nostro bisogno emotivo troverà appagamento, Harry si mise a ridere.

«Che cavolata!» commentò il ragazzino, facendo capire molto chiaramente che aveva capito la faccenda proprio come l'avrebbe capita un adulto.

«Ma allora perché ti piace tanto la Reebok?»

Lui fece un risolino. Il perché non lo sapeva e la questione non lo interessava. Suo padre spiegava le sue preferenze con le pressioni del gruppo dei compagni di scuola. Secondo altri genitori era per timore di subire atti di bullismo: i bambini che indossano prodotti delle marche giuste hanno meno probabilità di essere presi di mira dai compagni.

Non penserete mica di poterci prendere in giro?

L'impressione è che Pine, come Piaget, abbia sottovalutato i bambini. Merris Griffiths della Aberystwyth University ha mostrato degli spot pubblicitari a bambini delle scuole elementari gallesi. Quando vedono pubblicità di bambole e altri giocattoli, le bambine di sette anni «reagiscono con sorprendente ostilità. Verrebbe da pensare che nessuna di loro abbia mai giocato con una Barbie», mi ha riferito Griffiths. Ma i bambini più grandicelli si dimostrano persino più sprezzanti. «Ho selezionato dieci annunci pubblicitari di giocattoli e li ho fatti vedere a gruppi di bambini fra i sette e gli undici anni», mi ha spiegato la studiosa, che in totale ha utilizzato dieci spot: tre di giocattoli per bambine, tre di giocattoli per maschietti e quattro rivolti indifferentemente a maschi e femmine.

I bambini hanno avuto una reazione di totale rifiuto nei confronti degli spot. «Si sentivano come insultati» spiega Griffiths, «e le reazioni più ostili sono state quelle delle bambine, che hanno risposto con estremo cinismo». Lo stesso atteggiamento si registrava nelle bimbe di sette anni come in quelle di undici. «Fanno commenti del tipo: 'è una presa in giro'», ha sottolineato la ricercatrice, che si è meravigliata di tanto cinismo.

Griffiths sostiene che per gli spot televisivi i pubblicitari ricorrono a delle particolari tecniche atte a contrastare la furbizia dei bambini. Un'analisi dei contenuti di venti spot per la tv ha evidenziato come questi siano orientati al genere: per produrli si ricorre a delle raffinate strategie che suscitano un interesse distinto nei bambini e nelle bambine. Negli spot dei giocattoli per maschietti compaiono molte più inquadrature dall'alto. Secondo la studiosa questo è un metodo per sottolineare la loro superiorità. Quando si pubblicizzano giocattoli per bambine si ricorre più spesso a inquadrature rasoterra. Gli spot destinati ai maschi hanno un ritmo più veloce e al posto delle dissolvenze ci sono più tagli netti.

L'uso di queste tecniche, specie la prevalenza del taglio sulla dissolvenza, non sembra avere in sé nulla di sinistro. Il professor John Murray della Kansas State University, tuttavia, non è di questo parere. Nel 1992 Murray prese parte a un gruppo di lavoro su bambini e televisione organizzato dall'American Psychological Association. Riguardo alla tv tradizionale, Murray mi ha spiegato che «ai programmi per ragazzi non viene dedicato molto spazio, pertanto la pubblicità deve suscitare l'interesse di un gruppo d'età abbastanza ampio. Il problema è che i programmi per ragazzi sono in gran parte rivolti a una fascia d'età molto ampia, che va all'incirca dai due ai dodici anni. Ed esiste un solo modo per ottenere l'attenzione sia di un bambino di due anni che di uno di dodici: offrire dei programmi veloci e improntati sull'azione a ritmi serrati».

Murray ha analizzato i programmi in onda sulla tv americana il sabato mattina, fascia oraria cruciale per i bambini. Nella maggior parte dei casi vengono trasmessi cartoni animati d'azione e dal taglio veloce. E il modo più semplice per dare un ritmo sostenuto è la violenza, spiega Murray. In un'ora di programmi per ragazzi si registrano in media 24 morti, contro le 5 della programmazione della prima serata. «Spesso queste morti sono accompagnate da risate, e non sono per nulla convinto che si tratti di un fatto positivo». Nel 2000 Murray preannunciò che, sulla scia del massacro della scuola di Columbine, l'opinione pubblica avrebbe fatto pressioni per mettere un freno alla violenza nei programmi e negli spot, ma così non è stato.

A giudizio di Pine i pubblicitari utilizzano i cartoni animati per motivi non encomiabili. «Nonostante le ricerche dimostrino che, a lungo andare, i cartoni possono danneggiare la capacità di concentrazione dei bambini, per i pubblicitari i propri volumi di affari avranno sempre la priorità sul benessere dei vostri figli», denuncia la professoressa Pine.

Eppure, i bambini possono essere così bravi a capire quali sono i prodotti più vendibili che per farsi venire qualche nuova idea le agenzie di pubblicità ricorrono ai focus group.

Ma che ne sanno i bambini di royalties?

In un focus group fu chiesto a un gruppo di bambini di ideare un nuovo tipo di cereale per la colazione. I ragazzini, di età compresa fra i dieci e i dodici anni, ispirandosi alla celebre battuta di Bart Simpson, pensarono al nome Eat My Shorts*. La scatola avrebbe avuto la forma di un paio di shorts. I bambini arrivarono persino a discutere delle royal-

* Gioco di parole tra *shorts*, calzoncini, boxer, e *shorts*, che indica una poltiglia di farina e crusca; nella versione italiana la frase di Bart è stata tradotta come «Ciucciami il calzino!» [*N.d.T.*]

ties che avrebbero dovuto pagare ai creatori dei Simpson. Ebbero inoltre l'idea di inserire nel prodotto degli extra, in modo, per esempio, da poter aggiungere ai cereali una spolverata di fiocchi di cioccolato

Questa ricerca sembra evidenziare una tendenza preoccupante, perlomeno dal punto di vista di chi fa la pubblicità: praticamente dal momento stesso in cui capiscono in cosa consiste la pubblicità, i bambini cominciano a essere maldisposti nei confronti di essa. Paradossalmente, tuttavia, questa loro ostilità non sembra impedirgli di trovare divertenti gli spot pubblicitari, così come, purtroppo, non impedisce che spendano soldi in maniera sciocca.

Dagli studi da lei condotti, sostiene Griffiths, sono emersi dei risultati preoccupanti sull'approccio alla violenza. I bambini gallesi preferivano le pubblicità delle automobili a quelle dei giocattoli. «L'impressione è che le considerassero più delle forme di intrattenimento leggero che degli annunci pubblicitari». Una cosa che ha colpito molto la studiosa è stata la reazione della gran parte dei soggetti analizzati a una pubblicità della Citroën Saxo, basata su un'animazione in cui la robusta automobile sopravvive a una serie di tamponamenti, calci e attacchi. La violenza suscita divertimento. Ma ciò che ha impressionato Griffiths è «quanto l'hanno apprezzata i bambini».

I guru della navigazione on line

Prima di concludere, un ultimo punto. Secondo Belch e Willis Flurry (Belch *et al.*, 2005), che operano presso la San Diego State University, internet sta dando più potere ai bambini all'interno dei processi decisionali delle famiglie, anche quando la decisione riguarda gli acquisti. Oggi tutti compriamo on line. Per i ragazzi è una cosa semplicissima, visto che hanno sempre le dita attaccate alla tastiera; molti adulti, invece, quando se ne trovano di fronte una, non sono più esperti di come si naviga da un sito all'altro rispetto a quanto non lo siano di navigazione marittima. Magari il piccolo Joe non sa che Parigi è la capitale della Francia, ma come si fa a raggiungere ebay, Amazon o www.spillaisoldiatuopadre.com lo sa eccome!

Belch e colleghi definiscono questi ragazzi che sanno tutto di tutto i «maven» di internet, dove *maven* è un termine yiddish che significa «esperto». I maven amano navigare nella rete e rispetto ai coetanei non-maven hanno più influenza sulle decisioni che si prendono in famiglia.

Dunque, non appena il vostro moccioso smette di assillarvi perché gli compriate qualcosa, ecco che vostro figlio, ormai adolescente, comincia a contrattare con voi: «Caro papà, se vuoi che ti trovi l'offerta migliore per organizzare quel weekend di vacanza che ti vuoi fare insieme alla mamma, allora mi devi comprare un altro CD o, in alternativa, l'ultimo upgrade dell'ultimo giochino».

21

Chi è il bambino?

Vi ho già raccontato come la mia famiglia mi abbia abbandonato, ma per molti della mia generazione non era facile lasciare la famiglia così presto. Se c'era una cosa che avevamo in odio era dover vivere insieme ai nostri genitori. La maggior parte dei miei amici se ne andò di casa a diciotto anni. Senza ritornare a casa alla fine dell'università. Un tempo gli psicologi si preoccupavano dei sentimenti dei genitori quando i figli lasciavano vuoto il loro «nido».

Oggi le cose vanno molto diversamente e il nido, l'appartamento o la villetta non sono affatto vuoti. E i motivi sono tanti. In certi casi i figli non se ne vanno mai; alcuni tornano di corsa appena finita l'università; alcuni sono costretti a tornare perché il loro matrimonio/unione civile/relazione è fallito/a. Mai dai tempi del Medioevo, o, per essere più realistici, dagli anni Sessanta, sono stati così numerosi i casi di figli sulla ventina, sulla trentina e persino sulla quarantina abbondante che vivono a casa con i propri genitori.

Il corso naturale delle cose vorrebbe che i giovani abbandonino il nido per accoppiarsi e crearsi un nido tutto loro. Oggi che ciò non accade più stiamo assistendo a ciò che io chiamo il «paradosso della dipendenza», che vale sia per i figli, sia per i genitori. Primo, i giovani continuano a dipendere troppo e troppo a lungo dai genitori; secondo, cominciamo a vedere che esistono genitori che sono troppo dipendenti dai propri figli.

Vicky Houston della University of Sunderland ha pubblicato uno studio longitudinale per l'Economic and Social Science Research Council (Consiglio delle ricerche di scienze socioeconomiche). La ricercatrice prese in considerazione dati riguardanti diciassettemila persone nate in una determinata settimana, alcuni nel 1958, altri nel 1970. Nel campione del 1970 (gruppo composto allora da poco più che trentenni), un maschio su sei non se ne era mai andato di casa oppure vi aveva fatto ritorno, il che rappresenta una percentuale doppia rispetto ai dati riguardanti i nati nel 1958 (Houston, 2004). E tali percentuali saranno ancora più alte per le persone nate dopo il 1990. Rispetto al passato cresciamo tanto più lentamente che, talvolta, l'impressione è che ai giorni nostri i giovani raggiungano la maturità solo a 35 anni.

Il genitore sufficientemente buono (e babbeo) fornisce del buon cibo, da bere, televisione, impianti stereo integrati, computer, telefono e, ovviamente, un tetto sopra la testa. E magari anche una spalla su cui piangere e nessun affitto da pagare. Una conseguenza di ciò sono le tensioni, l'altra l'infantilismo. Finché si vive in casa con i genitori non si può davvero diventare adulti, non si può avere la completa autonomia di sé.

D'altro canto è vero che ci sono genitori che danno l'impressione di avere delle pretese emotive inappropriate nei confronti dei propri figli. Nel 2005 la Synovate, esperta in ricerche di mercato, condusse un'inchiesta su 1000 genitori che ospitavano in casa figli compresi fra i dodici e i trenta anni: il 43 per cento dei genitori affermò di desiderare di essere il migliore amico del/la proprio/a figlio/a. Il problema di questa bella aspirazione è che una mamma o un papà vono essere più di un amico e un qualcosa di diverso da un amico. Gli amici dovrebbero essere dei pari grado e i genitori non dovrebbero cercare di essere dei compagni per i loro figli, né fingere di esserlo. Secondo il presidente di Synovate, Sam Pierpoint, il genitore-amico «non dà regole e non dice cosa fare».

Incuriosito, Pierpoint ha trascorso del tempo insieme a 45 famiglie, scoprendo con sgomento che i valori erano molto indeboliti rispetto al passato. Alcuni genitori non insistevano coi figli perché facessero i compiti; una madre sostenne che fare i compiti metteva suo figlio di malumore. Altri genitori, non intendendo sconvolgere i loro fragili tesorucci ventenni, non facevano fare ai figli alcuna faccenda domestica. Alcuni ragazzi ultraventenni intervistati dalla Synovate non avevano mai pagato un conto di tasca propria né mai avevano acquistato oggetti personali come un deodorante o un dentifricio. Un ragazzo non sapeva fare il caffè. «Li definiamo 'adultescenti'. Sono dei venticinquenni che hanno le stesse abilità di un adolescente», ha spiegato Pierpoint.

Molti papà e molte mamme avevano la sensazione di non essere stati compresi dai propri genitori e aspiravano a un rapporto di maggiore intimità con i figli. L'inchiesta della Synovate concludeva che oggi molti genitori considerano i propri figli come delle «risorse emotive, gli oggetti del proprio amore e del proprio affetto» e fanno troppo assegnamento su di loro. Inoltre parecchi genitori vogliono che il «tempo di qualità» che trascorrono con i figli sia improntato ai buoni rapporti e libero dai conflitti. Certi genitori parlano dei loro problemi personali o di lavoro con i figli perché vivono lontano dai propri genitori o dagli amici. Mi verrebbe da dire che, se i genitori cercano consolazione nei figli, ci troviamo di fronte a uno di quei legami patologici che finiranno per arricchire molti psicoterapeuti.

E poi ci sono le piccole discussioni di tutti i giorni. Ai vecchi tempi se si era costretti a ritornare a casa, si viveva secondo le regole di mamma e papà. Di certo non si potevano portare a casa ragazze o ragazzi e ospitarli per la notte, a meno di dover affrontare delle complicate trattative. Anche dopo il fidanzamento, quando dormivamo dai suoi genitori io e Aileen venivamo sistemati in camere separate. Quando mia madre rientrò da Israele riuscii a far restare a dormire delle ragazze solo perché mamma aveva ormai completamente perso la sua superiorità morale, visto che per tre anni si era eclissata all'estero insieme al suo amante.

Oggigiorno, invece, il genitore che intenda impedire al figlio o alla figlia di far rimanere qualcuno a dormire deve essere disposto ad affrontare un'aspra discussione.

Camere separate? Papà, ma chi ti credi di essere? Il papa?

È significativo il fatto che il giovane a carico non abbia nessuna intenzione di essere preso per i fondelli in quel modo dai propri futuri figli. Nell'inchiesta della Synovate ci fu un ventiduenne che dichiarò: «Non ci penso nemmeno a fare come fa mia mamma. Lei fa tutto per me. È colpa sua se sono pigro. No, no, in casa mia i padroni non saranno i miei figli. Io sarò un genitore di quelli bastardi».

Autoanalisi 19
Qual è stata la cosa più «da adulti» che i vostri genitori vi abbiano chiesto di fare?

Qual è stata la vostra reazione?

Vi sembrò un'imposizione perché eravate ancora troppo piccoli?

La piccola Harriett è come me

Ho il sospetto che le ragioni per cui certi genitori rinunciano a far valere i propri diritti quando il figlio/la figlia ventenne, o persino trentenne, continua a vivere in casa con loro siano perlomeno due. La prima è che anche noi siamo confusi; la seconda è che il paradosso della dipendenza ha le sue attrattive. Lasciar andare i propri figli non è cosa facile. Se i ragazzi non vogliono andarsene di casa ci si sente lusingati, perché è la dimostrazione che si è un bravo genitore, il loro migliore amico; insomma, la tentazione è quella di attaccarsi a loro e di permettergli di comportarsi come credono, a patto che anche loro non si stacchino da noi.

Nel primo capitolo ho affrontato una questione vecchia come il mondo, quella dell'ambivalenza del rapporto padre-figlio, risalente ai tempi di Abramo e Isacco. Secondo gli psicoanalisti, talvolta i conflitti sono da attribuire al narcisismo: il padre si rispecchia nel figlio, che secondo lui porterà avanti la sua essenza. Se mio figlio sarà come me non solo dal punto di vista biologico, ma anche psicologico, allora mi sarò assicurato potenza e immortalità.

Nella prefazione a *Common Sense and the Child* di Ethel Mannin, il pedagogista di idee radicali A.S. Neill (1967) trattò del destino dei figli che hanno un padre dalla forte personalità. Scriveva Neill:

> «Poiché è possessivo e ama la radio e il pianoforte tirato a lucido, papà dà per scontato che anche il piccolo Jimmy, creato a immagine di suo padre, abbia gli stessi interessi.
>
> [...] Questo determina una deformazione catastrofica nella natura del bambino, in quanto nella gran parte dei casi il bimbo viene immolato per il pianoforte a coda».

Per mio padre fu una grande delusione capire che non avrei seguito le sue orme diventando un avvocato. A sedici anni decisi di interrompere gli studi per diventare attore. Mio padre, comunque, si dimostrò intelligente e mi diede il suo sostegno. Per mesi ogni settimana scese sulla costa, a Minehead, per vedermi recitare nel repertorio del teatro locale. Interpretai il sergente di polizia in *Getaway with Murder*, un giallo molto stupido, lo spiritoso bambino newyorchese di dieci anni in *Critic's Choice* e lo scemo del villaggio in un'atroce commedia sul furto di pecore ambientata nel Galles. L'uomo che mi aveva lasciato da solo a casa adesso si era trasformato in un bravo papà. Non era un critico spietato; ebbe il buon senso di lasciare che provassi a fare l'attore, per quanto capisse che non sarei mai stato un novello Laurence Olivier.

Se mio padre non fosse stato tanto saggio, ho il sospetto che per anni e anni avrei lottato per diventare un attore, anche solo per dimostrare a mio padre che si stava sbagliando. E invece, dopo un paio di anni di audizioni andate male e qualche orrenda particina, abbandonai la recitazione. Non vi dico la gioia di mio padre. E mi iscrissi a Oxford. Forse aveva combinato dei gran casini, ma ho l'impressione di averlo sempre amato e rispettato per il buon senso dimostrato nel rinunciare a quella che sembrava essere la sua aspirazione: che anch'io diventassi un avvocato, come era stato lui prima che la sua carriera andasse a rotoli.

Io invece sono diventato psicologo, autore e regista e, buffo a dirsi, non ho più recitato fino al 2002. Ed ecco qua il problema dell'ambivalenza: e chi sarà stato mai a scegliermi per il mio primo ruolo dopo trent'anni nel suo film *Beginner's Luck*? Mio figlio Nicholas. Be', vi potrete immaginare il perché. Se mi ha potuto scegliere per un ruolo è stato perché mio figlio era il regista. Credo di non averlo mai spinto né mai scoraggiato, ma probabilmente mi sto prendendo in giro da solo. Grazie a Nicholas ho potuto nuovamente recitare nella parte di un poliziotto, come in *Getaway with Murder* quando avevo sedici anni.

E, ovviamente, mi sono compiaciuto fino a scadere nel patetico del fatto che mio figlio mi abbia voluto nel suo film. È nella natura umana desiderare che i propri figli ci assomiglino; è cosa umanissima e stupidissima. L'altro mio figlio, Reuben, è scrittore e redattore, ma non è tutta colpa mia. Anche sua madre è una scrittrice.

Nelle mie intenzioni questo libro non avrebbe dovuto trattare così tanto di fatti personali. Scrivere della relazione padre-figlio mi ha fatto riflettere e ricordare, soprattutto di mio padre, di mia madre e dei miei figli. Forse sono stato un po' ingenuo a pensare che non sarebbe successo. Essere padre non è un argomento su cui sia facile parlare con assoluta obiettività. Mi auguro che i lettori abbiano trovato il mio libro divertente, commovente e utile. Non ho la pretesa di essere stato un buon padre, ma ho cercato di essere un padre accettabile. Una cosa che ho sicuramente imparato è che le speranze, le paure, le gioie, i motivi di irritazione, i momenti di rabbia, quelli di affetto, l'amore dato, l'amore ricevuto che caratterizzano il rapporto fra un padre e i suoi figli sono il sale della vita. E di tutto questo devo ringraziare i miei ragazzi.

Se non siete ancora diventati papà, preparatevi a diventarlo, guardate con ansia al momento in cui lo diventerete, perché è una delle gioie della vita. Se invece siete già papà e state affrontando la dura routine dei pannolini da cambiare, dei compiti da fare, dei conti da pagare, se vi sentite stressati prendetevi un attimo di pausa. Mia suocera aveva ragione: i bambini saranno anche una gran rottura di scatole, ma sono l'unica forma di immortalità che ci è concessa.

Ringraziamenti

Ringrazio Rebekah Edmondson per gli utilissimi commenti e critiche che mi ha offerto, Dawn Harris per la professionalità e la pazienza con cui ha rivisto il testo accompagnandolo fino alla stampa (anch'io ho un po' di esperienza editoriale, per cui so quanto possono rognosi gli autori...). Grazie inoltre ai quattro papà che hanno messo a mia disposizione le loro opinioni e le loro critiche: Martin Hay, David Carr Brown, Keesup Choe e Alex Lynford.

Bibliografia

ASTRACHAN, A., *How Men Feel*, Anchor Books, New York, 1978.

BARON COHEN, S., *Autism and Asperger's Syndrome*, Oxford University Press, Oxford, 2008.

BARTRIP, J., MORTON, J., DE SCHONEN, S., «Responses to mother's face in 3-week to 5-month-old infants», *British Journal of Developmental Psychology*, 19 (2), 2001, pp. 219-232.

BARTSCH, K., WELLMAN, H., *Children Talk About the Mind*, Oxford University Press, Oxford, 1995.

BAUMRIND, D., *Rearing Competent Children*, Jossey Bass, San Francisco, 1988.

BELCH, M., KRENTLER, K.A., WILLIS-FLURRY, L., «Teen internet mavens: influence in family decision making», *Journal of Business Research*, 58, 2005, pp. 569-575.

BELSKY, J., PENSKY, E., *Transitions to Parenthood*, Haworth Press, Philadelphia, 1988.

BENTON, D., ROBERTS, G., «Effects of vitamin supplementation on intelligence of a sample of schoolchildren», *Lancet*, 1988, 1, 140-44.

BJURSTRÖM, E., *Children and television advertising: a critical study of international research concerning the effects of TV-commercials on children*, Konsumert Verket, Vällingby, 1994.

BLENDIS, J., *Paternal involvement in childcare*, tesi di dottorato, University of London, 1988.

BOWER, T., *The Rational Infant*, WH Freeman, New York, 1989.

BOWLBY, J., *Attachment and Loss*, Penguin, Harmondsworth, 1981 (trad. it.: *Attaccamento e perdita*, Bollati Boringhieri, Torino, 1976-1983).

BRAZELTON, T., *Touchpoints: The Essential Reference*, Addison-Wesley, Boston (MA), 1994.

CARR, D., *The Night of the Gun*, Simon and Schuster, New York, 2008.

CENTERS FOR DISEASE CONTROL AND PREVENTION, *Morbidity and Mortality Weekly Report*, 1 agosto 2005.

CHAN, K.K.L., PATERSON-BROWN, S., «How do fathers feel after accompanying their partners in labour and delivery?», *Journal of Obstetrics and Gynaecology*, 2002, 22(1), pp. 11-15.

CHESS, S., THOMAS, A., *Temperament in Clinical Practice*, Guildford Press, New York, 1986.

CHOMSKY, N., *Syntactic Structures*, Mouton, The Hague, 1957 (trad. it.: *Le strutture della sintassi*, Laterza, Bari, 1970).

CHOMSKY, N., *Knowledge of Language: Its Nature, Origin and Use*, Praeger, Westport (CT), 1986 (trad. it.: *La conoscenza del linguaggio: natura, origine e uso*, Il Saggiatore, Milano, 1989).

COHEN, D., *Psychologists on Psychology*, Routledge, London, 1977.

COHEN, D., *The Development of Play*, Routledge, London, 1994.

COHEN, D., *Psychologists on Psychology* (terza edizione aggiornata), Edward Arnold, London, 2005.

COLEMAN, J.C., *Relationships in Adolescence*, Routledge, London, 1974.

COOK, J., BEWLEY, S.J., «Acknowledging a persistent truth: domestic violence in pregnancy», *Royal Society of Medicine*, 2008, 101, pp. 358-363.

CORBY, B. (a cura di), *Child Abuse*, Open University Press, Milton Keynes, 2000.

CROWELL, S.E., BEAUCHAINE, T.P., MCCAULEY, E., SMITH, C.J., STEVENS, A.L., SYLVERS, P., «Psychological, autonomic and serotonergic correlates of parasuicide among adolescent girls», *Development and Psychopathology*, 2004, 17, pp. 1105-1127.

CURRY, N.E., ARNAUD, S., «Play in preschool settings», in T. YAWKEY E A. PELLEGRINI (a cura di) *Child's Play*, Lawrence Erlbaum Associates, Inc., New Jersey, 1974.

DE COURCY, A., *Snowdown: The Biography*, Weidenfeld & Nicholson, London, 2008.

DELAHUNTY, K.M., MCKAY, D.W., NOSEWORTHY, D.E., STOREY, A.E., «Prolactin responses to infant cues in men and women: effects of parental experience and recent infant contact», *Hormones and Behavior*, 2007 (pubblicato on line 5 dicembre 2006), 51(2), pp. 213-220.

ELLIOTT, L., *Compulsive Murders*, McClelland and Stewart, Toronto, 1995.

FAGAN, J., IGLESIAS, A., «Father involvement program effects on fathers, fathers figures and their Head Start children: A quasi-experimental study». *Early Childhood Reasearch Quarterly*, 1999, 14, pp. 243-269.

FANTZ, R.L., «Visual perception and experience in infancy: Issues and approaches», in D. LINDSLEY E F. YOUNGS (a cura di), *Early Experience and Visual Information Processing in Perceptual and Reading Disorders*, National Academy of Sciences, 1970, pp. 351-380.

FEIRING, D., «The influence of the child and secondary characteristics», *American Academy of Child Psychiatry*, 1976, 15, pp. 414-429.

FREUD, S., *Totem and Taboo*, The Hogarth Press, London, 1913 (trad. it.: *Opere*: *vol.* VII. *Totem e tabù:* alcune concordanze nella vita psichica dei selvaggi e dei nevrotici, Bollati Boringhieri, Torino, 1977).

FREUD, S., *An Outline of Psychoanalysis*, The Hogarth Press, London, 1940 (trad. it.: *Compendio di psicoanalisi*, in S. FREUD, *Opere*: *vol.* XI. *L'uomo Mosè e la religione monoteistica*, Bollati Boringhieri, Torino, 1982),

GASKINS, S., HAIGHT, W., LANCY, D.F., «The cultural construction of play», in A. GÖNCÜ E S. GASKINS (a cura di), *Play and Development: Evolutionary, Sociocultural and Functional Perspectives*, Lawrence Erlbaum Associates, Inc., New Jersey, 2007.

GIBBINS, J, THOMSON, A.M., «Women's expectations and experiences of childbirth», *Midwifery*, 2001, 17(4), pp. 302-313.

GOPNIK, A., MELTZOFF, A., KUHL, P., *How Babies Think: The Science of Childhood*, Phoenix Press, London, 2001.

GORELL BARNES, G., THOMPSON, P., DANIEL, G., BURKHARDT, N., *Growing Up in Stepfamilies*, Clarendon Press, Oxford, 1998.

GRAZIANO, A.M., NAMASTE, K.A., «Parental use of physical force in child discipline», *Journal of Interpersonal Violence*, 1990, 5(4), pp. 449-463.

GRIFFIN, W., *Fathers without Fail.* ASU Research website, www.ovprea.asu.ed

GRIMM-WASSIL, C., *Where's Daddy?*, Overlook Press, New York, 1994.

GROSSMITH, G., GROSSMITH, W., *The Diary of a Nobody*, Arrowsmith, Bristol, 1982 (trad. it.: *Diario di un nessuno*, Marcos y Marcos, Milano, 1991).

GUNTER, B., MCALEER, S., *Children and Television: The One-Eyed Monster?*, Routledge, London, 1990.

GUTERMAN, N., LEE, Y., «The role of fathers in risk for physical child abuse and neglect: possible pathways and unanswered questions», *Child Maltreatment*, 2005, 10, pp. 136-149.

HADDON, M., *The Curious Incident of the Dog in the Night Time*, Vintage, London, 2004 (trad. it.: *Lo strano caso del cane ucciso a mezzanotte*, Einaudi, Torino, 2003).

HARRIS, P.L., *The Work of the Imagination*, Blackwell, Oxford, 2000 (trad. it.: *L'immaginazione nel bambino*, R. Cortina, Milano, 2008).

HARVEY, A., «The parent infant relationship», *Journal of the Royal Society of Medicine*, 1980, 73, pp. 339-352.

HAYWARD, J., CHALMERS, B., «Obstetricians' and mothers' perceptions of obstetric events», *Journal of Psychosomatic Obstetrics and Gynaecology*, 1990, 11(1), pp. 57-71.

HEALY, D., *The Creation of Psychopharmology*, Harvard University Press, Cambridge (MA), 2004.

HENNEBORN, W.J., COGAN R., «The effect of husband participation in reported pain and the probability of medication during labor and birth», *Journal of Psychosomatic Research*, 1975, 19, pp. 215-222.

HEPPER, P., «An examination of fetal learning before and after birth», *Irish Journal of Psychology*, 1991, 12(2), pp. 95-107.

HERBERT, M., *Living with Teenagers*, Blackwell, Oxford, 1987.

HINE, T., *The Rise and Fall of the American Teenager*, Avon, New York, 1999.

HOUSTON, V., «Report on an ESRC longitudinal study» (*The Sunday Herald*, 20 giugno 2004, Jenifer Johnston).

HUGGINS, M., *I'll Love You If:*, Psychology News Press, London, 2009.

IP, W.Y., «Relationship between partner's support during labour and maternal outcomes», *Journal of Clinical Nursing*, 2000, 9, pp. 265-272.

JOHNSON, M.P., «The implications of unfulfilled expectations and perceived pressure to attend the birth on men's stress levels following birth attendance: a longitudinal study», *Journal of Psychomatic Obstetrics and Gynaecology*, 2002, 23(3), pp. 173-182.

JOSEPH, R.M., TAGER FLUSBERG, H., «Preschool children's understanding of desire and the costraints of an intended action», *British Journal of Developmental Psychology*, 1999, 17, pp. 221-243.

KAGAN, J., *Galen's Prophecy Temperament in Human Nature*, Westview Press, Jackson (TN), 1994.

KAVANAUGH, R.D., HARRIS, P.L., «Pretence and counterfactual thoughts in young children», in L. BALTER E C. TAMIS-LEMONDA (a cura di), *Child Psychology: A Handbook of Contemporary Issues*, Psychology Press, London, 2003.

KIERNAN, K., «Non-residential fatherhood and child involvement: evidence from the Millennium Cohort Study», *Journal of Social Policy*, 2006, 35(4), pp. 1-19.

KIERNAN, K., SMITH, K., «Unmarried parenthood: new insights from the Millennium Cohort Study», *Population Trends*, 114, pp. 26-33, Office of Population, Censuses and Surveys, London, 2003.

KLEIN, R.P., GIST, N.E., NICHOLSON, J., STANDLEY, K., «A study of father and nurse support during labour», *Birth and the Family Journal*, 1981, 8, pp. 161-164.

KNIJN, T., MULDER, A.-C., *Unravelling Fatherhood*, Foris, Dordrecht, 1987.

KOHLBERG, L., *The Psychology of Moral Development*, Harper and Row, New York, 1984.

KOJIMA, K., NOMIYAMA, M., KUMAMOTO, T., MATSUMOTO, Y., IWASAKA, T., «Transvaginal ultrasound-guided embryo transfer, improves pregnancy and implantation rates after IVF», *Human Reproduction*, 2001, 16(12), pp. 2578-2582.

KRAEBEL, K., *The Infant Learning and Memory Project*, http://web.cortland.edu/kraebelk, oppure contattare Kimberly Kraebel allo +1 (607) 753-2045.

LAMB, M., TAMIS-LEMONDA, C., *Fathers Matter*, John Wiley, Chichester, 2004.

LEE, W-C.A., *Journal for the Public Library of Science (PLOS), Biology*, 27 dicembre 2008.

LEMOS, G., *Fear and Fashion: The Use of Knives and Other Weapons by Young People*, Lemos and Crane, London, 2004.

LESSING, E., ZAGORIN, S.W., NELSON, D.D., «WISC subtest and IQ score correlates of father absence», *Journal of Genetic Psychology*, 1970, 67, pp. 181-195.

LEWIS, C., O'BRIEN, M., *Reassessing Fatherhood: New Observations on Fathers and the Modern Family*, Sage Publications Ltd., London, 1987.

MACKINTOSH, N.J., *IQ and Human Intelligence*, Oxford University Press, Oxford, 1999.

MANNIN, E., *Common Sense and the Child: A Plea for Freedom*, The Mayflower Press, Plimouth.

MASSON, J., *The Emperor's Embrace*, Penguin, London, 1999 (trad. it.: *L'abbraccio dell'imperatore: riflessioni sulla famiglia e la paternità nel mondo animale*, Baldini & Castoldi, 2000).

MAX PLANCK INSTITUTE, *Munich Encounters in Cognition and Action*, Max Planck Institute, München, 2005.

MCBRIDE, B.A., BAE, J., RANE, T.R., «Family-school partnership in prekindergarten at-risk programs: An exploratory study», in S. REDDING E L. THOMAS (a cura di), *The Community of the School*, The Academic Institute, Lincoln (IL), 2001, pp. 229-245.

MELTZOFF, A.N., MOORE, M.K., «Newborn infants imitate adult facial gestures», *Child Development*, 1983, 54, pp. 702-709.

MERCER, R., et alii, *Adolescent Motherhood, Journal of Adolescent Health Care*, 1984, 5, pp. 7-13.

MIKES, G., *How to be an Alien: a Handbook for Beginners and more Advanced Pupils*, Wingate, London-New York, 1946 (trad. it.: *Inglesi in pantofole: manuale per principianti e scolari abbastanza eruditi*, Eli, Milano, 1955).

MILES, R., *The Children We Deserve*, Harper Collins, London, 1994.

MIYAKE, K., CHEN, S., CAMPOS, J., «Infant temperament and mother's mode of interaction and attachment in Japan; an interim report», in I. BRETHERTON E E. WATERS (a cura di), «Growing points of attachment theory and reasearch», *Monographs of the Society for Research in Child Development*, 1985, 50, pp. 276-297.

MOORE, T., KOTELCHUCK, M., «Predictors of urban fathers' involvement in their child's health care», *Pediatrics*, 2004, 113(3), pp. 574-580.

MORRIS, D., *The Naked Man*, Vintage, London, 2008.

MOSER, C., *A fresh start. The report of the working group chaired by Sir Claus Moser*, Department for Educations and Skills, UK, 1998.

NATIONAL HEALTH SERVICE, *NHS Maternity Services Quantitative*

Research (ottobre 2005), prodotto da TNS System Three per Kate Hawkins, Department of Health, London.

NEILL, A.S., *Talking of Summerhill*, Gollancz, London, 1967.

NELSON, C., *Family Ties in Victorian England: Victorian Life and Times*, Praeger Publishing Inc., Connecticut, 2007.

NFO SYSTEM THREE FOR SCOTTISH EXECUTIVE, *Disciplining Children: Research with Parents in Scotland*, 2002.

ODENT, M., «Is the father's participation at birth dangerous?», *Midwifery Today*, 1999, 51, pp. 23-24.

ORBACH, S., *Fat is a Feminist Issue: the anti-diet Guide to Permanent Weight Loss*, Peddington Press, New York-London, 1978 (trad. it.: *Noi e il nostro grasso: un manuale di self-help contro il grasso e contro le diete*, Savelli, Roma, 1978).

PALERMO, G., ROSS, L.G., «Mass murder, suicide and moral developement», *International Journal of Offender Therapy*, 1999, 43, pp. 8-20.

PARKE, R.D., *Fathers and Families*, in M.H. BORNSTEIN, *Handbook of Parenting*, Lawrence Erlbaum Associates, Inc., New Jersey, 2002.

PIAGET, J., *The Psychology of Intelligence*, Routledge, London, 1950 (trad. it.: *Psicologia dell'intelligenza*, Giunti Barbera, Firenze, 1952).

PIAGET, J., *Play, Dream and Imitation in Childhood*, Routledge, London, 1952 (trad. it.: *La formazione del simbolo nel bambino: imitazione, gioco e sogno. Immagine e rappresentazione*, La Nuova Italia, Firenze, 1972).

REISSLAND, N., «Neonatal imitation in the first hour of life: observations in rural Nepal», *Developmental Psychology*, 1988, 24, pp. 464-469.

REYNA, V.F., FARLEY, F., «Risk and rationality in adolescent decision making: implications for theory, practice and public policy», *Psychological Science in the Public Interest*, 2006, 7(1), pp. 1-44.

SAISTO, T., SALMELA-ARO, K., NURMI, J.E., HALMESMAKI, E., «CS: Caesarean section», *Acta Obstetricia et Gynecologica Scandinavica*, 2001, p. 80.

SALTHOUSE, T., «Pressing issues in cognitive ageing», in N. SCHWARZ (a cura di), *Cognition Ageing and Self*, Lawrence Erlbaum Associates, Inc., New Jersey, 1998.

SCHMIDT, L., FOX, N., «Fear potentiated startle response in temperamentally different infants», *Developmental Psychobiology*, 1998, 32, pp. 113-121.

SHARON, T., WOOLLEY, J.D., «Do monsters dream? Young children's understanding of the fantasy/reality distinction», *British Journal of Developmental Psychology*, 2004, 22, pp. 293-310.

SHEEHAN, M., WATSON, M., «Reciprocal influences between maternal discipline techniques and aggression in children and adolescents», *Aggressive Behavior*, 2008, 34(3), pp. 245-255.

SINGH, D., NEWBURN, M., *Becoming a Father*, National Childbirth Trust, London, 2000.

SKINNER, B.F., *Walden Two*, Macmillan, New York, 1948 (trad. it.: *Walden due: utopia per una nuova società*, La Nuova Italia, Firenze, 1975).

SMETANA, J.G., METZGER, A., CAMPIONE-BARR, N., «African-American late adolescents's relationships with parents: developmental transitions and longitudinal patterns», *Child Development*, 2004, 75(3), pp. 932-947.

SPELKE, E.S., *Innéisme, liberté et langage*, in J. BRICKMONT E J. FRANK (a cura di), *Cahier no 88: Noam Chomsky*, L'Herne, Paris, 2007, pp. 818-887.

STORO, J., JANSEN, A., *The Norwegian man as a Father*, saggio su www.childresearch.net, 2006.

STRAUS, M.A., DONNELLY, M.K., *Beating the Devil Out of Them: Corporal Punishment in American Families and its Effects on Children*, Lexington Press, Lexington (MA), 2004.

SULLY, J., *Studies of Childhood*, Longmans, London, 1912.

TANNEN, D., *You Just Don't Understand*, Virago, London, 1991 (trad. it.: *Ma perché non mi capisci?*, Frassinelli, Milano, 1992).

VALENTINE, C.W., *The Normal Child*, Penguin, Harmondsworth, 1942.

VERSCHUEREN, K., MARCOEN, A., «Representation of self and socioemotional competences in kindergarteners», *Child Development*, 1999, 70, pp. 183-201.

VOGEL, J., www.ironycentral.com

WATSON, J.B., WATSON, R., *Psychological Care of Infant and Child*, George Allen & Unwin, London, 1928.

WELLS, K., *Goodbye clearest Holly*, Hodder, London, 2005.

WILLIAMS, E., RADIN, N., «Effects of father participation in child rearing: Twenty year follow-up», *American Journal of Orthopsychiatry*, 1999, 69, pp. 328-336.

WINNICOTT, D.W., «Transitional objects and transitional phenomena», *International Journal of Psychoanalysis*, 1953, 34, pp. 89-97.
YOUNG MINDS, *Teens Cause Parents Greatest Concern*, www.youngminds.org.uk, 6 agosto 2008.
YU, C., SMITH, L., «Infants rapidly learn word referent mappings», *Cognition*, 2008, 106, pp. 1558-1568.
ZAHN WAXLER, C., RADKE-YARROW, M., KING, R., «Child rearing and children's prosocial intentions towards victims of distress», *Child Development*, 1979, 50, pp. 319-330.

Indice

Finito di stampare nel mese di aprile 2015
per conto della TEA S.r.l.
da Rotolito Lombarda S.p.A. - Seggiano di Pioltello (MI)
Printed in Italy